Dic' 00

JAIME BARYLKO

•

QUERIDOS PADRES

*El arte de crecer juntos,
con nuestros hijos*

Queridos hermanos:

Ser padres, querer ser padres, es la actitud más generosa de un ser humano. A partir de esa decisión, ya no se piensa sólo en uno o en la pareja. Ahora pensamos en ir de vacaciones dónde a Malena le sea mejor; nos acostamos temprano porque Malena madruga; quiero comprarme esto, pero Malena necesita esto otro, entonces yo espero.

Suena duro, pero es la tarea que más felicidad brinda en la vida. Porque los hijos si bien son de la vida, devuelven con creces todo lo que nosotros les damos.

Los amo a los tres

Jaime Barylko

·

Queridos
padres

*El arte de crecer juntos,
con nuestros hijos*

EMECÉ EDITORES

159.98   Barylko, Jaime
BAR   Queridos padres. - 3a ed. - Buenos Aires : Emecé, 1999.
         256 p. ; 23x15 cm. - (Divulgación)

         ISBN 950-04-1941-6

         I. Título - 1. Autoayuda

Emecé Editores S.A.
Alsina 2062 - Buenos Aires, Argentina
E-mail: editorial@emece.com.ar
http: // www.emece.com.ar

Copyright © Jaime Barylko, 1998
© Emecé Editores S.A., 1998

Diseño de tapa: *Eduardo Ruiz*
Foto de tapa: *Tony Stone*
Fotocromía de tapa: *Moon Patrol S.R.L.*
3ª impresión: 3.000 ejemplares
Impreso en Talleres Gráficos Leograf S.R.L.,
Rucci 408, Valentín Alsina, agosto de 1999

IMPRESO EN LA ARGENTINA / PRINTED IN ARGENTINA
Queda hecho el depósito que previene la ley 11.723
I.S.B.N.: 950-04-1941-6
23.547

Capítulo uno

El deber de la felicidad

¿Por qué lloran?

Aparecen y lloran. ¿Por qué lloran? Porque estaban dentro del vientre materno en dulzura abarcadora, ligados, cuerpo dentro de cuerpo, protegidos. Era el estado ideal.

Nacer es ser arrojado afuera. Ex-istir significa eso, estar afuera. Fuera es una condición de exilio, de des-amparo. El cordón umbilical se corta. Para nacer hay que des-ligarse. Por eso se llora.

Llora la madre de emoción. Llora el padre de contento. Llora el niño de desprotección. Está afuera y presiente la intemperie. De esa desprotección brota, justamente, lo humano como necesidad de crecimiento en busca de la ligadura perdida.

"El trauma del nacimiento." Así denomina Otto Rank a ese dolor primero. Y sin embargo de ese dolor germina la flor de la vida personal.

Ser in-dependiente. Si es solamente negación —negación de la dependencia, individualismo— es tristeza, soledad. Si a partir de ahí arranca el motor en busca del otro, de la construcción de la vida como ansiedad de protección y anhelo de amor y sosiego en los seres amados, entonces la persona es portadora de una historia.

El bebé brota, fisiológicamente, del vientre de la madre. La mujer brota, mitológicamente, de un costado del varón. Somos tres que configuramos una sola unidad. No la configuramos, rectifico, pero necesitamos configurarla.

Vivir es hacer muchas cosas, cercanas y lejanas. No obstante, el único objetivo es re-hacernos en la unidad del amor, tú y yo, y en la de la trinidad padre-madre-hijo, que es el hogar.

Vivir, crecer, es desplegar energías en busca del paraíso perdido, el vientre materno original. A él no se volverá, ya lo sabemos, pero el crecimiento consiste en ir creando un mundo, tu mundo, hijo, hija, un mundo que te contenga, que te haga sentir adentro y no afuera, y para ello es menester que tu propio adentro sea acogedor, seguro, fuente de dulzura y felicidad.

Queridos padres: necesitamos querernos y ser queridos. Eso es todo. Y lo demás debe estar al servicio de este fin.

La flor, la hormiga y tus hijos

Los hijos son personas. Persona es el ser humano en cuanto lleva en sí la finalidad de su propia existencia, y como tal debe ser respetado. Las personas son fines, no medios.

En la vida hay medios y hay fines. Un auto puede ser un medio para trasladarse de un lugar a otro, o un medio para despertar la admiración y la envidia de los que no lo tienen. Las cosas son siempre medios. Un viaje al Himalaya, aunque fuera para visitar a un gran maestro y aprender de él alta sabiduría, es un medio. Es cosa. Se adquiere: se compran los pasajes, se programa, etcétera.

Una cosa es algo cerrado. Este vaso, este libro. Cerrado significa que es esto que es, y no puede ser nada más. Una persona, en cambio, es algo abierto, algo que no es cosa, algo que no es algo sino alguien. Es algo abierto porque nunca puede ser programada ni usada como utensilio, y tampoco podrás saber nunca qué es. Porque jamás terminará de ser, es decir nunca concluirá de fijar su imagen.

Somos, los humanos, seres en tren de ser, en transición. Im-perfectos, es decir no realizados. Lo perfecto —eso significa el vocablo en latín— es lo ya hecho y cerrado. Una flor, una hormiga, el tigrecito.

Nacen nuestros hijos, queridos padres, pero no están hechos; se hacen en la vida, y ese hacerse es ininterrumpido. Se hacen con otros, desde otros, por otros, entre otros.

Se hacen y los hacen. Nosotros estamos entre los que los hacemos, y en primera fila, por supuesto. Pero hay más, y todo eso se llama "mundo". No se refiere el concepto "mundo" a la tierra, sino a la realidad que nos circunda, y que es gente, deseos, ansiedad, sonrisa, palabras, muchas palabras, frases, actos, corrientes que soplan en múltiples direcciones. Nosotros, los padres, en el medio. Y en el medio del medio, los hijos.

Queridos padres: eso queremos ser, y para ello hay que empezar por quererse. Que no es fácil.

El deber de la felicidad a toda costa

Nos dijeron que teníamos que ser felices, que eso era lo más importante. Nos desespera ser felices. Nos persigue, nos neurotiza. Andamos con un termómetro de la felicidad en la columna vertebral, y a cada rato observamos el mercurio, si sube, si baja...

También nos dijeron que tenemos que hacer felices a nuestros hijos. Eso termina ya por enloquecernos. Es nuestra obsesión cotidiana.

La pancita de la madre aún no despunta, y la pareja, entre las idas y venidas a las que obliga la existencia actual, respira para divagar:

—Lo educaremos en libertad —dice él, idealista, superior.

—Y con mucho afecto, que nunca le falte el amor de los padres —añade ella, tierna.

—Lo dejaremos crecer y que siga su propia vocación... —acota, ansioso, el progenitor.

—Lo principal es que se sienta querido y que se realice —pronuncia ella destilando imágenes virtuales.

—Habrá que tener cuidado en la elección de la escuela, cuando crezca... —anuncia el señor, reflexivo.

—Dicen que un hijo criado con mucho amor se siente seguro y así se garantiza su felicidad futura —insiste en afirmar la señora, con tibieza infinita.

De inmediato aparece el motivo de tanta pre-ocupación: el pasado. El terrible pasado. Los padres de antes, tan duros ellos, tan inflexibles, tan autoritarios. Esa es la creencia establecida acerca del pasado.

Confrontación con el pasado. Miedo a ser como los padres de antes. Esto, proclaman los padres del presente, será distinto, será exactamente al revés de lo que fue aquello, tan agobiante, tan terrible.

—Nosotros... —medita él—, yo, cuando era chico, fui bastante maltratado.

—¿Te pegaban? —pregunta su pareja, acongojada.

—No, eso no, pero me perseguían con las notas que traía del colegio, y pretendían siempre que fueran más altas, que yo fuera el abanderado... —dice y cierra los ojos, como para ver mejor entre la niebla del tiempo remoto, el de su propia niñez no abanderada.

—Yo —reflexiona ella en su avance memorioso—, yo no. Te digo la verdad. No puedo quejarme. Me mimaban mucho, porque era la única nena, tres varones y yo. Todos me sonreían, me acariciaban, como si fuera una muñequita.

—Quién sabe —medita él, profundo, como si fumara pipa— si eso era bueno. No hay que mimar a los hijos, no... Además, fijate, una muñequita aparentemente es algo muy dulce, pero es un títere, algo que se manipula...

Ella se queda meditando, pobre. Ya no sabe qué pensar de sus padres. ¿Era bueno o era malo ser una muñequita? Ahora está consternada, se olvida de la dieta, y arrasa con el maní y las papas fritas que acompañan la cerveza. Ante el silencio de ella, él se ve obligado a mantener el fuego de la conversación.

—El afecto debe ser equilibrado. Los mimos exagerados, según leí, no hacen bien.

—No, no hay que mimarlos —asiente ella, ahora convencida de que su infancia fue un desastre—, tenés razón. Por eso, bueno, vos sabés, a veces tenemos tantas discrepancias vos y yo... Si no me hubieran mimado tanto, tal vez mi narcisismo no... —los cinco años de diván se le suben de pronto a la cabeza.

—Sí, el narcisismo —corrobora él, que lleva tres años de análisis y le falta poco para recibirse de paciente diplomado—. El narcisismo es como vivir frente a un espejo, te ves solamente a vos.

—Eso sí, en fin, lo importante es no extralimitarse, viste, ni hacia el mimo exagerado ni hacia el autoritarismo...

—Eso jamás —grita él, como si fuera a la guerra—, castración jamás. —Pronuncia la palabra clave, mágica —castración— y se hace la luz. Sigue haciendo memoria: —Bastante sufrí por no haber tenido una debida educación sexual. El cuento ese de los pollitos me provocaba náuseas. Desde entonces odio el olor a pollo, como bien sabés. Fijate como una mala educación, me entendés...

—Y sí... —comenta ella débilmente, cabizbaja para no ofenderlo.

Finalmente se abrazan, sonríen y se dicen a coro y con notable urgencia, porque ya es tarde y tienen que ir a Puerto Madero a cenar con amigos, mientras ella desenfunda el teléfono celular para avisarles que llegaran unos minutos más tarde:

—¡El bebé, *nuestro* bebé, será feliz!

Ser padres: una decisión de ser

Es una resolución. Los de antes, pobres, hacían todo por rutina: el amor, los bebés, la papilla, el arrorró... No sabían que había que ser feliz. Bastaba con vivir y cumplir con las tradiciones, y desenvolverse en los rituales que la familia, la religión, la sociedad venían practicando. No sabían que había que ser feliz. Cumplir con los deberes correspondientes daba paz, procuraba una sensación de bien-estar.

En griego, eso que llamamos felicidad se decía *eudaimonia*: *eu* significa bueno; *daimon* es el espíritu que habita en ti. Un buen espíritu. Estar bien consigo mismo. Pero puesto que ese "consigo mismo" sucede en el yo, y el yo no existe sino como enlace, proyección, influencia y trenzamiento en un nos-otros, he de vivir bien —otros incluidos— para estar bien.

Cuando se vive bien, no se piensa en el bien. Se piensa cuando no se vive, cuando algo le falta a la vida. Si tanto anhelamos la felicidad, es porque la sentimos ausente. Tal vez entre tanto progreso, tantas disquisiciones psicológicas, tanto querer entenderse y ser franco y honesto y auténtico, se nos perdió la brújula de la vida como acción y compromiso, como deber ser.

Eso, lo de ser feliz, es nuevo, moderno. Es una exigencia de los que se quedaron sin tradiciones, sin programas de acción, sin libretos. Solos, frente al espejo, se preguntan los modernos:

—¿Y qué debo hacer con mi vida?

El silencio, entonces, se hace presente. No hay respuestas archivadas. No queda, pues, sino una:

—Debo ser yo mismo, debo ser feliz.

Si se queda ahí y se da por satisfecho con esta respuesta, va bien. Si continúa pensando y se pregunta:

—¿Entonces qué hago? —, esa pregunta abre un mar de problemas, dudas, perplejidades, y termina, el sujeto, mirando televisión para olvidarse un poco de sí mismo.

Los días llenos, y los otros días

Ya en 1862, en la novela *Padres e hijos* del autor ruso Ivan Turguenev, se vislumbra esta crisis de la nueva generación que contempla a la antigua, y aunque no la quiere la envidia. Los de antes tenían qué hacer. Los de ahora pueden hacer lo que quieran, y eso es una zozobra constante, porque tal vez elegiste mal, o no optaste por otra vía quizá más satisfactoria.

Basárov es el protagonista de la nueva generación, un anarquista, es decir alguien que está contra el orden preestablecido. Se detiene a ver la película de los tiempos. Reflexiona ante sus amigos:

"—Pienso en lo agradable que es para mis padres la vida. Mi padre, a los sesenta años, tiene preocupaciones, habla de remedios paliativos, asiste a los enfermos, es generoso con los campesinos, en una palabra, se divierte. También mi madre tiene sus días tan llenos de diversas ocupaciones que apenas le dan tiempo a volver en sí; y entre tanto yo...

—Tú ¿qué?

—Yo estoy aquí acostado, a la sombra de este alimar... el estrechísimo espacio que ocupo es tan reducido en comparación con el restante espacio en el que no estoy, y en el que no tengo nada que hacer, y la parte de tiempo que me corresponda vivir es tan mezquina ante la eternidad, donde no he estado ni estaré. Y sin embargo en este átomo, en este punto matemático, circula la sangre, trabaja un cerebro y algo quiere también... ¡Qué barbaridad! ¡Cuánta pequeñez!"

Es la situación, digo yo, del hombre nuevo, moderno, desocupado en el sentido del deber ser y deber hacer. Desocupado, en el sentido interior: ni leyes de antepasados ni normas universales lo ocupan. Des-ocupado es, también, vacío.

No se divierte viviendo, como los padres de Basárov. Hace, actúa, trabaja, y busca por otro lado la diversión.

El fragmento citado es muy profundo. Allí se muestra cómo la vida en sí es diversión en tanto el hombre es divertido hacia diferentes obligaciones que cumplir, mandatos que encarar, y temas que decir, charlar, discutir. Cuando todo eso se disuelve, se rompen los lazos de uno dentro de un esquema general, social, universal, tenido por válido e importante. Al romperse todos esos hilos de la trama el yo se queda solo, sin sentido, sin trama.

El que está ocupado no piensa, y por lo tanto vive. Está tan imbuido de la vida, que no puede salirse de ella para pensar. Porque para pensar, el acto mínimo indispensable es el alejamiento, la distancia. Alejarme, mirar de lejos y de arriba aquello que estoy pensando.

O te quiero o te pienso. Tengo que dejar de besar a mi hijo, dejar de abrazarlo, para pensarlo, y para meditar qué significa ser hijo, qué valor tiene el ser padre, para qué estamos ambos y quién nos necesita.

Cuando los días no están llenos de ocupaciones, rituales, programas pre-figurados, *hay que pensar.*

* * *

La inquisición del orgasmo

El siglo ordena que debemos ser felices, y que nuestros hijos deben recibir de nosotros la motivación para poder autorrealizarse. Y es hermoso ese decir. Suena alto, como un himno, y huele a causa superior. Eso nos cautivó. Y nos entregamos con sumo idealismo. Después no supimos qué más hacer. *Sabíamos qué rechazar, pero no qué hacer.*

Se olvidaron de decirnos el qué y el cómo. Eso sería autoritarismo. Por tanto este sujeto humano que soy yo, que son ustedes, queridos padres, nos las tenemos que inventar todas. Desde el amor como creatividad, hasta la crianza del bebé como programa de felicidad.

Pero he aquí la gran ironía. Se derribaron muros y se rompieron tablas de leyes, normas, exigencias. Para ser libres, para ser felices. Resulta ser que el mandato actual —debes ser libre, debes ser feliz, debes hacer felices a tus hijos, debes tener orgasmos— es tan terrible, tan inquisitorial como el de los muros que supimos derrumbar.

Por eso junto al mandato germina la culpa. Las tablas de los antiguos mandamientos fueron rotas, aniquiladas, hechas polvo, y las nuevas tablas —de nadie, de ningún autor, sino del siglo— son rabiosas, furiosas, y te persiguen día y noche, y uno a toda hora contemplando el termómetro de la felicidad, del placer, del uno mismo.

Y como fracasa en el intento, uno se dice:

—Esto me pasa por ser hijo de generaciones pretéritas, culpables de todos mis males. Pero a mis hijos no les pasará. Ellos sí serán felices.

Y es un decir. Nada más que un decir. La vida no se hace diciendo, sino haciendo. Nuestros hijos serán lo que hagamos con ellos, ante ellos y por ellos, y para eso hay que creer.

Vivir es creer.

"Alma mía —decía Píndaro—, no aspires a la vida inmortal; agota el campo de lo posible."

Queridos padres, seremos felices en la medida en que *no* nos dediquemos a ser felices, y en cambio recuperemos la fe, la confianza en nosotros mismos, evitando autoritarismos de antes y de ahora. Y sin culpa, por favor, sin culpa.

* * *

La intemperie y el mapa que necesitamos

Como niños en el bosque, estamos perdidos, extraviados. Existen los valores, están los caminos, pero nos falta el mapa.

Es que ya no hay mapa. Antes había y decidimos desprendernos de él. Pero necesitamos mapa, el nuestro. Debemos sentarnos entre hojas caídas y hojas por nacer, e imaginar el nuevo mapa, el nuestro.

Estamos a la intemperie, decía Martin Buber. Hay tiempos, explica el filósofo, en los que el hombre está en el mundo como en un hogar, se siente protegido, se siente integrado en algún sistema, aunque no comprenda bien de qué se trata. Pero su sentir es el de estar bien.

Hay tiempos, en cambio, en los que vivimos como a la intemperie, sin muros, sin techo, sin suelo firme bajo los pies, a la espera de vientos, vendavales, asechanzas.

Este es nuestro tiempo actual.

La doble función del techo

En principio, perder el techo que nos protegía es una sensación de angustia. Pero ese techo también impedía ver las estrellas: limitaba.

La intemperie puede ser libertad. Estamos. Nosotros. Concretamente tú y yo. Lo demás —los demás— es abstracción.

Abstracción es el individuo. Abstracción es la sociedad. Lo real-concreto es el hombre-con-el-hombre. Nosotros, nuestras relaciones.

Yo soy mi relación, dice Buber. No un yo que entra en relación, sino un yo que sale de la relación, emerge de ella. La relación me define. Soy de acuerdo con la manera en que manejo la relación.

Claro que tampoco soy el dueño de la relación. Somos. Estamos. Yo y el otro. Conjuntamente confeccionamos la relación y la hacemos ser, le damos tal o cual color. Luego brotamos de ella coloreados con ese color.

Hacemos la relación y en ella nos hacemos. Los padres,

los hermanos, los hijos, los hombres. Somos producto o consecuencia del entre-nosotros.

El misterio también deja huellas

Nosotros y el azar. Es lo que llamamos "la suerte". El misterio de que el hijo sea éste y no otro. Lo incognoscible de ser en el mundo, y de captar esta mota de polvo que somos en el horizonte del universo, una nada que se cree alguien, que quiere ser alguien.

Todo eso, queridos padres, es tan realidad, tan verdad, como el televisor que palpamos. Sólo que cuando el televisor se descompone, un técnico viene y lo arregla, o lo cambiamos por otro. El misterio, en cambio, es tan parte de nuestro ser que ni se descompone ni se arregla ni puede ser trocado por otro objeto. Es lo único que no es objeto, porque está ligado a nuestra existencia, y nosotros somos sujetos. Aunque no sabemos a qué estamos sujetados.

Les cuento: Hace años paseaba con mi familia por zonas arqueológicas de México, y admirábamos pirámides, restos de una cultura pasada y de una mentalidad que fue y ya no es.

—Las huellas del tiempo —me dijo un hombre de mediana edad, que junto a mí contemplaba los monumentos.

—Es cierto —corroboré—, huellas, marcas...

—¿Sabía usted que también Dios deja huellas? —me preguntó de improviso.

Lo miré asombrado, azorado.

—¿Cómo es eso?

—En India me contaron este relato —dijo el señor con voz pastosa, lejana, exótica como su relato—: Un hombre tuvo un sueño. En el sueño, caminaba a lo largo de la costa y Dios lo acompañaba. Mirando el cielo vio, de pronto, como en una película, los acontecimientos de su vida, y junto a cada acontecimiento había dos pares de huellas: uno, las huellas del hombre; otro, las de Dios. Al final aparecieron ante sus ojos imágenes de sus últimos años. Dio vuelta la cabeza para ver las huellas de esos sucesos. Encontró que en la mayor parte de los casos sólo había un par de huellas.

Estudió esos casos y noto que eran todos de tristeza, de pena, de dolor. Eso le molestó. Entonces le preguntó a Dios: "Dios, tenía entendido que siempre caminarías conmigo en la medida en que yo caminara contigo. Pero he aquí que hay tramos de mi vida donde sólo aparece un par de huellas. Resulta ser que esos son los tramos de la tristeza y de la angustia, ¿y justo en ellos me abandonaste? Respondióle Dios: "Hijo mío, mucho te quiero, y jamás te abandoné. En esos tiempos aciagos y de sufrimiento, estuve siempre contigo. Las huellas que viste eran las mías, porque te llevaba en brazos..."

No nacen, se hacen

Los hijos son personas. Los hicimos en una noche de éxtasis. Nacieron. Los hicimos desde la naturaleza. Y desde el misterio llamado amor. Y desde otro misterio llamado humanidad. Son todas huellas de Dios. Ahora hay que hacerlos con nuestras propias huellas, ayudarlos a crecer desde los valores, marcarles rumbos para que ese primer llanto que parece decir "por qué me han abandonado", no se repita. Es un trabajo.

Me olvidaba: es un trabajo... *para toda la vida.*

Acerca de la poesía de la paternidad y la maternidad ya existen opulentas bibliotecas. La mayor libertad que ejercemos es la de expresión: hablamos hasta por los codos. Jamás se habló tanto de tanto como en nuestro siglo. Sobre todo de sentimientos, de problemas íntimos, de nosotros que nos queremos tanto. Bajo la creencia de que hablando uno hace catarsis, se siente mejor, y así mejora también la calidad de vida.

Todo lo que mejora, sin embargo, es la sensación de ego, de narcisismo, de escuchar la propia voz decirse:

—Hablo, por lo tanto, existo. Dije, por lo tanto, solucioné el problema.

Jamás se habló tanto del amor, del sexo, del erotismo, de los detalles más íntimos y más técnicos. Jamás se supo tanto al respecto. *Jamás fue más difícil amar, como hecho, como trabajo, como acción de unos hacia otros.*

El razonamiento se aplica también a la relación padres-hijos. Este siglo descubrió al niño.

"Su majestad, el niño", había declarado Ellen Key, pedagoga sueca de comienzos de siglo, una luchadora por los derechos del niño. Ella escribió: "El educador debe, por encima de todo, aprender a esperar para reconocer los efectos de su labor a la luz del futuro y no del presente".

Este siglo reivindicó los derechos del niño a ser niño, a no ser cosa u objeto que se manipula en su tránsito al hombre adulto.

Jamás hubo tanta psicología del niño, del crecimiento, del aprendizaje, del desarrollo, de la ternura, del afecto, de la emoción.

Jamás costó tanto comunicarse con los hijos.

¿Qué habrá fallado?

Algo ha fallado. Las fallas son siempre humanas, por cierto. En la naturaleza todo es natural, y no hay lugar para fallas. Y en lo que toca a Dios, es misterio y, para nosotros, desconocimiento.

Los hijos nunca fallan. Fallan, en cambio, las manos, las ideas, los indicadores de caminos que los han guiado. La sociedad entera, nosotros.

No les daré recetas. Sólo pensaré en voz alta, y espero que ustedes se motiven para pensar también, y esta vez por cuenta propia.

Yo me desperté un día, me sacudí de encima el polvo bibliográfico de tantos héroes de los nuevos tiempos, y me dije: Basta de repetir ideas, frases, conceptos. A la vida hay que vivirla desde su realidad básica. Basta, queridos padres de dialogar, es decir de intercambiar monólogos, que es lo que realmente hacemos. Vivir es actuar. La conducta educa, el comportamiento modela. Las palabras son música ambiental.

"¡Argentinos, a las cosas!", sugirió hace años José Ortega y Gasset. Emulando esa frase digo yo: *Padres, ¡a la vida real y concreta!*

Respeta las necesidades de tus hijos

El siglo XX es el siglo de la rebelión joven contra el autoritarismo pasado. Nosotros adherimos y aplaudimos. Pero acerquémonos de cerca para ver cómo estamos aplicando los principios de esta revolución.

Cargamos con una especie de culpa que deriva de la mirada retrospectiva hacia nuestros padres, y por miedo de incurrir nosotros en esos errores de autocracia que cometieron las generaciones pasadas ya somos culpables.

Para no ser culpables, abrimos las compuertas y decimos:

¡Que los chicos hagan lo que quieran, que sean libres, que nos digan ellos a nosotros qué es lo que mejor les cae y más les hace falta, qué les interesa! Que ellos elijan, que realicen su voluntad, su deseo, su diferencia, su autenticidad.

Es nuestro deber atender a los intereses de los niños, de los jóvenes, a su sed. Y respetarlos. Ese será su mejor crecimiento.

Pero he aquí el problema: ¿quién nos dice cuáles son las necesidades del niño?

El rey Lear tenía varias hijas. En esta historia de Shakespeare el rey decidió un día dividir los bienes entre sus hijas. Se dejó engañar por los halagos de ellas y les fue entregando todo. Pero esas hijas eran insaciables. Una le dijo:

"—Escuchad señor. ¿Qué necesidad tenéis de llevar un séquito de veinticinco individuos o de diez o siquiera de cinco a una casa donde un personal dos veces más numeroso tiene la orden de serviros?"

Comentó la otra:

"—Eso, ¿qué necesidad hay de que tengáis un solo servidor?"

El rey Lear:

"—Sobre las necesidades no hay que razonar. El más vil mendigo se permite siempre en su indigencia algo de superfluo. Si no concedemos a la naturaleza más que lo que ella exige, el hombre descenderá al nivel del bruto. Tú eres dama de alto rango, y si para tu lujo te basta con vestirte bien arropada, ¿por qué esos vestidos que llevas, y que sólo imperfectamente te guardan del frío? Pero hay para mí una cosa de primera necesidad y es la paciencia..."

El que quiera celeste...

En las sociedades humanas siempre ha tenido un lugar fundamental el valor económico. Eso no es nuevo. Lo económico es un valor de utilidad, de provecho, de beneficio. Y eso responde a la necesidad de sobrevivir, tener comida, cobijo y un buen pasar.

No obstante, cuando le preguntan al rey Lear para qué necesita conservar su séquito cuando ya ha entregado los bienes a sus hijas, él responde que el hombre no necesita solamente eso que es necesidad natural, sino que tiene otras necesidades, no utilitarias, otros valores, como ser la dignidad, en este caso. También explica Lear que si uno se vistiera únicamente para protegerse del frío no lo haría de la forma como lo hace.

En efecto, el vestir cumple con el valor de la supervivencia, de las necesidades naturales. Eso en primera instancia.

¿Es ése el valor primordial en el qué, cómo y de qué modo uno se viste?

No, al valor natural, la necesidad de cubrirse, se adhiere otro valor tanto o más importante que el anterior. Y es el valor estético, el de estar *bien vestido*, con buen gusto, es decir con eso que los demás consideran buen gusto y que le procura a uno buena apariencia, que es parte de la comunicación de unos con otros y no responde directamente a la necesidad elemental de proteger el cuerpo, sino a otra necesidad o valor: el valor estético-social.

A menudo la naturaleza es sacrificada, por ejemplo, a ese valor. Hay gente que "se mata" trabajando para poder comprar un auto importado, considerado por ellos un valor superior de status, de dignidad humana. Otros comen hamburguesas, e ingieren abundantes dosis de colesterol, para ahorrar dinero con el fin de visitar Disneyworld, con los chicos, claro, y morir luego.

Sacrificios, sacrificios. El tema es qué se sacrifica a qué y si, mirado desde lejos y en lontananza, ese sacrificio vale la pena en cuanto al beneficio de sus consecuencias ulteriores.

El cristiano, el judío, el árabe, en el marco de las comidas, debe sacrificar sabores, paladares, exquisiteces, porque un valor superior, nada natural, el religioso, así se lo ordena.

¿Y de las bailarinas qué diremos? Piensen en las bailarinas, por favor, queridos padres (y también en los bailarines, por cierto; cada uno es libre, y que elija). Yo no soy bailarina —más vale aclarar— pero sé del "sacrificio" que esos movimientos etéreos le han costado a la bailarina para alzarse en el aire como un pájaro.

"El que quiere celeste, que le cueste", dice el axioma popular.

Todo cuesta, y cuanto más alto es el valor —es el volar—, tanto más. El automóvil importado cuesta mucho, es cierto, pero es barato, porque sólo requiere una inversión de trabajo y ahorros. Cuesta más, no lo que se mide en dinero, sino aquel trabajo que requiere trabajar-se, como ser estudiar, meditar, modelar el carácter, controlar nervios y pasiones, no dejarse llevar por instintos agresivos. Todo eso cuesta montañas de esfuerzo. Poca gente está dispuesta a sacrificar lo más caro que tenemos, el "ego", por valores superiores que no sirven para escalar posiciones en la sociedad sino en el crecimiento personal.

Para querer hay que sacrificar

Es importante tomar conciencia de la vida como sacrificio si es que se quiere crecer, y en serio. Son siembras a largo plazo. Para el interior. No se le puede sacar fotos ni festejar con velitas. Escalar posiciones en el crecimiento personal, insisto, debería ser nuestro propio ideal, para nosotros, y luego para nuestros hijos.

Después de todo, como les digo a mis hijos: No bien termines de adquirir ese auto fabuloso que la gente elogia tanto, inmediatamente descubrirás uno superior aún, y te morirás de envidia. El que tiene —hablo de cosas, ostentaciones, metros cuadrados— vive pendiente de otros, que —¡oh nefasta fatalidad!— siempre tienen más y a uno lo dejan chiquito, por el suelo.

Estudiar cuesta. Encerrarse en una habitación o una biblioteca es sacrificar el aire, el sol, la playa, el paseo y tantos otros placeres del momento. Eso es el hombre, una colisión de valores. La naturaleza no cuesta nada, está regalada. El sol, el aire, las estrellas. Pero no somos naturaleza, somos historia, eso que hacemos de nosotros mismos, de nuestra naturaleza, el envío y el desvío que le procuramos a ese programa natural que nace con nosotros.

Y así, en general, nuestra vida es un trueque de valores: los naturales, que se nos hacen inferiores, frente a otros, que se nos hacen superiores.

Hasta un valor tan preciado como la libertad es sacrificado parcialmente cuando le dices a la chica:

—Me enloqueces, muero por ti, quiero casarme contigo.

El drama es que las nuevas generaciones desconocen este mensaje: *Cuando eliges, sacrificas. Si amas te ligas, y te estás volviendo cón-yuge, es decir el copartícipe de un yugo.*

Quien quiera amor, ha de sacrificar parcelas de libertad. Vínculo significa eso, en latín, cadena. De modo que cuando decimos "necesidades" no hablamos jamás de necesidades naturales, ya que tal naturaleza la tenemos comprimida y canalizada en vías de cultura, de valores, de elecciones de lo que queremos que sea.

No te olvides de los fines

El fin, querido hijo, sos vos. No te comparo con nadie. Pero sí te comparo con vos mismo. Tenés que alcanzar el máximo de estatura que tu ser permite. Ese es tu fin. Que se realiza a través de los diversos fines que la vida propone en el mundo, con los otros, en el trabajo, en el arte, en las vocaciones.

A veces, queridos padres, muy a menudo en realidad, nos quedamos a mitad de camino, y nos olvidamos de que el camino es un medio y que el fin espera su consumación. Olvidamos, para dar un ejemplo, que vamos a la playa a descansar, a tomar aire, a disfrutar del sol, y transformamos el viaje, el traslado, la carpa, el pancho, la sociabilidad, como fin en sí.

Olvidamos, para dar otro ejemplo, que leer, estudiar, aprender, tener lo que se dice "cultura", en términos superiores, es *enriquecer el alma* para el fin que consiste en vivir mejor, en saborear mejor la vida; que el saber es un medio para el sabor.

Conozco a muchas personas del pasado, del presente, del país, del exterior, que han hecho de la cultura una finalidad como el banquero hace de la riqueza material un objetivo supremo. En ambos casos el tener, que en sí no tiene nada de malo, es medio para el fin, para el ser, para el bien, para lo mejor pero en el vivir, en el amar.

No se olviden, por tanto, de los fines.

Viene al caso lo que escribía Goethe en *Los años de aprendizaje de Wilhelm Meister*:

"Yo venero a la criatura humana que sabe claramente lo que quiere, avanza sin cesar, conoce los medios convenientes para su fin y sabe utilizarlos, apoderándose de ellos; sólo tengo en cuenta después el saber si su fin es grande o pequeño, si merece alabanza o censura. Crea usted, querida mía, que la mayor parte del mal, y de eso que se llama malo en el mundo, procede sólo de que los hombres son harto negligentes para estudiar bien sus fines, y cuando ya los conocen, trabajar seriamente por realizarlos. Me parece que son como gentes que poseen la idea de que podrían y deberían construir una torre y, sin embargo, no emplean en sus cimientos más piedra ni trabajo del que gastarían en asentar una cabaña."

Algo de eso nos pasa. Nos prometimos, desde las alturas de las grandes palabras y los discursos revolucionarios, construir torres, pero finalmente apenas si logramos hacer cabañas. ¿Por qué?

Porque nos olvidamos de los fines. La libertad conquistada, una vez tenida, una vez suprimidos los barrotes que le impedían desarrollarse, esa libertad es un medio, no un fin.

El fin es siempre la persona y su crecimiento máximo. Ahí está la torre. Y cuanto más crezcan todos los miembros de la sociedad más personas serán y mejor vida llevarán.

Bien decía Stendhal: "Plántese un árbol tierno en un espeso bosque; privado de aire y sol por sus vecinos, sus hojas se debilitarán, y el arbolillo tomará una forma larguirucha y ridícula que no es la natural. Hay que plantar al mismo tiempo todo el bosque..."

Cabañas y torres

Parafraseando a Goethe, no construimos torres porque nos quedamos en la planicie del facilismo, y ahí nos equivocamos duramente. Nosotros, queridos padres, si alguna función nos cabe, debemos ayudar a los hijos a levantar los ojos y a divisar torres. Porque los jóvenes sin sueños son como flores que se marchitan de puro tristes.

Ser joven es ser soñador por naturaleza psicológica elemental. Lean a Maurice Debesse y su libro sobre la adolescencia (*La crisis de originalidad juvenil*), y aprenderán este dato. Pero también hay que decir que los sueños, por más privados que sean, reclaman de algún sustento o material que la cultura, el medio ambiente, han de proveerles.

Y para eso estamos los padres, para guiarlos y proporcionarles los materiales para que sueñen hacia lo alto. Cabañas, espiritualmente hablando, ya tenemos, y aunque estén habitadas por aparatos, autos, satélites, siguen siendo cabañas. *Nos faltan torres.*

Crecen a partir de nosotros, los padres, y nosotros, la sociedad. Les dimos el lenguaje y la comida y los zapatos y tantas cosas más. Cosas, eso es lo más fácil que tenemos para dar. Lo más difícil es proporcionar fe, confianza, horizonte, sentido, valores, exigencia, deberes. En otros términos, escaleras virtuales que los inciten a subir, a superarse, a ir siempre más lejos.

De eso, queridos padres, trata este libro.

Son, los que corren, tiempos de intemperie, y no podemos cambiarlos. La felicidad está entre nosotros y nuestra capacidad de construir torres y escaleras que nos eleven por encima de la intemperie hacia el sol personal. Ahí está tibio, como en la palabra hogar, que en su origen latino significa fuego, calor, tibieza.

Cada ser humano, en principio, es multiplicidad de ramas

He aquí un consejo de un gran poeta y pensador, el francés Paul Valéry: "Para que las oportunidades no se nos escapen, es preciso que el oído esté atento y los ojos estén bien abiertos. En gran medida, la orientación depende de la conciencia —lo más amplia posible— de las oportunidades y perspectivas, así como de la intensidad de la vida en el momento dado.

La vida del hombre joven la ha comparado un poeta con un árbol de ramaje tan vario como abundante, que apunta hacia todas partes. A medida que transcurre el tiempo, las ramas van cayendo naturalmente y sólo quedan las que crecen más alto. Parece fundamental hacer crecer este árbol de la vida para hacerla lo más rica y variada posible. Parece fundamental que las ramas que han de subsistir se escojan lo mejor posible".

Golondrinas, águilas

A partir de esta conciencia podremos observar a los hijos con ojos más limpios, menos prejuiciosos. Y de cada uno por separado, por favor.

Conoce a tu hijo, sí, conócelo precisamente para respetar aquel sector de su individualidad, de su particularidad, de su ser diferente de todos los demás y de ti mismo. Eso merece ser estimulado, motivado, exaltado. Ahí esta su persona, y ahí está su vera necesidad.

Balmes, notable pensador español, escribió en *El criterio*: "Cuidado con trocar los papeles: de dos niños extraordinarios es muy posible que forméis dos hombres muy comunes. La golondrina y el águila se distinguen por la fuerza y la ligereza de sus alas, y sin embargo, jamás el águila podría volar a la manera de la golondrina, ni ésta imitar a la reina de las aves."

Hay necesidades básicas de la psicología de la correspondiente edad, pero luego cada persona manifiesta su sello (en griego sello se dice *carácter*) distinto en el campo de la vida, su preferencia, su tendencia. Ambos elementos deben ser conocidos: las reglas generales de la infancia o de la adolescencia, y las reglas particulares —la sed de cada cual— de la persona. No criar golondrinas para águilas ni viceversa. Es todo un arte.

Para eso están, queridos padres, específicamente para eso. Primero el alimento, el techo, la salud, la protección física, y luego —pero no después, sino al lado—, el velar por el crecimiento de la persona en su individualidad, lo que implica *crecer con* ella.

Capítulo dos

¡Abajo la culpa!

Filosofía del osito de peluche

Fue en Quito, en 1990. Dicté un curso de Pedagogía Antropológica en la Universidad. Casi me echan. Y casi me declaran oficialmente persona non grata. ¿Por qué?

Porque dije que los ositos de peluche no son una necesidad natural de los niños.

—¡Cómo se atreve usted! —me gritaron voces anónimas de las filas superiores del anfiteatro en que estábamos.

—Digamos que sí, que me atrevo a afirmar que no hay genes que reclamen, desde los niños, ositos de peluche —respondí, simulando calma.

—¿Y qué piensa hacer usted con los miles y millones de niños del mundo que no se desprenden de sus ositos, que van a dormir con ellos, que los llevan en sus viajes? ¿Los excomulgará del reino de los niños? —me apabulló otra voz de giro irónico.

—No pienso hacer nada, ni con los niños ni con usted —procuré responderle, mientras contenía el temblor en la voz—. El osito de peluche es un reflejo condicionado impuesto al niño, como el payaso, como los dibujitos animados, como la hamburguesa con queso, y como el papel picado en carnaval y otras diversiones que los mayores, en su enorme incapacidad de comprender el mundo de los niños le inventaron uno, y de tanto incrustarles ositos de peluche terminan logrando que no se despeguen de los ositos de peluche.

Silencio en la sala. Aproveché para seguir.

—Yo a Roni, mi nieto digo, lo vengo educando desde que

nació con la *Quinta* de Beethoven, y ahora anda por los dos años y cada vez que la escucha salta de alegría. Idéntico efecto le produce *La cucaracha*, por mí fomentada. No menos le excita el oído, y consecuentemente el brillo de los ojitos, cierta música litúrgica de mis ancestros. ¿Dirán ustedes que es esa una necesidad natural del niño Roni? —declamé victorioso.

—¿Qué esta sugiriendo? ¿Que no hay necesidades naturales en los niños, en los jóvenes? —preguntó una jovencita con lentes de existencialista.

—Las hay, imagino. He ahí la palabra, imagino. Imaginación es lo que les funciona a los niños, creatividad, la vida cotidiana como juego y aprendizaje. Ni ositos ni peluche ni cine ni teatro ni tele. Eso, al contrario, los limita, los domestica y somete a un mundo que no es suyo. Quieren crecer, quieren aprender, pero distinguen perfectamente entre lo natural y la ficción. Lo natural es el mundo en torno. Para Roni el primer objeto de su libido, además de su madre, fue el control remoto. Natural es la respuesta interior a la realidad que naturalmente lo envuelve y lo rodea. Los ositos no, la llave sí. Una media revoleada por el aire como si fuera un helicóptero, que se equipara con el ventilador de techo, eso sí. Ositos, no.

Tomé agua, tomé aliento, tomé fuerzas y seguí arremetiendo:

—Jueguitos mecánicos, no. Un palo de escoba sigue siendo el mejor caballito de todo niño en estado natural. *Hasta que la sociedad, no menos autoritaria que la pasada, le inculque qué debe de gustarle, y qué no.*

Y ahí no más, sin que pudieran respirar siquiera, les recité los versos de Wordsworth:

"Nuestro nacer no es sino un dormir y olvidar;
El alma que se eleva con nosotros, estrella de nuestra vida,
tenía en otro lugar su sitio,
y vino de lejos.
Ni en completo olvido,
ni en total desnudez,
sino como nubes con estela venimos

de Dios, que es nuestro hogar:
¡El cielo nos rodea durante la infancia!
Sombras de paraíso empiezan a cerrarse
sobre el muchacho que crece.
¡Pero él mira la luz y cuando fluye
la ve con alegría!..."

La propuesta es crecer con ellos

Releamos el poema de Wordsworth. No sabemos de dónde venimos pero no venimos desnudos, dice el poeta. Y alude, por cierto, a un interior que cada uno trae consigo, a potencias, posibilidades, como semillas que el tiempo irá regando, cultivando, o quizá no y entonces se marchitarán, se perderán.

Nacemos con alas, con cielo. Luego, al crecer en sociedad, en el marco de una cultura, esas alas, si no se las cuida debidamente, se pierden, y las costumbres y las rutinas tejen un presidio. Y sin embargo algo queda dentro, una fuente de luz, que siempre nos acompaña y en cualquier momento rompe las cáscaras de los reflejos condicionados impuestos por la vida social, y aparece, ilumina, y da lugar a la alegría.

Su labor, queridos padres, es cuidar todos los aspectos del desenvolvimiento de esa criatura que viene al mundo llena de misterio, para que sepa vivir hacia el exterior, los requerimientos de la sociedad, pero que nunca pierda su interior, sus alas propias, su cielo, su fuente de luz y alegría.

Creciendo con ellos, reaprendemos a vivir nuestra propia vida, renaciendo de nuestras propias cenizas, es decir nuestros hábitos y ropajes endurecidos. Primero nuestros hijos fueron dados a luz. Luego somos padres en cuanto les proporcionamos vías, ocasiones, medios, cultivos, para que ellos den luz, la suya, la propia, y en pleno camino nos iluminamos nosotros mismos, los padres.

Esta sería una descripción de la felicidad, si les parece.

*   *   *

Contra la culpa

Borrar la culpa, afirmar la responsabilidad, y abandonar sapiencias congeladas de causas y efectos. Estos serían los principios. En última instancia, no sabemos nada. Salvo del amor que queremos amar, y de lo que hacemos para que se realice, se vuelva realidad. El resto es azar, milagro, asombro.

Es milagro, asombro, azar que esta niña con estos ojos y esta boquita haya nacido. Disfrutemos místicamente de la vida. Es tiempo de querernos, queridos padres. A tal efecto, sugiero que revisemos esa corriente de odio que el siglo fue instalando y destilando en nuestras vidas. La idea de que todo tiempo pasado fue peor, de que los padres de antes eran despóticos, que dejaron huellas en nuestras vidas que los divanes del mundo no alcanzan a borrar. Ese mito de los padres terribles de antaño, aterradores con sus mandatos no menos aterradores, es tiempo de que sea revisado.

Cada generación tiene sus pre-juicios, y estos consisten fundamentalmente en cargar a la que se fue con culpas para eludir su propia responsabilidad. Ese juego nos hizo mal. Hemos gastado horas, días, años echando sombras sobre nuestros ancestros. Y bien. Ya está todo hecho. Tarea concluida. Somos libres. Ahora nosotros deberíamos hacer algo. Sólo que a cada tramo, a cada paso, una duda espantosa nos asalta:

¿Estaré actuando como mis padres, egoístas, castradores, omnipotentes?

La superación hostil de nuestros padres condujo a la parálisis nuestra. Para no emular a esos perversos de antaño, contemplamos a nuestros hijos como criaturitas de cristal fino o de porcelana quebradiza y tememos tomar decisiones, marcarlos a ellos, como fuimos marcados nosotros.

"Afortunadamente murió joven"

El siglo XX, para redimir a los niños y devolverles sus derechos de vida propia, condenó a los padres al séptimo círculo del infierno. Los padres eran el mal. Había que negarlos para aspirar al bien.

Un texto de 1963 del filósofo Jean-Paul Sartre, que es una especie de autobiografía llamada *Las palabras* se expresa en estos términos destructores:

"Como dice la regla, ningún padre es bueno; no nos quejemos de los hombres, sino del lazo de paternidad, que está podrido."

Es decir: los padres no son mala gente, la paternidad es en sí un mal, independiente de los sujetos humanos que la encarnen. El lazo es el que está podrido aunque las personas sean deliciosamente tiernas. Sigue Sartre:

"Qué bien está hacer hijos: ¡pero qué iniquidad es *tenerlos!* Si hubiera vivido, mi padre se habría echado encima de mí con todo su peso y me habría aplastado. Afortunadamente murió joven."

Sí, leyeron bien: Jean Paul Sartre festeja y agradece al destino que su padre haya muerto tempranamente y de ese modo lo haya privado de su peso, de ser aplastado por el peso de su presencia. Eso lo hace muy feliz. Creció libre, y por eso creció tan bien.

De pronto se pregunta si fue un mal o fue un bien no haber tenido padre, finalmente.

"No sé —contesta—, pero acepto con gusto el veredicto de un eminente psicoanalista: no tengo superyó."

Este párrafo en 1963 sonaba, seguramente, glorioso. Hoy suena jactancioso y mentiroso. Si fuera realmente a un psicoanalista, Sartre seguramente aprendería que el superyó no proviene de *este padre*, sino, como enseña Lacan, de El Padre. Que a veces está encarnado en este sujeto inmediato, progenitor, pero que representa la Ley moral y por más huérfana que sea una persona, como Sartre, si se dedica a leer, a estudiar, a devorar bibliotecas, a escribir, es porque Algo Lo Impulsa hacia Algún Lado, y ese... es el superyó. Un deber ser, una exigencia que él no eligió, sino que lo eligió a él y que él aceptó. De modo que toda esta comedia burlona acerca de la suerte que lo favoreció con la desaparición temprana de su padre ni siquiera es cómica, es más bien triste.

Triste porque señala una culminación del siglo intelectual en la que *realmente* se creía que volteando padres uno llegaría lejos. Los voltearon desde el discurso, desde la idea, pero en la realidad los llevaban bien adentro, y literatos y pintores y pensadores y genios de esa mitad de siglo no hacían más que cumplir con un mandato de lejanas y viejas generaciones:

¡Adelante, y hacia arriba!

Invito a cerrar el telón

Ya está. El telón se cierra. Basta de jugar a rebeldes con o sin causa. No revelamos nada. Cambiamos de caretas, de máscaras, de personajes. Las nuestras no son mejores que las de nuestros padres. Dejemos de echar culpas, y dejemos de tener culpas.

Sus padres, queridos padres, hicieron lo que pudieron y tal cual entendieron que debían hacer, en concordancia con normas establecidas por la sociedad de su tiempo. Hagan ustedes lo que puedan en esta intemperie que nos toca vivir. Sin balances retrospectivos. Se cierra el libro del debe y del haber.

Como le pasó a un hombre, un pobre hombre pobre, que depositó —la historia es de los primeros Bancos en el mundo— sus magros ahorros en el Banco, y todos los días iba a ver si el Banco existía aún, si los cajeros vivían y si su plata aún estaba registrada a su nombre.

Un día se acercó a la caja. Vio que el empleado tenía un libro. Percibió que en la página de ese libro estaba escrito de un lado "Debe" y del otro "Haber".

—¿Qué es eso? —se puso a gritar, enfurecido.

—¿Qué pasa? —interrogó el hombre detrás de la ventanilla.

—Es que ahí dice "debe haber"... —alcanzó a gemir el pobre hombre pobre.

—¿Y qué tiene de malo? —se asombró el bancario.

—¡Cómo qué tiene de malo! Ahí está mi depósito y dice "debe haber". No debe haber, HAY, me oye, HAY...

Hay. Estamos. Nosotros. Nos-otros. Tú, yo, los niños. Eso es lo que hay, y con eso hay que hacer algo.

* * *

32

Queridos, requeridos

Vivir, queridos padres, es hacer algo. Algo con tu esposo, algo con tus hijos. Tus padres hicieron algo contigo. Basta. Sus limitaciones, sus inspiraciones, fueron las de su generación. Es inevitable. No mires, pues, para atrás, no acuses, no culpes. Lo que hicieron —salvo excepciones, que siempre las hay— fue con amor, con bondad en la finalidad. Lo mismo que ustedes harán, y con la misma intención.

La estupidez de que los problemas sexuales que uno tiene se los debe a los padres, y los éxitos en la industria, a su propia inteligencia y capacidad, ya no ha lugar.

O les debes todo, y entonces cabe preguntar qué sentido tiene tu vida, puesto que eres una marioneta o una muñeca mecánica. O, sin entrar en balances de lo tuyo y lo ajeno, te haces cargo de tu vida, y eres responsable.

Los hijos esperan, algo tendrás que hacer con ello, en plenitud de entrega y de confianza. El amor funciona así. Y sus consecuencias no pueden ser sino buenas.

Confíen, queridos padres. Confíen en lo que quieren, y confíen en que serán queridos. Queridos, es decir amados. *Queridos*, es decir *requeridos*, necesitados.

Cómo hacer para no traicionarse

Pero también está el lado oscuro de la luna. Todos lo tenemos. Ahí debemos operar también, pero al revés: des-estimulando. Si es de fácil cólera, por ejemplo, enseñarle que la ira explosiva no es buena para las relaciones humanas y le traerá malas consecuencias.

—Pero yo soy así, no puedo evitarlo —responde la muchacha, tan de este siglo, tan de estos tiempos adoradores de la espontaneidad.

—No podés, pero sí podés, si te controlás, si no te dejás arrastrar por esos apasionamientos —sugerí para que pensara.

—¡Pero entonces me estaré traicionando! —replica la joven con énfasis, ofendida.

—¿Traicionando? —me quedé con la palabra en la boca, meditando con suma urgencia.

—¿Por qué traicionando? —interrogué para ganar tiempo.

—Porque me sale de adentro, es mío, ¿te das cuenta?

Ahí encontré la fisura del razonamiento para introducir, como dice Occam, la cuña de la reflexión:

—Si elegís algo, es tuyo, es de tu persona, y si te obligan a desistir de ello podés hablar de traición. Pero si lo que elegiste te fue impuesto, directa o indirectamente por otros, o por tus intestinos, o por tus nervios, nada de eso es tuyo; está en vos, pero no es la manifestación de tu voluntad y de algo elegido por vos. En ese caso si te controlás, no sólo no te traicionás, sino que te liberás, y elegís qué actitud asumir.

Se quedó cavilando, repensando los conceptos emitidos por mí. Aproveché para seguir y explicar:

—Del ataque de furia no sos responsable. Pero de intentar controlarlo o dejarlo desatarse y causar a otros y finalmente a vos misma el mal, de eso sí sos responsable. Yo no veo genialidad alguna en serle fiel al mal, al daño, o al delirio por más que te salga de adentro. Pensálo.

En lo humano, que es interhumano e intrahumano, somos emotivos, turbulentos, narcisistas, mártires, eufóricos, maniáticos, maquiavélicos, envidiosos, enamorados, odiosos, tiernos, pero una frase, una sola frase, es capaz de alzarnos a las alturas de la dicha o arrojarnos al infierno de la zozobra absoluta.

Nuestro terreno, como bien explica Raymond Ruyer en *La cibernética y el origen de la información*, el terreno propiamente humano, en la guerra del fuego o en la guerra de las galaxias, es el axiológico, el de los valores. En ello reside lo humano de la humanidad. En la locura del amor al prójimo de la Madre Teresa. En el esplendor de lo divino en el arco iris de las cataratas del Iguazú. En las noches de angustia porque el nene tiene 39° de fiebre.

Valores, valores, superiores e inferiores. Algunos —los inferiores— son medios, como ser la salida de fin de semana. Es un medio, el de la diversión, para aligerar el espíritu. Otros —los superiores— son los fines, como el amor, y exigen esfuerzos de crecimiento mayores, y luego, su ganancia, es su perdurabilidad mayor, su permanencia.

En cada uno de nosotros, diariamente, se da ese debate y ese combate entre valores superiores, que reclaman sacrificios de frivolidad y diversión, y valores inferiores, que son de lucimiento, de egoísmo, de vencer al prójimo y superarlo.

La madre Teresa —decía yo en clase— tenía genes de egoísmo igual que tú e igual que yo. Pero sacrifica valores inferiores por superiores, y así alcanza su propia felicidad.

La verdad sobre el canario

Escribe Raymond Ruyer:

"Si observo de lejos a un niño que juega sin vigilancia al borde de un abrupto acantilado, siento el impulso, cada vez más violento, de abalanzarme para detenerlo, a medida que se acerca más peligrosamente al borde. Si hay un pretil, no experimento nada semejante..."

Cada conducta se circunscribe dentro de un campo de fuerzas, tendencias, causas, motivaciones, objetivos, pero bajo ello subyace el mundo de los valores, de los significados. Un niño en peligro ante un abismo me empuja a detenerlo, a retenerlo para que no caiga.

El valor superior es más fuerte que yo, es la causalidad que radica debajo de otras causalidades más visibles. Me impulsa, me arroja. El valor inferior —ir a una fiesta, comprarme zapatillas de marca para lograr status en los pies— es prescindible o postergable. El valor superior —la salud de tus hijos, la física y la psíquica y la espiritual— es impostergable.

Siempre son, los valores, un campo para ejercer la elección. El impulso es un impulso a elegir: me arriesgo y corro a salvar a ese niño, o me detengo y miro a otro lado. Si el primer impulso gana, es porque lo reconozco como superior. Si se impone el segundo, estoy sometido a la inferioridad de mi egoísmo animal.

Te leo un cuentito de Mario Benedetti que se llama *La verdad sobre el canario* y lo analizás con tu esposo durante la publicidad en la tele:

"En estado salvaje era verde y no cantaba. Domesticado, preso en una jaula, se ha vuelto amarillo y gorjea como una soprano.

Que alguien atribuya esos cambios a la melancolía del encierro y a la nostalgia de la libertad, ¡mentira!

Yo sé que el muy cobarde antes era verde y mudo para que no lo descubrieran entre el follaje, y ahora es amarillo para confundirse con las paredes y los barrotes de oro de la jaula. Y canta porque así se conquista la simpatía cómplice del patrón.

Lo sé yo, el gato."

Historia de un dilema

Lo recuerdo, fue unos veintitantos años atrás. Era yo un jovencito, por así decir. Aunque bastante veterano en ciencias pedagógicas, ya que empecé a ejercer la docencia a los diecisiete años, no por razones de temprana vocación, sino de temprana necesidad de supervivencia económica.

Sucedió en un instituto secundario con internado que yo dirigía en la provincia de Santa Fe. Era el recreo. Paseaba, meditabundo, por el amplio patio sorbiendo rayos de Febo que asomaba en plenitud o completud. De pronto pasó junto a mí una alumna algo desproporcionada, porque en lo físico estaba muy bien pero en lo curricular era bastante deficiente. Aunque también venía muy bien dotada intelectualmente, el problema era que no quería estudiar.

Paternalmente la detuve en su camino y le dije:

—Laura, deberías prestar más atención a los estudios, fijate que si seguís así, perdés el año, y sería un grave error, entonces...

No pude concluir. Me interrumpió y, mirándome de pies a cabeza, como sobrándome, me hizo saber:

—Deje usted que yo cometa mis propios errores; usted no puede vivir la vida por mí —y se alejó con soberbia inmarcesible.

Recuerdo que me quede ahí, en mitad del patio, petrificado. El dilema me azotaba. En efecto, ¿no debía yo respetar esa vida joven y dejar que se fuera haciendo a los golpes, a las caídas, y así madurara mejor y por propia cuenta? ¿O debía intervenir, y entonces resultaría que yo estaba viviendo su vida?

Las famosas frases evasivas

Esa misma pregunta me ha perseguido durante toda la vida en toda relación con los demás, pero sobre todo frente a los hijos y los alumnos.

Dejé pendiente el interrogante. Entre tantos libros de pedagogía y psicología no encontré la solución. Los libros hablan de principios, ideas, teorías, pero no se juegan en descensos a la realidad cruda y vulgar. Ahí es uno el que debe tomar decisiones, y jugarse.

Finalmente hace unos años, después de mucho estudiar y mucho pensar, arribé a estas conclusiones:

—Si mi hijo, o tu hija, mi alumna, elige mal una película o un viaje, puedo darle mi opinión, pero la elección es de ellos, y allá ellos. Nada trascendente sucederá.

Segundo razonamiento:

—Si los veo elegir en términos de caída, de daño para el futuro, de peligro de consecuencias mayores, *es mi deber* de padre, mi deber de maestro *intervenir* y procurar detenerlos frente al abismo. Ese es mi respeto a la persona. Siempre que corra riesgos o peligros, de orden físico o psíquico, inmediatos o por venir, es mi deber de padre intervenir.

Ese es mi amor. Esa es mi lucha. Sea frente a la cerveza embriagadora, tomada a raudales, o frente a las pésimas compañías, o frente a un abandono de estudios o de materias, o frente a la motocicleta.

Conozco centenares de casos, queridos padres, de colegas nuestros que se dejaron llevar por la permisividad y el abandono con el pretexto o la ideología que sostiene que:

—"Son chicos, hay que entenderlos";

—"Y bueno, si quiere descansar un año, que descanse, que no vaya al colegio, total tendrá una vida por delante";

—"Es su vida, y debemos respetar sus elecciones";

—"Que crezca, que madure, ya se dará cuenta solo, hay que darle tiempo"; etcétera, etcétera.

Estas frases, de aparente tono humanista, son evasivas, elusivas. *Eluden la responsabilidad.* Serán muy finas, pero terminan lavando las manos de los que no están dispuestos a humedecerlas o implicarlas en el devenir de la vida.

Queridos padres, no es este el camino para ser padres queridos. Se lo intentó, lo sé, y lo saben ustedes, *y no nos está yendo bien.*

Y no son los hijos los que fallaron, por cierto. A ellos los hacemos nosotros, la sociedad toda. Pero el lavado de manos es universal, y por tanto también el llanto por cada hijo perdido es hoy universal.

A un hijo enfermo, a cualquier edad, le traigo el médico, y le doy los remedios pertinentes, aunque sean amargos. A una hija en peligro psíquico o social de pérdida y de daños futuros mayores, debo detenerla. Es mi deber, deber de amor.

Perdón por la reiteración nada intelectualista. Que crezcan libremente, sí; que caigan y se destrocen libremente, no.

La calidad del mensaje es la que decide

—¿Y cómo podés saber de antemano? —me preguntó Gonzalo, excelente alumno de un colegio secundario que fundé y dirigí en Buenos Aires, y donde teníamos reuniones sobre valores de libre expresión para todo el mundo, y debíamos tutearnos para no ser más autoritarios y para lograr un mayor entendimiento afectivo entre las personas, y de esa manera arribar a la fraternidad universal, que era el mandamiento psicopedagógico del momento.

—No sé si lo sé —respondí pausadamente, midiendo letras, sílabas, porque con esos chicos cometer un desliz argumentativo podía costarme la carrera—, pero no tengo a otro que sepa más y mejor que yo, en cuanto a mis hijos se refiere. En este caso y por lo tanto, soy el máximo responsable y tengo que jugarme en una toma de decisiones.

—Tal vez destrozaste un ideal, una voluntad —me sugirió en términos de disputa intelectual, pero en realidad ya me estaba juzgando y condenando de antemano.

—Ignoro. No creo que el bien, como convicción, pueda destrozar nada, francamente. Vivir es apostar. En la ruleta, Gonzalo, sabés de inmediato si ganaste o si perdiste. En la vida apostás, pero a largo plazo. Si apostás seriedad, afecto, interioridad, sabés que ganás, que ganarás, que ese mensaje *es bueno*. Pero hay que jugarse. Serás grande, y le apostarás a una chica. No hay otra. Los hijos, en calidad de seres humanos, no se someten a teoremas de geometría.

Gonzalo me miraba como si me escuchara o, mejor dicho, como si no me escuchara haciendo el show del adolescente que debe despreciar a los mayores. Yo sabía que escuchaba. Todos, por más show que desplieguen, si se les habla en profundo, escuchan. De modo que seguí hablando:

—No tengo más brújula que mis valores, mi conciencia, y eso que considero mi amor. En ciertas actitudes que tomo puedo fallar, técnicamente hablando. Una vez, te cuento, Amir vino del colegio y me pidió que lo ayudara a hacer una composición. Lo ayudé. La consecuencia fue que, días después, sacó una nota pésima. Amir me miró entonces con ojos de "a vos no te pido más nada", pero no puso en duda mi buena voluntad. Nos reímos juntos. ¿Te das cuenta?—le pregunté para verificar que no dormía.

—Se me hace tarde —comentó Gonzalo, evasivo, y salió disparado en dirección ignota. Era parte del show del adolescente, pero les aseguro que se fue pensando.

Hay que jugarse, queridos padres

No hay otra. Hay que jugarse. En momentos de apuro uno no puede volverse científico, detener la marcha del tiempo, empezar a consultar a psicólogos, amigos, revistas, libros. Las decisiones tienen que ser tomadas en su exacto y estricto momento.

Los padres no pueden evadirse bajo falsos pretextos de "no sabemos", "no estamos seguros", "y si nos equivocamos", etcétera. La vida no es como la matemática, en la que se puede determinar con precisión cuál es el resultado exacto y cuál el erróneo.

En el ejemplo que vimos páginas atrás, uno se lanza a

salvar a un niño que está al borde de un precipicio, y no se detiene a meditar: "En una de ésas, en lugar de salvarlo se me va la mano, lo empujo, o al tomarlo resbala, y en lugar de devolverlo a la vida, termino hundiéndolo en el vacío".

Tampoco se puede hacer meditación trascendental, y decirle al chico que espere, que aún no se arroje al vacío, que ya voy, que me deje consultar a los dioses y a mi daimon personal; o, por lo menos, que me preste el teléfono celular para que consulte a mi gurú de la India.

Absurdo. Tanto divague, tanta especulación, tanto cuestionamiento, nos ha paralizado y, al decir poético, nos olvidamos de vivir y de las reglas de la vida: entregarse. Eso no excluye el pensar, el calibrar la acción, el dudar. Pero como comentario al margen o colofón.

Hay que jugarse. Ayer te jugaste por esa chica, y por el amor, y por el ser novios, y luego por el ser esposos, y más tarde por el ser progenitores. Cuando ella te inundaba con sus ojos luminosos y entreabría labios silenciosos, no te preguntaste:

—¿Besar o no besar? ¡He ahí el problema!

Tampoco hesitaron demasiado en la noche venturosa de pasión encendida expresando:

—Esperá, esperá, no te apresures, porque ¿acaso sabremos cómo educarlo?

Nació. Nacieron. Ahí están, los hijos. Tienen que hacer algo con ellos. *Hacer. Con ellos. Y re-hacerse, re-nacerse en ese quehacer del crecer.*

Conviene saber, y también ejercitarse en dejar de saber

Conocerse es saber que nunca dejamos de ser personales. Por tanto, aun frente a lo más objetivo somos subjetivos.

Véase nuestro proceso de percibir el mundo, de practicar el conocimiento, tal como lo analiza el notable psicólogo Erik Erikson en su libro *Infancia y Sociedad*:

"Percibimos una información; al incorporarla aprehendemos aquella parte que parece digna de ser poseída; al digerirla tratamos de comprenderla a nuestro modo, asimilándola a otras informaciones, retenemos algunas partes y eliminamos otras; y la transmitimos a otra persona en la que se repite la digestión o inseminación adecuada."

Este es el verdadero proceso del conocimiento. El sujeto ha de aprehender al objeto, con total prescindencia de sí mismo. Y bien, enseña Erikson, eso es imposible.

Soy yo el que aprende, soy yo el que observa, soy yo el que estudia, y no me puedo desvestir de este yo y sus múltiples afecciones y particularismos, de mis gustos, preferencias, resentimientos, amores.

De ahí surge una tipología sobre qué hace la gente con el conocimiento:

"Algunos se llevan su conocimiento a un rincón, y hacen lo mismo que un perro con un hueso; otros se transforman en depósitos de información sin ninguna esperanza de llegar alguna vez a digerirla; hay quienes prefieren exudar y desparramar información que no está digerida ni es digerible; y los violadores intelectuales insisten en demostrar su razón atravesando las defensas de interlocutores nada receptivos."

De los modos de ser surgen los modos de conocer.

Pensaríamos que el intelecto cuando despliega sus alas lo hace con toda libertad. Libertad condicionada, amigos. Como todas nuestras libertades. Con pesos a los costados que tiran para uno u otro lado.

Sobre todo hay que procurar huir de ese tipo humano, tan común en la sociedad de masas, que se limita a absorber conocimientos, a repetir ideas, a decir frases aprendidas, sin haberlas pensado o digerido jamás. Ese tipo de conocimiento es como una leve cobertura de chocolate. Cree que sabe, pero no sabe.

Por eso les decía, abandonemos la arrogancia de las informaciones acumuladas, dejemos de saber tanto. El que deja de saber, se abre desnudo a la posibilidad de aprender.

La verdad del padre que amaba a Kafka

Al respecto cabe citar la dura carta que Franz Kafka, ese enorme escritor de comienzos de siglo, le escribió a su padre. Es una misiva que expresa toda la tensión y oposición entre un hijo y un padre, que se culpan recíprocamente de esa misma tensión que no logran superar.

Dice Kafka:

"Como padre has sido demasiado fuerte para mí, más aún porque mis hermanos murieron siendo niños pequeños, y las hermanas vinieron sólo mucho más tarde, de modo que tuve que soportar completamente solo el primer embate y me encontraba muy débil, demasiado débil para ello".

Se siente aplastado por el padre, disminuido, endeble. Pero por otra parte encontramos en ese texto este párrafo que a menudo releo, como padre, y medito:

"Por fortuna hubo también momentos de excepción, es cierto, casi siempre cuando sufrías calladamente y el amor y la bondad vencían con su poder todo lo que se les oponía apoderándose de ello en el acto. Esto por cierto sucedía rara vez, pero era maravilloso. Así, por ejemplo, cuando antaño en los veranos bochornosos te veía dormitar un poco en el negocio a mediodía después del almuerzo, cansado, el codo en el pupitre; o cuando los domingos venías a visitarnos, rendido, a nuestra vivienda de veraneo; o cuando durante una grave enfermedad de nuestra madre te aferrabas a la biblioteca temblando de llanto, o cuando durante mi última enfermedad venías silenciosamente a verme al cuarto de Ottla, y te quedabas de pie en el umbral, estirando tan sólo el cuello a fin de verme en la cama, y saludándome nada más que con la mano, por consideración. En tales momentos se acostaba uno y lloraba de dicha, y llora ahora nuevamente, mientras lo escribo".

Eso que el padre nunca pretendió exhibir para influir en su hijo, eso lo llenaba de ternura: su propia fragilidad, su contenida emoción, su llanto por la enfermedad de la esposa, su sigilosa visita al lecho del niño en cama. Eso que no solemos percibir nosotros los grandes, lo perciben los chicos. Las cosas chicas de la vida, sin declamación, pueden ser para ellos las cosas importantes de la experiencia.

Misterio de la existencia: emitimos mensajes, pero no sabemos en qué consisten porque ellos, los mensajes, terminan de definirse en la recepción que el otro les depara y en su propia, personalísima, decodificación.

Aventura del devenir. Ese padre que se proponía educar a Franz Kafka, quedó en el recuerdo como factor irritante, desagradable. En cambio, ese mismo padre, sin pretensiones, sólo viviendo, sin ideas, meramente viviendo, entrando en la pieza de su hijo para visitarlo y verlo en el silencio de la noche, ése lo hizo muy pero muy feliz.

Los hijos nuestros de cada día

Amemos a los hijos nuestros de cada día. Ese principio merece ser meditado. Cada día es otro, y cada hijo es otro, distinto de la imagen que de él nos formamos y coagulamos, congelamos. Cada día crece. Y ustedes, queridos padres, también. Como decía Heráclito, no nos bañamos dos veces en el mismo río. El río corre, nunca es el mismo. Y yo, cuando entro en el agua por segunda vez, tampoco soy el mismo.

Los hijos nuestros de cada día. Hoy diferentes de ayer; los mismos pero distintos. Y amar es aplicarse a percibir esa distinción, ese "qué le pasa hoy que no está como ayer". Entonces deja de ser cosa, posesión; es persona, es cambio, es lo im-previsible.

Tu esposo, tu hijo, tu amigo. Los otros. Eso que decía Khalil Gibran, ¿recuerdan?: "Tus hijos no son tus hijos..." Son tuyos, claro está, en cuanto a su origen, pero no son tuyos en cuanto a la posesión. Nada es tuyo, salvo las cosas que puedes manipular a tu gusto, y ellas no reaccionan, porque no tienen libertad.

La rutina es indispensable para manejarnos rápidamente y con eficiencia en el mundo de las cosas, de los negocios, de las repeticiones. Es mala consejera en nuestras relaciones humanas.

Misteriosa imagen de un niño

Alejémonos un instante de tanta abrumadora realidad. Hijos, niños. Pensemos en ellos sin etiquetas, sin recetas, sin consideraciones utilitarias.

¿Qué es un niño? Es un misterio.

Todo ser humano es un misterio, porque es un ser interior y un ser exterior al mismo tiempo. Lo conocemos desde el exterior, pero al interior nadie llega, ni siquiera él mismo.

Yo soy un misterio para mí.

Cada vez que tomo un niño en mis brazos lo miro, como queriendo escrutar en el misterio de su futuro, el qué será. Es como tener en las manos un puñado de semillas y no saber semillas de qué planta son, pero sí que son semillas, y eso sólo ya azora, azora.

A menudo contemplo fotos de niñez. Las tuyas, mujer, las mías, las de nuestros padres, las de nuestros hijos. ¿Qué dicen las fotos? ¿Qué sueños albergaban esas frentes, esas bocas fruncidas en trompa, ese brillo en los ojos? En esos primeros años está todo el misterio de su ser futuro, y quisiera descifrarlo.

En materia de misterio hay que apelar a los místicos, a los artistas, a esos seres expertos en intuir a otros seres y volcarlos en imágenes, en palabras.

Azorín escribió, en su libro *Tomás Rueda*, un capítulo denominado "El mohín". Dice Azorín, ante la contemplación de un retrato de niño:

"Pero algo hay en él que no hay en los demás muchachos. Cuando vivía mamá, un día se sentaron en un sillón y le dijeron que se estuviera quietecito. Un señor, delante de él, comenzó a poner colores diversos encima de un pedazo de cobre. .

"A los tres o cuatro días el retrato estaba hecho. El niño tenía los ojos negros, y negro y brillante el pelo. Su cara era de un ligero color moreno. No había nada en ella de extraordinario. No había nada para un observador vulgar. Mas, ¿y este mohín ligero que, si nos fijamos bien, notamos en esta faz infantil? ¿Y esta breve mueca que, al pronto, una vez observada, no sabemos de qué es? Los labios están un poco salientes y, a la vez, como apretados, y en la frente entre las dos cejas, se ve una suave contracción.

"Sí, decididamente, en este mohín hay algo de meditación y de melancolía. Este niño lleva en la cara escrito su destino.

"Retratos de niños, retratos desconocidos, ...sois más elocuentes vosotros que todos los libros, vosotros reveláis el arcano de una existencia futura; en vosotros está en germen el porvenir de incertidumbre, de angustia, y de melancolía."

Nos somos naturaleza, somos historia

No existe la naturaleza humana. En todo caso consiste en la ausencia de naturaleza. Porque naturaleza viene de la voz latina *natus*, lo nacido. Y este niño que te ha nacido es naturaleza sólo en ese instante en que su cabecita emerge al mundo. A partir de entonces eso que trae consigo —genes, instintos, tendencias...— será modelado por las influencias del medio, de los otros, y sobre todo de ustedes, queridos padres. Eso se llama historia. Lo que hacemos de nosotros mismos y de aquello que otros —padres, maestros, publicidad, religión, política...— hacen de nosotros.

Juntos, inevitablemente juntos, y a eso llamamos educación, no la de la escuela sino la de la mera presencia de otros en tu vida.

Y también separados, inevitablemente separados, porque somos distintos y cada cual pretende guardar y cultivar su identidad.

No hay naturaleza humana. Hay condición humana, y ésta consiste en la confrontación.

George Steiner sostiene, en su libro *Antígonas*, que los conflictos propios de la condición humana son cinco:

"El enfrentamiento entre hombres y mujeres; entre la senectud y la juventud; entre la sociedad y el individuo; entre los vivos y los muertos; entre los hombres y Dios (o los dioses)".

Estos conflictos no tienen solución ni negociación posible, porque a través de ellos justamente se produce cada identidad antagonista de la otra y gracias a la otra. El hombre es hombre por la presencia negadora de la mujer, y los jóvenes son jóvenes porque hay viejos contra quienes deben luchar y en eso consiste su ser joven. Ser uno es posible sólo y tan sólo en tanto ser contra el otro. Se contraponen pero se necesitan, se requieren para afirmarse en la presencia ajena.

Pero de todas las experiencias contrastantes y dramáticas, la más notable, la paradigmática es la del encuentro entre un hombre y una mujer. Salomón decía:

"Hay varias cosas que no sé ni sabré nunca: el camino de la serpiente en la roca, el camino del águila en el cielo, el camino del barco en el océano, el camino de un hombre y una mujer".

A medida que nuestro siglo ha ido avanzado a pasos agigantados en el conocimiento de la naturaleza de las cosas, ha ido encubriendo entre nubes y velos la otra verdad, la de la naturaleza humana que, como decía Ortega, no es naturaleza, es historia. Y es historia porque es conflicto y necesidad constante, diaria, de estar resolviendo esos conflictos, que nunca se dejan resolver del todo porque están enraizados en la naturaleza de la paradoja, de ser y no ser, de querer y no querer, de amar y odiar a la vez, de recordar y olvidar al unísono, de buscar la verdad y disfrazarla cuando fuera necesario.

Eso somos, y seremos. Sabiduría es conocer la presencia de los límites que la condición humana impone. El siglo XX realzó los ideales de liberación, y adjudicó porciones de objetivos supremos a cada ser nacido bajo el sol. Pero se olvidó de hablarles, de hablarnos, de Caín y Abel que son hermanos, y que se odian, de David que cae en pasión arrobadora frente a Betsabé y luego, con la misma pasión, cae en el olvido de su persona.

Odio y amo

Odi et amo, decía Catulo, clásico poeta de la Roma antigua, respecto de la misma persona.

No soy el que soy ni el que digo que soy, soy el que termino siendo. Imprevisible, fuera de toda programación. Es decir, incognoscible.

Porque conocer, en ciencia, es poder predecir que siempre que ocurra A en consecuencia sucederá B. Pero no hay manera de predeterminar cómo reaccionará tu mujer siempre que le regales flores, o tu esposo cada vez que le obsequies una corbata, o que lo beses detrás del lóbulo de la oreja donde tanto le gusta.

Te quiero porque no eres como yo. Ese, tu no ser como yo, por otra parte es un espejo que atestigua mi presencia y me niega. Ya lo dijimos: masculino y femenino, como viejo y joven, como vivo y muerto, se niegan y se necesitan recíprocamente.

En el pleno querer al otro está la larva del eventual odio. Porque eres lo que no soy, te quiero. Porque eres lo que no soy, y por tanto eres un peligro latente, podría llegar a repelerte.

Tal vez, queridos padres, nos cueste tanto ser padres, porque, arrojados por la borda los libretos totalitarios, nos quedamos con las manos vacías, y sujetos a movedizas arenas de sentimientos en cambio perpetuo.

Tal vez, queridos padres, mientras procuramos ser buenos tutores de nuestros hijos deberíamos aprender al unísono a crecer nosotros mismos, a conocer nuestras limitaciones borrando fraseología y entendiendo que estamos juntos no porque alguna vez nos enamoramos, sino porque asumimos un compromiso de vida compartida, de proyecto familiar. Si logramos cristalizar esa conciencia entre nosotros, ya tendremos un mensaje firme para transmitir a nuestros hijos.

Tal vez deberíamos empezar por nosotros, ¿no les parece?

Aprendiendo y enseñando cuánto esfuerzo, trabajo, lucha contra la lucha, cuesta ser nos-otros.

La guerra de la pareja

Empezar por nosotros. Conocer-nos. No el misterio del ser, sino qué somos cuando estamos juntos, es decir nos-otros, el uno con el otro, el uno para el otro. Otro ser no hay. Siempre se manifiesta el ser en el estar, y el estar, a su vez, siempre tiene una circunscripción, un círculo de tiza que lo constituye. *Yo soy mi ser en relación.*

Conocer-me es conocer-te en este estar que estamos constituyendo. ¿Y qué es lo primero que se descubrirá, si se molestan en averiguarlo, pero honestamente?

Lo primero que emergerá es la confrontación. El co-ser (ser con) ante todo es contra-ser. Competencia, envidia, territorio, individualismo son los emergentes más notorios de todo ser que, según dijimos, es ser en relación.

Debemos humanizarnos, por cierto. Educarse y aprender a crecer para superar esa plataforma de guerra que nos une.

Vayamos mejor al arte. Lo que tanto me cuesta decir y explicar, Tolstoi ha logrado plasmarlo en el siguiente párrafo de *Sonata a Kreutzer:*

"Así transcurría nuestra vida. Nuestras relaciones se volvían cada vez más hostiles. Finalmente ya no era el desacuerdo el que provocaba la hostilidad, sino que de antemano estaba en contra de todo lo que dijese mi mujer. Y a ella le ocurría exactamente igual con respecto a mí. A partir del cuarto año, decidimos tácitamente que no podíamos comprendernos ni llegar a un acuerdo. Cesamos en las tentativas de convencernos mutuamente. Permanecíamos firmes cada uno en nuestra posición con respecto a las cosas más sencillas, sobre todo en lo que se relacionaba con los niños. Ahora me doy cuenta de que las opiniones que defendía no me importaban tanto como para no poder sacrificarlas; pero como mi mujer opinaba lo contrario, y ceder hubiera significado capitular, no podía hacerlo. A ella le sucedía lo mismo. Sin duda, mi mujer creía que siempre tenía razón, y yo me imaginaba ser un santo.

...En lo que a mí se refiere, al menos, sentía a veces, un odio terrible hacia ella. Miraba cómo servía el té, cómo balanceaba un pie, o se acercaba la cuchara a la boca y sorbía el líquido, y la odiaba por estas cosas como si se tratase de las peores acciones. No caía en la cuenta de que los periodos de odio surgían en mi con regularidad y proporcionalmente con los que llamábamos de amor. ...En aquella época no comprendíamos que ese amor y ese odio constituían el mismo sentimiento animal, considerado de un modo diferente...

Éramos dos condenados, unidos por la misma cadena, que se odiaban y que se envenenaban mutuamente la vida, tratando de no darse cuenta de ello".

Sin recetas, sin pastillas

No queremos ser autoritarios. Esa es la única decisión clara que tenemos. Qué es autoritarismo, qué es autoridad, qué es educación, y cómo funciona cada uno de estos elementos en la vidas humana, eso no nos ha preocupado demasiado, y por ahí se abre el agujero de la formación y educación de la juventud. Nos hemos conducido de un modo mágico: si uno le dice "no" al autoritarismo no necesita hacer más nada.

Y la vida es hacer, no decir. Diciendo, el mundo no se modifica. Y puesto que nos satisfacemos con el grito de rebelión contra nuestros antepasados "castradores", aceptamos cualquier producto que tenga aire de novedad o modernidad, sin leer el prospecto.

A tal efecto, huyendo de autoritarismos de antaño, sin darnos cuenta caemos en modas autoritarias de hogaño. Desde los globos y las serpentinas y la sonrisa petrificada hasta el orgasmo programado, medido, calibrado. Nos pasamos de rosca, como dicen los filósofos actuales. Disney, las hamburguesas, los jeans arrastrándose por la calle para limpiarla mejor, y el habla cotidiana salpicada de excrementos, con el perdón de la expresión, nos parece ser el gran mundo nuevo y libre que legaremos a nuestros hijos.

—¿Cómo hallar el equilibrio? —me preguntó una madre de Tierra del Fuego, llamando por teléfono al canal donde yo disertaba sobre este tema.

—Pensando —le dije.

Y la habré dejado pensando. No sé de recetas. Sé que ninguna receta sirve. Y pensar significa abandonarlas, justamente.

Piensen, por favor. Por cuenta propia. Es lo único que uno puede hacer por cuenta propia, sin que interfiera el Fondo Monetario Internacional. Pensar es hoy en día una exigencia muy grande, lo sé. No nos queda otra. Y además les garantizo que si practican ese reclamo con el tiempo alcanzaran cimas de placer. Y sin recetas. Y sin pastillas.

* * *

"Se puede prometer acciones, pero no sentimientos"

Los hijos nacieron del amor y para el amor. Para el nuestro en primer término, y luego ya serán libres, cuando crezcan, para amar a su vez y en razón de su libertad y sus encuentros en la vida.

Dije que pensar es la exigencia más grande que debemos afrontar hoy. Pensar es contemplar la realidad sin pre-juicios, despojarse de pre-conceptos e ideas aprendidas y repetidas hasta el cansancio, y preguntarse:

¿Qué es el amor?

Les ofrezco este fragmento de Nietzsche, un pensador de fines del siglo pasado que se atrevió a pensar, a ver lo que veía, a sentir lo que sentía, a ser auténtico y veraz consigo mismo. Esto escribía el filósofo alemán en *Humano demasiado humano*:

"Se puede prometer acciones, pero no sentimientos, pues estos son involuntarios. El que promete a alguien amarlo siempre u odiarlo siempre, ser siempre fiel, promete algo que no está en su poder; lo que puede prometer es acciones que, en verdad, son ordinariamente las consecuencias del amor, del odio, de la felicidad, pero que pueden también provenir de otros motivos, pues a una misma acción conducen caminos y motivos diferentes. Por consiguiente, la promesa de amar siempre a una persona significará: mientras yo te ame, te prodigaré las acciones del amor; si dejo de amarte, continuarás recibiendo de mí las mismas acciones, aunque por otros motivos, de suerte que en la cabeza de los demás hombres persista la apariencia de que el amor será inmutable y siempre el mismo. Se promete también la persistencia de la apariencia del amor cuando, sin cegarse a sí mismo, se promete a alguien un amor eterno".

Ejercicio:

Relean, juntos si pueden, y discutan ese texto. No es para entender a Nietzsche ni para ser más cultos; es para vivir mejor y entender las reglas de la existencia humana, y por tanto amar mejor.

Les ofrezco el espacio que sigue para escribir sus comentarios. Es importante escribir. Sólo así se sabe qué se piensa. Las ideas sólo se conocen cuando son expresadas, emitidas hacia afuera.

El mal de la desconfianza

El siglo XX derrumbó muros, autoritarismo de padres, improntas de tradiciones y nos inundó de luz de libertad. Pero hubo un exceso de luz y ya no veíamos nada. Nada que hacer por delante. Salvo la constante des-confianza y pregunta si no seremos autoritarios como los "viejos", y qué dirán nuestros hijos cuando el diván los atrape; y la culpa de no hacer nada y sin embargo ser culpables por el mero hecho de ser padres.

Esa desconfianza nos atrapó, nos paralizó, y dejó a nuestros hijos solos en el mundo, con padres, pero huérfanos de guía, de horizonte, de normas acerca del bien y del mal. Además de la humedad, es la desconfianza la que mata.

Un ejemplo de desconfianza, que bien podría servirnos de paradigma para nuestros enrevesados diálogos y nuestras no menos dialécticas divagaciones, es el que sigue, una anécdota se remonta a la vida de los judíos en la vieja Rusia.

Un individuo, Samuel, hijo de Najum, está sentado en el andén de la estación de ferrocarril, esperando. Viene otro, se sienta al lado de él, e intenta conversar, para mejor pasar el tiempo.Le pregunta:

—Yo a usted lo conozco, ¿cierto?

—No sé si nos vimos antes —replica el interrogado, con tono aburrido.

Y así charlan, se presentan, se cuentan quién es quién y qué hacen. El recién llegado le pregunta a Samuel:

—Y dígame, si no es indiscreción, ¿adónde viaja?

—Aunque fuera indiscreción viajo a Boiberik —replica Samuel, algo irritado por ese compañero molesto.

—¿A Boiberik?

—Sí, a Boiberik, ¿o es que no hablo claro?

El otro se quedó mirándolo, meditando un poco, y finalmente le expresa:

—Claro que habla claro, y yo no soy yo sordo. Ocurre, le diré, que usted a mí no me engaña. Usted me dice que viaja a Boiberik, para que yo piense que viaja realmente a Bialistok. Pero yo sé que en verdad viaja a Boiberik, ¿entonces para qué me dice que viaja a Boiberik?

Capítulo tres

Acerca de los mitos actuales

Diálogos con mi hijo adolescente

Antes, cuando yo era chico (tan sólo medio siglo atrás; para evitar suspicacias) no había parejas.

No se asuste, pero era así. Es que vivimos tan vertiginosamente que la memoria no alcanza para nada, y creemos que todo lo que apareció anteayer existe desde que Dios creó el mundo. Mi hijo, el adolescente, considera por ejemplo que Dios dijo sea la luz, y fue la luz, y de inmediato la electricidad, y un ratito más tarde el microondas, y a los pocos segundos nacieron los Rolling Stones. Entonces me siento y le explico que el microondas, tenerlo, digo, no es un reclamo divino, que no figura entre los diez mandamientos, y de paso le hablo de otras cosas y le cuento:

—¿Sabés una cosa? La pareja también es de ayer, de anteayer. Antes no había parejas.

Me mira perplejo, desconfiado y hasta con resentimiento.

—Entonces mamá y vos, ¿qué?

—Te cuento. Al comienzo yo era profesor, y ella era alumna, en mi clase. Años más tarde fuimos, por así decir, conocidos o amigos. Luego consagramos una relación más íntima que se llamaba noviazgo y que era ya todo un compromiso.

—¿Qué es eso, papá? —preguntó sorprendido por el término ignoto.

—Compromiso, hijo —tomé aliento, paciencia, inspiración, y una copita de wishniak para darme fuerzas— es entrar con el otro en una relación comprometedora. Quiero decir, en fin, asumir que tu vida y la del otro están definitivamente ligadas.

—¿Es decir amor? ¿Eso queres decir? —interroga el vástago, azorado, perplejo, rascándose la mollera peluda llena de trencitas posmodernas.

—Bueno, sí. Amor es lo que sentís, y compromiso es lo que hacés, cómo te comportas.

—El cine, el teatro, McDonald's... —explica el fruto de mis entrañas.

—Eso, caro *natus* —se lo digo en latín para impresionarlo pero ni me escucha— se llama diversión, no es compromiso. Compromiso es responsabilidad.

El chico se levanta y se va: se le hace tarde para la inauguración de una de estas salas de cine novísimas, que aparecen en paquetes de ocho, quince, en distintos sectores de la ciudad. Él considera un deber estar en todas las inauguraciones. Se le hace tarde, y por suerte se va: me saca de quicio.

Pero al día siguiente, domingo, antes de los ravioles lo cacé, lo senté a la mesa y retomé la conversación.

—¿Te acordás, muñeco, que ayer hablábamos de la pareja?

Jaia me miró —es psicopedagoga— con algún reproche. Según ella soy algo sádico con nuestros descendientes cuando les explico cosas de la vida. Yo considero que un poco de sufrimiento filosófico no les viene mal, y sigo con mi acción docente:

—¿Te acordás, muñeco, que hablábamos de la pareja?

Mueve la cabeza y agita el brazo en busca de los ravioles perdidos.

—Bueno, te fuiste porque en el cine pasaban lista y no podías faltar, y no terminé de explicarte.

—Dale, papá, explicame, explicame —se hizo el cariñoso, el interesado, para conquistar mi simpatía de padre neurótico. Y yo caigo en la trampa, no puedo evitarlo. Me deshago en una bahía de ternura.

—Cuando estábamos de novios, dulce vástago, éramos pareja. Pareja son dos. Uno los mira y dice que ahí hay una pareja de niños, o de coches. ¿Entendés? Novios era otra cosa, era un vínculo profundo que nos ligaba, y lo que venía antes del casamiento se llamaba "compromiso", es decir una promesa de uno con el otro.

—Genial, papá —concluye el muchacho y hace señas a su madre para que los ravioles hagan su aparición mística. Pero yo me hago el desentendido. Una vez que lo tengo, no desaprovecharé la ocasión didáctica.

—Después el matrimonio, la casa, la familia.

Por un rato se olvida de la pasta rellena y se interesa:

—¿Y ustedes dos qué eran, qué son? —me hace el favor de preguntarme.

—Eramos un matrimonio. Así se les decía a los casados, porque se suponía que estaban ligados, el esposo y la esposa, para que ella fuera madre, que en latín se dice *mater*, y de ahí el término matrimonio, para producir hijos.

Parejas, parejas

Lo salvó el gong, pobre. El heredero menor fue llamado por teléfono por algún colega de jeans destruidos de fábrica, porque tenía que ir a un recital de rock —en ese tiempo hacía un promedio de doce por mes. Y la mamá, agitadísima, sirvió el manjar esperado que él engulló a mil por hora, dijo perdón, y desapareció de la mesa.

Me quedé solo con mis meditaciones y, para no defraudarme, se las sigo exponiendo.

Hoy, se habrán enterado, todo cambió. Se empezó a hablar —hace de esto no mucho, unos veinte, treinta años, a lo sumo— de *pareja*, mientras el término *matrimonio* pasó a delatar meramente la edad de los cónyuges, y más que la edad física, la edad mental: no están *aggiornados*.

Los actualizados de hoy somos todos *parejas*. Casados, solteros, superando las accidentales diferencias de sexos, lo que hay es parejas.

Pareja. Un par. Dos. A la par. Parejos. Yo como tú, tú como yo, nosotros, y cada uno por separado.

¿Para qué? ¿Por qué somos pareja?

Porque nos amamos, claro está. Porque queremos estar juntos. Porque nos gustamos. Porque nos deseamos. Porque sos la persona más adecuada para mí. Porque...

El sentimiento prevalece. La autenticidad. Eso que te sale de adentro y le decís al otro. Eso que al otro le sale de adentro y te lo dice.

Estamos juntos para estar juntos. No hay otra finalidad superior a nosotros mismos, vos y yo, dioses únicos y exclusivos en el olimpo de la existencia compartida.

Para crecer juntos. Que no es lo mismo que envejecer juntos. Y si nos casamos es porque la gente se casa, y después de todo es lindo, y en una de esas tenemos hijos, y les transferimos a ellos todos estos cálidos y delicados sentimientos que ahora nos embargan cuando nos miramos a los ojos, vos y yo.

En Estados Unidos a la gente le gusta tanto pero tanto casarse, que se separan continuamente, para casarse continuamente. Deporte nacional, diría yo.

Semejante actitud adoptamos también hacia los hijos y prometemos quererlos como nos queremos, y respetarlos como nos respetamos, que cada uno realice su propia orientación, vocación, personalidad, sin invadirnos, creciendo cada uno a su modo, a su altura, para que cada cual sea el uno mismo que merece ser y de ese modo consuma su destino, el que le pertenece.

Y eso de "hasta que la muerte nos separe" sigue sonando bonito, por qué no, si no nos separamos antes. Un filósofo del café de la esquina de casa dice: "Hasta que la muerte termine de separarnos". Obviamente es un amargado.

Eso que nos pasa nos está pasando

Filósofos del presente absoluto, queremos vivir la plenitud de lo que nos pasa. Y el lenguaje lo dice: eso que nos pasa, efectivamente, *nos pasa*, es decir, pasa, te toca, te sacude, y sigue de largo, se va, desaparece. Pasa.

Aunque hoy te amo por toda la eternidad, mañana veremos qué nos pasa. ¿Por qué no? ¿Quién sabe? La literatura suele decir eso que la vida calla, tapa, encubre.

En *Mashenka*, Vladimir Nabokov, el gran narrador de origen ruso, cuenta:

"Aquella noche, en la extraña y furtivamente creciente

oscuridad, bajo los tilos de aquel espacioso parque público, sobre una piedra plana profundamente hundida en el césped, Ganin, en el curso de unas breves efusiones llegó a amarla más intensamente que en cualquier otro instante, y dejó de amarla, así se lo pareció en aquel momento para siempre jamás".

En un instante, el sentimiento asciende a la cumbre, e inmediatamente de ahí cae al subsuelo.

El proyecto sentimental de este siglo, como autenticidad y libertad, no merece crítica alguna, siempre y cuando conozca sus propias reglas que se reducen a una sola: de pronto te quiero, de pronto no te quiero.

Por eso es el reino de la *pareja*, término que antes no se conocía. Es totalmente aséptico. No se sabe quién con quién, y para qué, ni hasta cuándo. Ser es sentir, y sentir es dejarse llevar por lo que se siente. Es muy auténtico... y no te lleva a ningún lado.

Seremos pareja toda la vida. Claro que los sentimientos cambian, las ganas, los gustos, las preferencias, los estados de ánimo, la corriente del Niño, y tantos otros avatares que dan lugar a la frase de Heráclito: "No nos bañamos dos veces en el mismo río".

Habrá que respetar esos cambios. Nuestro compromiso, el de la pareja, es de respeto recíproco: cada cual ha de ser auténtico y promete al prójimo expresarle esa autenticidad. Esto lo reclama la modernidad.

El calavera no chilla

Si un día uno siente que no quiere más al otro, se lo dice. Si un día siente que no es feliz, que la rutina lo carcome, que quisiera ensayar otra cosa, se lo dice.

La ley de la pareja actual es que cada uno diga lo que piensa, y sobre todo lo que siente.

El derecho al cambio es su derecho supremo, su principio constitucional mayor. Después de todo estamos juntos para apoyarnos recíprocamente en la realización de cada uno. Este es el credo de última generación.

Entonces así como nos ligamos, así nos des-ligamos, porque la volatilidad del sentimiento maneja nuestras vidas.

Decía Marx, en correspondencia: "Todo se disuelve..." En castizo se dice: "Si te he visto, no me acuerdo".

También expresa el pueblo: "Calavera no chilla". Y sin embargo, chillamos que falta comunicación, que estamos solos, que vos no me entendés, y la mar en coche.

Calavera, insisto, no chilla. Y si chilla, que deje de ser calavera, que revise los principios de su vida, y construya sobre la arena del sentimiento rocas de coexistencia y compromiso. Y no chillará más.

Todo lo que hay que hacer, queridos padres, de una vez por todas, es elegir: qué queremos, cómo queremos vivir y qué cosecha esperamos de esa siembra.

Sembrar pasajeridad y capricho, es cosechar disolución de vínculos y soledad irrebatible.

El otro camino es ver cómo sobre la base de sentimientos de amor construimos un mundo más sólido, más firme, más decidido, y con miras hacia el futuro, hacia la historia.

Decidirse y elegir. Eso es todo, y así de sencillo. ¿O no?

Revisemos nuestros mitos actuales

Empezamos revisando los mitos de los viejos, de los de antes de los viejos, terribles todos. Ahora es tiempo de revisar los mitos que nos dominan en la actualidad, y que tanto nos dominan, y en tal profundidad, que ni nos damos cuenta de que existen y de que nos dominan y de que son mitos.

El viejo mito, el autoritario, no quería que hablaras. El nuevo mito, liberador, te ordena hablar.

—Te digo lo que pienso —dice ella.

—Sí, decime siempre lo que pensás, y si dejás de quererme, decímelo, no me ofenderá, al contrario, te lo agradeceré... —se exalta él.

Y habla ella. Y replica él. Y sí, se ofenden. Se exasperan. Y se tiran de los pelos. Se reconcilian, y se aman, y se adoran.

Al día siguiente, cualquiera vuelve a la carga y le dice al prójimo lo que piensa. Y el otro reacciona.

—Pero dijiste que no te ofendería, que siempre nos diríamos todo lo que sentimos... —protesta el uno.

—Lo que pasa es que me estás hiriendo, desgarrando —responde la otra.Y se larga a llorar desconsolada.

De tanto hablar, decirse, expresarse, sincerarse, de tanto sentir y perseguir el sentimiento en su evolución, en sus variaciones, aprendimos a existir neuróticamente, al ataque y a la defensa, bajo el gran lema autoritario del siglo:
¡HAY QUE HABLAR, HAY QUE DECIR TODO, TODO, TODO!

La gente empezó a decirse todo, y de todo. Las parejas, agradecidos los unos con los otros por haberse dicho todo pero todo lo que tenían adentro, se fueron separando. Los hijos les dijeron todo a sus padres, y estos no supieron qué decirles a sus hijos, de tan culpables que se sentían. Entonces los derivaron a divanes.

El psicólogo dijo que también ellos necesitaban diván. Crecieron los divanes. Creció el decir, el hablar, el sentir, el desahogarse y la catarsis universal.

Todos los mitos son autoritarios, se tornan imperativos, coercitivos. Pensar es pinchar mitos, desinflarlos y recuperar el sentido común. Sé que es mucho pedir. Pero créanme, queridos padres, es muy pero muy divertido. Y ahí sí que se sentirán bien. Hasta me atrevo a garantizar que podría darles más satisfacción que un viaje cinco estrellas al Caribe.

El nene

Hay un cuento de Susan Sontag que siempre llamó mi atención a este respecto. Se llama "El nene". Alguien le habla a alguien. Se supone que es la madre del niño que le cuenta al analista sus problemas y, para ello, desbroza su historia familiar. Quizá sean ambos, la madre y el padre, los que van construyendo el relato. El analista les responde, pero el lector sólo se entera de lo que ellos le contestan a él. Hablan del niño como si fuera un genio:

"Todo. Recuerda los precios del supermercado del año pasado, los índices de contaminación ambiental, el diálogo de un programa de TV, los promedios de cierre del mercado de valores. Sabe los números de teléfono de todos nuestros amigos. Al terminar el día, puede recitar de corrido las matrículas de todos los coches con que nos cruzamos en las autopistas. Lo hemos puesto a prueba. Es un auténtico cubo de basura para acumular información inútil."

El mundo informa a este niño, cuya estructura de pensamiento no reconoce categorías ni valores. Informa, deforma, conforma. Conformismo. Todo es igual, todo está mezclado en un mar que podríamos llamar la libertad negativa. Cualquier cosa es memorable, registrable. ¡Un cubo de basura de información inútil!

Ahora hablan de la escuela:

"Debería ver esa escuela. Es abominable. No hay vigilancia. Los críos pueden hacer lo que se les antoje. Las maestras les tienen miedo, sencillamente. ...Tal vez los chinos hayan dado en la tecla. Claro que no nos gustaría vivir allí. Pero por lo menos la gente es honesta, existe un auténtico sentimiento comunitario, hay vecinos, los matrimonios se mantienen unidos, los hijos respetan a sus padres. Por supuesto, la gente carece de comodidades materiales y no les permiten pensar. Pero nosotros podríamos prescindir de los tres coches y de la piscina y de todo lo demás. Pensándolo bien, para lo que nos sirvió. Y vea adónde llegó el nene, después de tanto pensar."

Cada fragmento de este relato es estremecedor. ¿Acaso no siente el lector que todos, de un modo u otro, somos protagonistas? ¿Adónde hemos llegado? ¿De qué nos sirvió la información acumulada, los automóviles acumulados, las vacaciones en sitios exóticos? De pronto la libertad busca un asidero, y aunque el relato de la Sontag es profundamente corrosivo, irónico, bien cabe la alternativa, como decía Fromm, de que cuando uno no sabe qué hacer con la libertad busque que otro la aplaste y sea nuestro dictador. De ahí esa apelación a la China, donde no hay comodidades ni automóviles lujosos, pero tampoco hay que pensar y los niños no tienen este problema.

La vida entera de nuestro personaje es un cubo de basura: pide dinero, los padres no saben en qué lo gasta, fuma yerba y tiene una cruz esvástica bajo la almohada; diríamos que todos los valores le son igualmente indiferentes, sin sentido, y por eso los acumula. Dicen los padres:

"Fingimos no percibir el olor a porro en su habitación. Y él finge no saber que nosotros fingimos no olerlo".

Los padres lo llaman "el nene", pero confunden su edad aun cuando él ya es grande y se ha casado. Entre otras decisiones que toma, se hace vegetariano. Luego pasan los meses y no se baña. Al final del cuento, asistimos a la gran confesión de la madre, a todo lo que ella y el padre querrían decirle.

Eso que dicen que quisieran decirle marca las contradicciones de los personajes, que sienten amor y odio al mismo tiempo:

"Decirle que nunca deberíamos haber tenido hijos, pero que creíamos que sí debíamos tenerlos. Decirle que nunca quisimos que se pareciera a nosotros. Decirle que es demasiado difícil criar a un hijo, sobre todo a un hijo único. Decirle que debe beber leche. Decirle que tiene un aspecto ridículo con bigote. Decirle cómo mentimos. Decirle cuánto lo lamentamos. Decirle que nosotros también somos víctimas. Decirle que nuestra infancia no fue mejor que la suya".

Y de pronto el final, abrupto, frío, lapidario:

"Dios santo, doctor, ¿por qué tuvo que morir nuestro nene?"

En realidad, ese no es el final, es el comienzo. Al niño lo educaron los padres, la sociedad, la televisión. ¿En qué lo educaron? En la confusión de valores, en la ausencia de sentido y de ética, de compromiso y de libertad positiva, creadora.

¿Murió? ¿Se mató? ¿Qué pasó con él?

Ser héroe, o ser nadie

¿Cómo fue que cambió todo?, cabe preguntarse. ¿Cómo es que del pudor y del recato pasamos tan raudamente a la cola al aire, la boca sin frenos y la nadificación de toda jerarquía de valores? No creo que haya sido obra divina. Todo lo que es, es producto de lo que fue, y siempre los protagonistas son humanos.

Revisemos un poco el origen de esta actualidad tan acuciante, anoréxica, hedonista, agresiva y neurótica al mil por ciento, en un campo magnético de violencia revulsiva, revisemos.

Esto nos viene del romanticismo, cuando el adentro era grande, intenso, enorme, fuerte, rico, culto, ensoñado, luchador, rebelde.

El adentro volcado afuera era una revolución contra un mundo pacato y matemático, contenido, reprimido, y manejado en esquemas de automatismos sociales. El adentro quería romper la cáscara, rebelarse contra la razón, tan cautelosa ella, tan prudente, tan virtuosa y mentirosa a la vez. Mentirosa porque encubría el mundo de la pasión, la verdad del adentro sometida a las verdades matemáticas o los modales sociales.

Entonces aparece el yo romántico para reivindicar la superioridad del sentimiento, es decir lo más yo que hay en el yo, lo propio, lo mío. "En su deseo de probar todo con el sentimiento, el romántico estaba frecuentemente dispuesto a no razonar ni ordenar sus experiencias. Esta incoherencia de las experiencias se volvió intolerable en el empirismo científico, que necesitaba razonar mejor." Así describe ese estado de ánimo propio de una época, el siglo XIX, Wylie Sypher, en su libro *Literatura y tecnología*.

Sentimiento es caos, y caos es autenticidad. El arreglo del caos, esto aquí, aquello allá, esto primero, lo otro después, ya es distorsión y ficción, según el alma romántica. Y nosotros, los posmodernos, somos realmente posrománticos. Nos quedó la adoración del yo, y la idolatría del sentimiento: "Siento, por lo tanto existo, por lo tanto vení que te cuento lo que siento, te guste o no te guste, total yo tengo derecho a sentir lo que quiero".

El *siento* no tiene límites. No tiene reglas. Nadie te va a enseñar a sentir, ni te dirá qué sentimientos son adecuados a la lógica y cuáles no. Sentimientos significa, justamente, falta de toda lógica. La lógica es universal, y este amor que yo siento por ti es solo mío, y nada más que mío, y no se compara con el de nadie ni debe rendirle cuentas a nadie.

Así sienten, extasiados, los personajes de Lord Byron, de Victor Hugo y Julien Sorel, de *Amalia* y Esteban Echeverría. Lo que cabe decir es que esos sujetos de tan copiosos sentimientos, tienen también ideales, de una enorme cultura, de estudios y aprendizajes en letras, artes, ciencias, y disponen, como Chopin, como George Sand, de un mundo interior bullicioso, volcánico, y cuando dicen YO, hablan de ese volcán que de tan lleno necesita rebasar límites y volcarse afuera, en plenitud de lava.

Ocurre que ese uno mismo pero en su formato actual, posmoderno, también él adorador exclusivo de "YO lo siento así, y por lo tanto existo", tiene muy poco adentro, y lo que siente o dice que siente es tan pobre como lo que puede sentir.

Hay algo que se olvidaron de decirnos

La paradoja, que poca gente se detiene a analizar, es que para grandes sentimientos se necesitan grandes experiencias, y para ellas una gran preparación de la sensibilidad que solamente la cultura puede otorgar, la directamente personal o la de la generación en la que uno es coagonista.

Eso se olvidaron de decirnos. Entonces nos quedamos solos, sintiendo, y sin saber qué sentir. Porque hasta para sentir —los románticos aún no lo sabían, tan románticos eran—, hasta para sentir hay que saber, hay que aprender, hay que tener un estilo, y eso no te lo inventás solo, sino que el total humano lo va creando, puliendo, refinando.

Eso fue el romanticismo, un aire de época. La época se fue, el aire se disipó, y quedó el yo lleno de ínfulas, de ansiedad volcánica y, si se me permite, sin lava.

Eso termina siendo deprimente. Ser, creer que se es, y sin embargo sentir que no se está siendo, es deprimente. De ahí la angustia, tan de moda. De ahí la otra moda, la de la incomunicación. De ahí también el cultivo del único sector del yo que es claramente tangible, *el cuerpo*. Y, en fin, de ahí también la dificultad de constituir relaciones de pareja, de familia, de padres e hijos, y otras.

Disponemos, los hombres que ingresamos al siglo XXI, de una enorme necesidad de amar, de ser amados. Y nos acucia una pregunta:

¿Por qué será que ese amor que todos amamos nos cuesta tanto?

Crisis de identidad

La crisis actual, por ser crisis de lazos comunitarios y en consecuencia, quiebra moral, es crisis de identidad.

Ser es ser en referencia a otros. *Esse est percipi*, ser es ser percibido, enseñaba Berkeley.

Un cruce de miradas, según Sartre. Un cruce de hilos, según Faulkner.

El psicoanálisis contemporáneo entiende que el gran problema del hombre, actualmente, ya no es la superación —lograda o fracasada— de sus lazos edípicos de primera infancia. El tema ahora es la identidad. ¿Quién soy? Cuando digo yo, ¿qué digo?

Charles Taylor plantea el tema de la identidad. ¿Qué dice uno cuando dice YO?, se pregunta el filósofo. Respuesta: dice cuál es su puesto en un marco referencial de valores, creencias, es decir, lenguaje, conversación, y cómo discierne el bien del mal.

"Yo defino quién soy al definir el sitio desde donde hablo." Es el espacio de la orientación moral y espiritual dentro de la cual existen mis relaciones definidoras (amigos, ídolos, modelos) más importantes.

"Aprendemos —escribe Taylor— primero nuestros lenguajes de discernimiento moral y espiritual al ser introducidos en una conversación permanente por quienes están a cargo de nuestra primera crianza. Los significados que tendrán para mí las palabras clave serán primero los significados que ellas tengan para el subrayado nosotros, es decir para mí y mis compañeros de conversación."

Después de haber absorbido esas conversaciones de valores compartidos, puede uno rebelarse. Gracias a las lecciones y mensajes e imperativos de mensaje he crecido yo y puedo alcanzar la altura de rebelarme contra mi padre. *La lucha contra la autoridad sólo puede realizarse si se reconoce la autoridad.*

Sin muros, ¿cómo aprenderemos a romper muros?

Jessica Benjamin, en el terreno del psicoanálisis actual, considera la paradoja de la persona que se resiste a toda dominación. ¿Cómo alcanza su propia liberación? Uno se libera gracias al muro que le provoca el deseo de romper muros. Si el muro no existe, ¿podrá uno liberarse?

He ahí un dilema que la autora plantea en profundidad: "Aquellos aspectos de la conciencia donde podría localizarse esta resistencia —la razón crítica, individuación, integridad y finalmente, la resistencia misma— están vinculados al proceso de interiorización de la autoridad. Como resultado, *el rechazo de la autoridad sólo puede tener lugar a través de su aceptación.*

Si la razón, la reflexión y la individuación están vinculadas históricamente al proceso de interiorización de la autoridad, ¿no resulta que la autoridad se considera en cierto sentido necesaria o incluso justificada?"

Aprendemos que el individuo crece en estatura espiritual gracias a la educación recibida, directa o indirectamente, por las autoridades que circunscribieron su vida en infancia, adolescencia, juventud. Ellos lo alimentaron. Con ese alimento puede luego contravenir a esas autoridades y negarlas.

La paradoja consiste en que *para negar la autoridad primero debo aceptarla,* asumirla, digerirla. Si quiero la rebelión, quiero la autoridad que ha de provocar esa rebelión.

En fin, queridos colegas argentinos, abandonemos la funesta costumbre esa de hablar mal de nuestros padres y culparlos de todos nuestros males y frustraciones. Gracias a ellos crecimos. Si obtuvimos mensajes firmes, pudimos confrontarnos con ellos y crecer.

Nada cabe envidiar a las nuevas camadas de niños que nacen entre padres blandos, dulces en el show de la dulzura, permisivos, "comprensivos". Además son vacilantes, nunca están seguros de si obran bien o dejarán indelebles marcas en sus finos pichones. Por ahora les dejan la marca del vacío de esa vacilación. Crecen sin identidad, sin fuerza, y con la convicción de que si toman cerveza a raudales están realizando la libertad y el yo mismo tan preciado. Pero están tristes, francamente tristes, y por eso requieren de tanta diversión, solamente diversión.

La identidad sin identidad

Un razonamiento semejante al de Jessica Benjamin encontramos en el análisis de la Escuela de Frankfurt, que realiza Joel Whitebook:

"La aporía central de la primera generación de la *Teoría Crítica*: intentan encontrar un individuo que pudiera oponerse racional y automáticamente al autoritarismo del orden existente, pero el único modo que conocían de lograr la autonomía racional era a través de la interiorización de la autoridad paterna. Así, de un modo bastante extraño con la transición de la familia patriarcal que va de la fase liberal a la más permisiva del período posliberal, se sintieron obligados a ponerse de luto por la muerte del padre autoritario".

Si el padre autoritario muere, no puede nacer jamás el hijo rebelde. El nuevo hombre, tan deseado, tan anhelado, tan libre, es también "el hombre sin atributos", que decía Musil. Es nadie, es nada. No tiene contra qué ser, porque no hay ser que se le imponga como modelo necesario, y por tanto no es.

Antes, dice el autor, el psicoanálisis tenía que enfrentar el problema del Edipo, es decir de la relación controvertida amor-odio del hijo y sus padres en la primera infancia. Hoy le toca al psicoanálisis cambiar de enfoque y de problema. La angustia actual ya no tiene que ver con Edipo, sino con la ausencia de Edipo, en el sentido que Fromm le dio al mito, la ausencia de confrontación que produce el mal del siglo: la ausencia de identidad.

Salimos en busca de la autenticidad y terminamos encontrando el vacío. Como la cebolla que se va descascarando, capa sobre capa, para encontrar el meollo final en su centro. No hay centro, no hay meollo, y por lo tanto, tampoco hay cáscaras.

En Sartre el hombre enfrenta la Nada de la existencia, del sentido, de Dios ausente. Después de Sartre no enfrenta nada: la nada está simplemente en la ausencia del uno mismo, en su disolución.

Esencia de vidrio

Shakespeare diseñaba de esta manera el cuadro del conflicto humano:

"Pero el hombre, el hombre orgulloso
investido de una corta y débil autoridad
conociendo menos aquello de que se cree más seguro,
es decir, su esencia de vidrio, parecido a un mono colérico
representa tan fantásticas comedias a la cara del Cielo,
que haría llorar a los ángeles, o,
si tuvieran el temperamento de nuestra naturaleza,
reír como mortales".

Mono y esencia, esencia de vidrio, quebradiza, arenosa. Mono es lo seguro, lo genético, lo instintivo, la libido. El animal que habitamos. El resto es representación. Dice Shakespeare, sostiene Calderón, aprueba Berkeley y suscribe Schopenhauer. Representación, el teatro que construimos y representamos ante los demás. Fantásticas comedias que harían llorar a los ángeles, o reír. Teatro del ser investido, es decir vestido en ropajes de personajes que representa.

Si le quitás los vestidos, ¿qué resta? El ser. La esencia, la consistencia, es de vidrio frágil, considera el dramaturgo inglés. ¿Qué nos queda? Aceptar la realidad del ser desnudo y cambiante que necesita de amor y de amar. ¿Cómo se logra? Abatiendo eso que nos inviste de tantas vestiduras teatrales: el orgullo.

* * *

Orgullo, envidia, discriminación, ¿le suenan?

El talón de Aquiles de todos los humanos es el orgullo, la soberbia y su contraparte, la envidia. Hay que saberlo. Conocer la esencia de vidrio quebradizo que hay en el fondo de todo Yo. El orgullo te impele a ser más que los otros, a derrotarlos, a aplastarlos. La envidia, su contracara, es el doloroso resentimiento que produce la grandeza, alguna grandeza —o lo que uno considera como tal— del otro. Ese es el tema mayor, y el mayor de los temas.

La envidia es natural, quiero decir que nace (natural, de *natus*, nacido) con el individuo, la oposición al otro, la negación del otro que perturba simplemente porque echa sombra.

Ocultarse esa verdad no elimina la envidia, sólo la encubre. Más vale conocerla, saber que existe, y por lo tanto ver cómo la controlamos en nuestras relaciones humanas, entre nosotros, la pareja, y con los hijos, y entre ellos, los hermanos.

Aquí el tema de la discriminación entre los hijos se vuelve relevante como un iceberg cuya punta a veces no se ve, pero está, y cuando se produce una colisión puede ser terrible.

Los padres, humanos al fin, suelen discriminar, preferir entre los hijos. También eso quizá sea natural, tendencia impulsiva a gustar más de unos que de otros. Pero lo natural está justamente, para ser *limitado*. Límites ante todo, para nosotros mismos. En nuestras relaciones y tendencias naturales hacia los hijos. O consecuencias de pesadumbre, como se verá, en la vida de José, en el próximo capítulo (¡no se lo pierda, por favor!).

Confiar en la siembra, confiar

No digo que hay que quererlos por igual, porque no sé medir el amor, y la igualdad es cosa matemática. Ordenar sentimientos es tarea imposible.

Por naturaleza, insisto, los corazones tienen razones que la razón desconoce (Pascal). Sin embargo, justamente, somos humanos porque no somos naturaleza, porque la usamos y la doblegamos y la modelamos en función de valores superiores. El valor de equidad, de igualdad, es fundamental en la familia.

No digo, repito, que deben sentir; la vida se hace con acciones, conductas. Si puede ordenarse uno a sí mismo mantener la misma conducta y las exigencias y las concesiones para todos sus hijos, por igual.

Modelar, dar el ejemplo, sembrar valores. Eso es todo lo que nos cabe hacer. Más no podemos pre-meditar, ni mucho menos pre-decir.

Sembramos, no sabemos cómo ni cuándo ni qué cosecharemos. Nuestra labor, queridos padres, no es cosechar. Nunca digan que los hijos son ingratos. No nos deben nada. Hay que sembrar y confiar en que la buena siembra, la realizada desde el bien, ha de dar sus frutos, aunque nunca sepamos, insisto, en que consistirán.

La confianza da frutos. Que la casa de ustedes sea la casa de ellos. Toda la vida. Que crezcan, padres e hijos, estos para irse algún día, aquellos, para esperarlos siempre con los brazos abiertos. Cuando vuelvan a su casa y aunque vivan en otra, que el olor, el aire del hogar paterno los acompañe siempre, y los proteja.

La confianza da frutos, sí. Confíen.

El hijo que tenía una casa adonde volver

He aquí una historia de rebelión, confianza, envidia y crecimiento.

Un hombre tenía dos hijos. El hijo menor le pidió al padre que le diera su parte de la herencia.

—¿Para qué la quieres ahora?

—Quiero viajar por el mundo, conocerlo, disfrutar —respondió el hijo.

—Mejor sería trabajar ahora, y pasear luego, cuando seas mayor.

—Deseo sumergirme en la vida ahora, no más tarde —replicó el muchacho.

El padre vio que no tenía salida, y le dio lo suyo.

El hijo, llamado pródigo porque supo prodigar y regalar y ofrendar todos los bienes obtenidos de su padre en múltiples aventuras, tabernas, orgías, mujeres, vino y baile, ese hijo se perdió de vista de su familia y anduvo por ahí, paladeando el néctar de las aventuras.

Su hermano, en casa, trabajaba a la par de su padre. Un modelo de hijo, disciplinado, ético, formal, de buenas maneras y sonrisa encantadora.

Un día el hijo pródigo, el disipado, se cansó de vivir en la miseria. En efecto, había despilfarrado todo el dinero, y ahora estaba harapiento, hambriento, cuidando cerdos para subsistir. Se fatigó. Tomó conciencia de que todo el placer obtenido no le había causado placer sino mal y sufrimiento. Se arrepintió.

—Volveré a casa —se dijo.

Y lo hizo. Regresó. Abrazó a su padre, lloró sobre su hombro, y le manifestó lo que sentía: culpa, miedo, dolor por haberse desterrado por caminos equivocados.

El padre lo recibió con sumo amor y ternura, lo sentó a su mesa, y le prodigó —pródigo también él, el padre— sus mejores sentimientos para que se recuperara y volviera a la vida en familia, en afecto, en valores.

El que se puso mal fue el hermano. Estaba de lo más celoso:

—¿Él se fue, despilfarró todo su dinero, abandonó el trabajo, te abandonó a ti, y ahora vuelve y lo recibes como al hijo más querido? ¿Esa es tu justicia, padre?

Respondió el padre:

—A ti siempre te he tenido a mi lado, tú eres carne de mi carne, contigo cuento. Pero a él lo había perdido. Estaba muerto para mí. Ahora regresa a la vida. ¿Cómo no he de alegrarme, y de agasajarlo y de recibirlo como a un precioso huésped, un regalo del cielo?

Elegir y volver a elegir

Esa historia figura en *Lucas 15*. Ahí, narrada por Jesús, es una parábola del hombre y su alma frente a Dios.

Para nosotros es una parábola de la vida cotidiana, del ganarse y del perderse, del *curriculum vitae* de cada cual, que nunca está concluso, que siempre puede rehacerse, para el lado del color rojo o del verde, rojo sangre o verde esperanza, en términos de folclore.

Constantemente estamos en conflictos de valores, y estamos eligiendo. El hijo pródigo primero eligió, y eligió mal, pero luego tuvo el coraje, la fuerza, de volver a elegir, y eligió bien.

Lo que el padre valora en él no es que haya vuelto a casa y sea un buen muchacho, sino —al menos esta es la idea de los Evangelios— el que haya sido capaz de re-plantear su existencia y de re-formarla, darle nueva forma.

El que así vive, vive todos los días, todas las horas. No es una cosa, un objeto. Porque, hay que decirlo, está la buena persona que es siempre buena porque no se atreve a salirse de su ruta y de su rutina, no arriesga, y hace lo que hace más por miedo a no hacerlo, que por amor a hacerlo. Ese no merece reproche, pero tampoco merece aplauso alguno. Es su eterna fotocopia.

El otro se juega, elige, deambula entre valores, cae, se levanta.

Las religiones, en particular, valoran a este tipo humano, el que cayó pero supo levantarse. Pedro renegó tres veces de Jesús pero luego volcó su alma hacia el maestro. Eso es autenticidad, tanto en el primer momento como en el segundo.

La cima de la montaña nunca se alcanza, pero en el trabajo está la gloria, en el subir mismo. En la elección diaria.

El hombre es el ser im-perfecto, porque no está concluido. Es materia prima, pero la forma se la da él mismo. De ahí, de esa brecha entre lo que es y lo que debe hacerse, brota la rama creativa de la libertad, y de la libertad también la incertidumbre, porque sabes lo que fuiste hasta este momento, lo que ya has elegido, pero no sabes qué habrás de elegir mañana.

Lo humano es aventura.

* * *

La ruta del barco

Decían los talmudistas: Cuando un hombre parte a un largo viaje en barco, la gente, los parientes, los amigos, van al puerto a despedirlo. El barco se aleja y ellos agitan manos, pañuelos y lloran. ¿Por qué lloran? Porque no saben qué sucederá en el camino. Tantos accidentes puede sufrir un barco hasta arribar a destino.

En cambio, cuando el barco alcanza la costa definitiva de su rumbo, ahí esperan al hombre amigos, parientes, gente conocida que grita, ríe, sonríe, satisfecha, contenta. ¿Por qué?

Porque ha llegado, sano y salvo.

Así, explicaron los sabios maestros, es la vida. Una travesía en la que hay que estar constantemente despierto, pensando, zozobrando, esperando, luchando, amando, perdiendo.

Ignorando siempre, por el movimiento mismo de las aguas, del tiempo, de uno mismo y del otro mismo.

Sólo cuando la vida concluye se sabe qué fue el hombre, porque está terminado su período de existencia, y sólo entonces merece una calificación definitiva. Mientras vive, todo es pasajero, transitorio.

Por eso amor es pre-ocupación, y pensamiento.

La puerta estrecha

Jesús hablaba de "la puerta estrecha", y así denominaba el camino selectivo de la fe. Creer es querer creer. Uno no sabe a ciencia cierta qué cree, ya que se trata de un acto interior, mental, nebuloso. Uno sabe y hasta puede determinar qué quiere creer. La decisión nos hace humanos.

No es que haya selectividad cuando el mismo Jesús dice "Muchos son los llamados, pero pocos los elegidos", ni privilegios, sino que el elegido pasa por la puerta estrecha, es el que decide y se elige para pasar, para creer. No pasa más que uno. No se comparte.

Creer es lo más privado y personal del ser. En el negocio de la vida hacemos transacciones, te quiero porque me quieres. En la autenticidad de la vida la persona se presenta como sujeto de una convicción que se torna elección, y luego conducta.

Muchos son los llamados, porque múltiples son las puertas que el mundo actual ofrece a cada cual. Todas llaman, convocan, convidan y ofrecen delicias. Los elegidos son los pocos que deciden ser personas y creen que vale la pena serlo: seres únicos, incomparables, responsables.

Eso quisiera que fueran mis hijos, tus hijos, querida madre, querido padre.

La modernidad, cuyo eje, al decir de Horkheimer, es "la razón instrumental", nos corroe. Pasamos de puerta en puerta. La puerta estrecha me es indispensable. Exige esfuerzo, trabajo. No se regala. Lo que se regala es para todos, y lo que es para todos es para nadie. Estoy entre el yo y el nadie, entre la persona y la masa. Se descansa en la masa. No puedo prescindir de la grande, del gran coliseo. Pan y circo. Todos lo compartimos.

Es ruido, y si falta, es ansiedad. Por eso el individuo se hunde en la masa, en lo anónimo, para descansar de la ansiedad. "El individuo ya no tiene historia personal", sentencia Horkheimer.

A veces me falta el mundanal ruido, las tribunas, mi puesto en la pista, los gritos, los estruendos.

"De mis soledades voy, a mis soledades vengo", cantaba Lope de Vega.

Capítulo cuatro

Historia de una camisa

El hijo preferido

José era un adolescente. Tenía diecisiete años, era alto, un lindo muchacho, muy parecido a su madre, Raquel, la hermosa y malograda Raquel. Sus hermanos, salvo Benjamín, eran hijos de otra madre, Lea. El padre se llamaba Jacob, y había sufrido mucho en la vida. Raquel había sido el gran amor de su existencia, y cuando la perdió de sobreparto tras el nacimiento de Benjamín, Jacob depositó todo el amor que le quedaba en su hijo José, el primogénito de Raquel.

Por cierto, los hermanos no querían demasiado a José. Mejor dicho, no lo querían nada.

Es que él se granjeaba esa antipatía porque se acercaba a ellos con aire de distinción, de hijo preferido, y los miraba de arriba abajo. Se sabía el preferido del padre, superior, principesco.

El clima de tensión estalló cuando Jacob le regaló a su hijo, el más querido, una camisa de seda traída del lejano oriente.

—Es para ti, José —le dijo el padre y mientras se la entregaba aprovechó para besarlo en la frente.

José se puso la camisa, se miró en el espejo y una amplia sonrisa de satisfacción le inundó el rostro. Dio un salto de alegría, abrazó al padre, y mientras éste lo miraba y contenía su emoción ¿adivinen qué hizo José? Salió disparado, con la camisa puesta, a mostrarla a sus hermanos.

Corrió en busca de sus hermanos, borracho de placer, de orgullo, de soberbia y les dijo:

—¿Les gusta chicos? Papá me la regaló...

Sólo obtuvo silencio como respuesta. ¡Jamás hubo un silencio como aquél!

Hasta ahora sabían que el padre lo prefería por sobre todos sus hermanos. Pero ahora lo vieron, sí, lo vieron con sus ojos, porque ahora ese amor preferencial estaba visible, tenía forma de camisa de seda, a rayas, y ya nadie tenía que pensar o imaginar qué sentía el padre o cosas por el estilo. Bastaba con mirar, se veía a la legua: esa camisa hablaba sola. Y decía, les decía:

—Soy superior a todos ustedes; sólo yo la tengo, sólo en mí piensa papá, sólo yo existo para él.

El odio de los hermanos contra José creció, se ahondó, como las raíces de un árbol que primero es semilla, luego tallo, y a medida que crece hacia arriba, también crece hacia abajo. Así se desplegó esa rabia que era celos, envidia, inquina, despecho, resentimiento, y todas las palabras que ustedes quieran añadir para describir ese sentimiento tan destructivo. Pero bueno, como dice la gente, cada uno cosecha lo que siembra.

Sueños

Era el verano, al atardecer, y los hermanos estaban descansando en ronda, a modo de siesta, bajo la sombra de unos árboles. Entonces apareció José, se sentó junto a ellos y sin mayores miramientos se puso a hablar.

—Tuve un sueño...

—No me digas —contestó Rubén, el mayor de todos los hermanos, con tono despectivo, casi de asco.

—Sí, un sueño —repitió José entusiasmado, radiante de contento—, y también ustedes figuran en el sueño.

—¿Nosotros? —dijo Judá, otro de los hermanos mayores, un tipo corpulento, con voz de barítono y barba espesa, negra—. ¿Nos necesitas a nosotros en tus sueños? ¿Ni en sueños nos dejas en, paz, eh?

—Un sueño fabuloso —insistió José, sin atender a las réplicas de los otros—, verán. Resulta que estábamos todos, ustedes y yo, en el campo, en la época de cosecha, armando gavillas de cebada. Todos trabajábamos en esa tarea y...

Gad, el chiquitito regordete, lo interrumpió gritando:

—¿Trabajando? ¿Qué chiste es ese? ¿Tú trabajando? Eso es imposible, José, ¡tu sueño es muy mentiroso! —y lanzó una risotada despectiva que a más de uno habría ofendido.

A más de uno, pero no a José, que ni lo escuchó, porque estaba obsesionado por proseguir el relato de su sueño.

—Y después las dejamos ahí paradas —continuó impasible— en círculo, como estamos ahora sentados. Y adivinen qué pasó.

—Francamente no nos interesan tus sueños y tus gavillas. Nosotros trabajamos acá, sudamos todo el día, mientras tú te dedicas a fabricar sueños. Nos interesan las gavillas reales, no las de tu sueño —comentó Simón, un tipo bastante rudo.

—Es cierto, por qué no se lo cuentas a papá, a él seguramente le encantará escucharte —acotó con voz ácida Rubén.

José continuaba impertérrito; no había manera de detenerlo.

—Entonces ocurrió algo fantástico. Resulta que estaban todas en círculo, como les dije antes, y de pronto ¿qué veo? Todas las gavillas, las de ustedes, se arrodillaban delante de mi gavilla.

¿Cómo reaccionaron los hermanos?

La furia les quitó el habla. Los corazones bramaban de ira. Rubén, el mayor, se levantó y, con semblante pálido y palabras que sonaban a trueno, le espetó:

—¿Qué es lo que te has creído? ¿Qué sueño es ése? Sueñas que nos dominarás a todos nosotros y que todos nos arrodillaremos delante de ti como esas gavillas que...

Se oyó el aleteo de los pájaros que juegan a la despedida del día y salen en busca de cómodos lechos nocturnos. Los hermanos estaban pendientes de Rubén. No pronunciaron sonido alguno. Rubén ardía. Todos ardían de furor, de dolor, de ansias destructoras.

¿Y José? Como si nada. Se retiró. ¿A dónde? A soñar otra vez, por supuesto. Este es el principal trabajo de todo adolescente: soñar.

Once y dos más

El segundo sueño era bastante parecido al primero, pero contenía algunas diferencias, según verán.

En el campo los hermanos lo recibieron con la misma atención y deferencia que se le dispensa a una vaca. Pero José no se ofendía; él no veía a nadie más que a sí mismo y sus sueños.

Hablaba solo y contaba:

—No se imaginan qué soñé esta vez. Soñé con el sol y la luna y once estrellas alrededor que se arrodillaban ante mí. ¿Qué les parece? ¿No es fabuloso? El sol, las estrellas...

—Y la luna, la luna, José, no te olvides de la luna —dijo Simón, que abría y cerraba sus manazas velludas con ganas de derribar un árbol.

—La luna —aseveró José sin percibir la ironía de Simón—, claro, el sol y la luna, y las estrellas...

—¿Así que todos nos arrodillamos ante ti, no es cierto?

—Once estrellas —dijo José.

—Nosotros somos once, José, no te hagas el estúpido —repitió Rubén.— Ese es el mensaje que nos estas trayendo una y otra vez, que tú serás nuestro rey y nosotros tus esclavos, ¿no es sí? Vete, José, no te queremos ver más ni escuchar más sueños tuyos, vete de una vez y no vuelvas por aquí, ¿me oyes?

Judá, el grandote, que era sin embargo el más apacible, se apresuró a calmar a Rubén, lo agarró de los brazos porque temía que su hermano cayera sobre José y lo despedazara, tanto era el odio que sentían por ese narrador de sueños de grandeza y de superioridad.

—Vete —le dijo Judá—, ya escuchaste. Y cuéntale a papá. A él este sueño le va a encantar. Explícale bien el tema ese del sol, de la luna. Se va a poner muy feliz —dijo con una mueca de sarcasmo, de burla amarga.

* * *

José se fue, claro. Y fue a contarle a su papá, claro. No porque siguiera el consejos de sus hermanos, no. Siempre pensó que ese sueño merecía ser contado a papá, porque en ese sueño, por supuesto, se habrán dado cuenta ustedes, figuraba papá, el sol.

Y también la luna.

El dolor de la luna

José contaba y papá escuchaba, y le pedía que le repitiera el sueño, despacito.

—De vuelta, José, quiero oírlo de vuelta —decía el padre como si quisiera medir las palabras, las imágenes, cada voz y cada silencio del relato.

—Con mucho gusto, papá, te lo vuelvo a contar. Era un cielo oscuro. Una a una fueron apareciendo las estrellas, once estrellas, papá. Y después aparece, fíjate que fantástico, el sol y finalmente, como una novia en su vestido blanco, pálida, hermosísima, la luna.

—¿Así que la luna, no? —reiteró cautelosamente Jacob.

—Sí, papá, la luna y el sol, como te decía, y once estrellas que se arrodillaban delante de mí. ¿No te parece maravilloso?

Jacob lo miró con ojos cansados y resignada tristeza.

—¿Fantástico? ¿Maravilloso? ¿Te parece? Estás soñando con dominar a todo el mundo, José.

José callaba. Era verdad lo que el padre decía. Luego intentó suavizar la situación.

—Es un sueño, papá, nada más que un sueño.

—Un detalle me falta, José. ¿Quién aparece antes en el escenario? ¿El sol o la luna?

—Eso no me acuerdo, papá, es un sueño y no se pueden recordar todos los detalles, te das cuenta.

—Sí, claro, un sueño y nada más que un sueño. Bien sabes —continuó diciendo el padre— el significado de las once estrellas. Pero ahora, hijo mío, has metido en el sueño también al sol y a la luna. ¿Quién es el sol, hijo, quién?

—El sol eres tú, padre —dijo José con voz sumamente respetuosa.

—Y si el sol soy yo, ¿quién es la luna?

Se miraron, padre e hijo. Una nube se interpuso entre ambos. Un sollozo brotó de la garganta de Jacob.

—¿No te basta con imaginar el dominio sobre tus hermanos y tu padre, que también necesitas que tu madre, ya muerta, tu pobre madre, también ella esté a tus pies, sometida a tu poder? Tu madre, José, enterrada allí a la vera del camino, Raquel... ¿cómo pudiste, cómo?

Hacia la reconciliación

Transcurrieron semanas, quizá meses. Jacob llamó a José y le dijo:

—Hijo mío, continuamente estás en casa, no haces nada, te pasas los días soñando, escribiendo diarios íntimos, mirándote en el espejo, preocupándote por la espesura de tu cabello. Un hombre debe trabajar...

—Es que mis hermanos me rechazan, padre.

—Sí, lo sé, y tú sabes por qué te rechazan.

—Mis hermanos me odian, padre —dijo José, imitando un gemido.

—No es bueno eso, José, debes reconciliarte con ellos. Ese odio es malsano, y tampoco es bueno que estés en casa encerrado o paseando por los campos, componiendo sueños, canciones, tonadas. Debes integrarte al trabajo, hijo.

—¿Qué quieres que haga? —preguntó José sumiso, respetuoso.

—Irás al campo, donde están tus hermanos con los rebaños, y les dirás que te envié para preguntar cómo están, si necesitan provisiones o tal vez agua u otra cosa. — La voz del padre era firme, y guardaba algún otro envío que José no logró descifrar.

—Lo haré, padre, lo haré —prometió el hijo con solemnidad, como si fuera un juramento.

—Pero, José... Acércate, José, y prométeme que no les contarás más esos cuentos, digo, esos sueños que se albergan en tu alma.

—Te lo prometo, papá.

José se iluminó de alegría. El también quería reconciliarse con sus hermanos. Después de todo es bueno tener hermanos de vez en cuando.

José, hecho unas campanillas, se preguntó cómo convendría ir vestido para la ocasión y, ya habrán adivinado, se puso la famosa camisa, aquella de seda, la rayada, preciosura de príncipes y ministros, se calzó las botas de cuero charolado, un sombrero para protegerse del sol, y saltando partió en busca de sus hermanos.

—¡José! —gritó el padre cuando lo vio partir.

José detuvo su marcha.

—¿Papá?

—José, la camisa esa, no deberías...

—¿La camisa? ¿Y por qué no debería? ¡Tú me la regalaste, papá!

A Jacob la boca le quedó abierta, paralizada. Extendió el brazo derecho, como si mágicamente pretendiera detener a su hijo.

No se hizo la magia. El brazo quedó colgando largo rato, y luego cayó como rama seca de un árbol en pleno invierno.

Alguien viene por el camino

Fue Simón el que dijo:

—Alguien viene por el camino.

—¿Quién será?

—No distingo.

—Yo lo distingo —afirmó Rubén, el hijo mayor, y el más alto de los hermanos —, lo distingo y lo distinguiría en la oscuridad más densa, porque siento el olor de esa camisa, esa maldita camisa...

—¡José! ¡Dices que es José! ¡Cómo puedes de avistarlo tan lejos! —se admiró Judá.

—A un enemigo, querido hermano, se lo tiene siempre presente.

—¿Y qué viene a hacer? ¿Quién lo necesita? Lo odiamos y no lo queremos ver, y mucho menos oír —comentó Simón.

—¿Y qué hacemos? —preguntó Dan, uno de los hermanos menores.

—¡Es una magnífica oportunidad para deshacernos de él! —gritó el que le seguía a Dan, el movedizo Gad.

—¿Deshacernos? —preguntó Judá

—Deshacernos. Tal cual. Es un peligro, un enemigo, nos odia a todos, quiere esclavizarnos, eso es lo que sueña noche y día...

—Y además conquistó todo el amor de nuestro padre...

—Porque papá amaba a su mamá más que a nuestra mamá, por eso adora a José.

—Sí, hay que deshacerse de él, extirpar el mal, como la mala hierba, para que no crezca más. Para que no siga soñando a costa nuestra.

Las voces se oían a coro, unos estimulaban a los otros. Era el odio, y el miedo a los sueños, y la envidia por la camisa, era todo junto lo que estallaba como espuma de rabia y los envolvía a todos

—Lo matamos y lo tiramos a uno de esos pozos que hay por aquí. Nadie se enterará nunca, dirán que tuvo un accidente, se cayó y murió...

Fue la idea que aportó Simón. Una ráfaga helada de aire los dejó sin habla. Las palabras del impulsivo Simón eran de todos, pero nadie se había atrevido a pronunciarlas. El proyecto del crimen se incubaba en todos los corazones pero ahora, pronunciado, sonaba terrible.

Permanecieron parados, petrificados, con las cabezas gachas, culpables simplemente por oír, por pensar. Gad se lanzó al ruedo.

—Es una idea genial, lo matamos, lo arrojamos al pozo, y a papá le contamos que una bestia del desierto lo despedazó, lo devoró y lo único que dejó fue esa camisa.

—Hagámoslo, hagámoslo —insistió Simón, mientras

levantaba el brazo empuñando una espada imaginaria—, y veamos cómo sus famosos sueños se transforman en polvo, en nada.

—Basta de hablar que se acerca. Cuidado; que no adivine nuestras intenciones —los exhortó Rubén.

La figura de José ya no era un bulto de formas indecisas. Crecía sobre el horizonte, se acercaba, corriendo, cantando, con la camisa henchida de esperanza: esperaba reconciliarse con sus hermanos, recuperar su amistad.

Él soñaba con el beso.

Ellos con su sangre derramada.

La camisa

Rubén se encargó de ordenar la escenografía. Se sentaron y esperaron. Como si nada les preocupara. Se pusieron a conversar entre ellos, haciéndose los desentendidos. Rubén charlaba con Judá acerca de ovejas, pastos, el verano y la próxima sequía, y los nuevos pozos que habría que buscar o cavar. Los otros jugaban a las cartas. Más allá un grupito contaba chistes de tono subido y se reían con ganas. Como si no lo hubiesen visto.

—¡Aquí estoy, hermanos míos!

Así se presentó José, alborozado, exultante. Gad, el redondo, levantó la cabeza y con gesto aburrido, lo miró y le dijo:

—Hola —y volvió a ordenar las cartas en el mazo.

Los demás se hicieron los sordos, los ciegos.

—¡Hermanos, hermanos, soy yo, José!

Simón se levantó y se puso a observarlo como si fuera un bicho raro:

—Sí, cierto, eres José... —acotó burlonamente.

Simón se encontró con la mirada de Rubén que le ordenaba sentarse inmediatamente.

—¿Qué te trae por estos pagos? —preguntó Rubén desde el suelo, medio recostado.

—Me envía papá —contestó respetuosamente José.

—¿Y para qué?

—Para... bueno, para preguntarles si necesitan algo, bebida o comida, algo, algo que necesiten —balbuceaba José, definitivamente incómodo, como lo puede estar cualquiera que de repente se encuentra en una jaula de leones en lugar del living de su casa.

—Qué raro, ¿no? Ayer, anteayer, los días pasados, nunca se preocupó papá por nosotros, por saber cómo estábamos, si necesitábamos algo, y ahora, de pronto, se interesa por nosotros y te envía a ti, justamente a ti... —comentó irónicamente Rubén, en la pose de siempre, medio estirado en el suelo, sosteniéndose la cabeza con la mano derecha.

Los demás se sintieron autorizados y rieron, aunque con cierta delicadeza. Rubén debía manejar la situación y no querían contrariarlo.

—Bueno, no sé —murmuró José, temblando, blanco, pálido, consciente de que algo malo, algo tremendo podría pasarle—, no sé por qué papá me envió hoy, justamente hoy, francamente...

Rubén se levantó, se acercó a su hermano, le puso la mano sobre el hombro, amistosamente.

—Linda camisa, José. ¿Y de dónde te viene esta camisa, si se puede saber? ¿Por qué te la regaló papá a ti, lo sabes? ¿Sabes eso, José? —a medida que hablaba la mano se le crispaba sobre la camisa, a la altura del cuello, y ya no era una mano, era un puño, poderoso, fuerte, duro, implacable, vengativo.

—¿La camisa? Papá me la regaló...

—Todos sabemos eso, José, sabemos que papá te la regaló. ¿Pero por qué a ti?

—No sé, no recuerdo, habrá sido mi cumpleaños... —dijo José en un intento por huir de tanto apremio y de ese puño que amenazaba su cuello, su vida.

—Ocurre, José, no sé si te habrás enterado, ocurre que todos solemos cumplir años. Y fíjate, nadie de nosotros lleva esa camisa de príncipes orientales, carísima, única en miles y miles de kilómetros. Sólo para ti la compró papá, y pagó una fortuna.

—Sí, me doy cuenta, me doy cuenta, pero no es mi culpa, Rubén —gemía José, pidiendo clemencia.

—Claro que te das cuenta, todos nos dimos cuenta, pero ahora queremos que tú nos expliques, por qué a ti... por qué te mereces tú esa camisa y todos los demás no.

José callaba. Pensó que no tenía sentido responder nada. Eso no era un diálogo, no. Era un juicio. Lo estaban juzgando y sería condenado. Calló, no dijo más nada. Era una codiciada presa sin escapatoria.

Rubén le hizo una seña a Simón, un leve movimiento de mentón, y Simón asintió, captando el mensaje.

Paso a paso, Simón se acercó a José. Era el emisario de todos sus hermanos. Tanto tiempo habían esperado ese momento, sin mencionarlo, sin anunciarlo, y he aquí que la venganza por tanta vejación sufrida se presentaba sola, y parecía rogarles que concluyeran la tarea...

Los grandes sueños se hunden en el pozo

Al pozo.
Él había soñado con estrellas, el sol, la luna.
Al pozo.
Simón se acercó a José y le quitó la camisa. Lo hizo suavemente, sin causarle daño alguno, primero una manga, después la otra, después el resto, y la tomó en sus manos, con sumo cuidado, para no mancharla ni ensuciarla, porque era algo precioso, finísimo, y su deber era preservarla.

Como si fuera una ofrenda fue y la entregó a Rubén, el hermano mayor. Rubén la tomó, religiosamente, la miró, la palpó y la depositó junto a un árbol.

José, con el torso desnudo, temblando, esperaba.

El pozo.

Rubén y Simón lo levantaron, el uno de las piernas, el otro de los brazos, y así lo llevaron hasta el pozo.

85

De lejos, inmóviles, los hermanos contemplaban. Un pájaro pasó raudo y dejó una estela de graznidos. El balido lejano de las ovejas imitaba el gemido de una mujer parturienta.

El pozo.

José cayó en él. Se oyó el golpe del cuerpo contra el piso.

Estaba vacío el pozo, sin agua. Tampoco era muy profundo. La idea no era matarlo sino que se muriera ahí solo, abandonado.

No, ellos no derramarían la sangre de su hermano. ¡Jamás!

De príncipe a esclavo

—Comamos, es hora de comer —dijo Judá. Era claro, no quería irse, y deseaba prolongar la permanencia ahí, junto al pozo. Algo, interiormente, lo impacientaba. Estaba irritado, enojado.

Echaron mano a las provisiones, porque era la hora del almuerzo, y se sentaron en rueda, en grupitos, a comer, a beber, a descansar, como solían hacerlo todos los días a la misma hora, más o menos.

Esta vez no hablaron. No contaron cuentos, no bromearon. Tampoco comieron demasiado; se les había ido el apetito, pero ahí estaban y de ahí no se retiraban. Algo los retenía junto al crimen cometido, el hermano en el fondo del pozo. El silencio era grande. Minutos después remotos sonidos los estremecieron.

—Alguien viene allí, a lo lejos —dijo uno.

—Es una caravana —dijo el otro, forzando la vista hacia la lejana polvareda.

—Una caravana de mercaderes, se ven los camellos —dijo un tercero.

Habló, entonces, Judá:

—Aprovechemos la oportunidad. Es una señal del cielo, significa que no debemos matar a nuestro hermano, porque nada ganaremos con eso.

—¿Entonces qué hacemos? —interrogó Simón—. ¿Qué tiene que ver esa caravana con nuestro hermano?

—Lo extraemos del pozo y lo vendemos a los beduinos, esos que trafican con esclavos, y que se lo lleven a Egipto y ahí lo vendan, y nosotros tendremos las manos limpias de sangre. ¿Qué te parece, Rubén?

Hubo silencio. Judá siguió argumentando:

—Además, en realidad lo que queremos no es matarlo sino desprenderlo de nuestras vidas, y que nunca pueda realizar sus sueños de grandeza. Esta es la oportunidad. Esclavo, que sea esclavo toda su vida, él, que soñaba con ser nuestro rey.

Buscó con los ojos a Rubén, y también los otros aguardaron la reacción del hermano mayor, el primogénito.

Pero Rubén no estaba.

¿Dónde estaba Rubén? ¿Cuándo y dónde había desaparecido? ¿Justamente ahora, en este momento?

—Rubén, Rubén —gritaron.

Rubén no estaba ni cerca ni lejos.

—¿Qué hacemos? —volvió a preguntar Simón desesperado. —Rubén no está...

—Tendremos que decidir sin Rubén —aportó Leví, el tercer hermano, generalmente silencioso. —Hagamos lo que dijo Judá, es una idea excelente.

—Fabuloso, sí, lo vendemos, ganamos plata y se pierde para siempre. Al menos no figurará más en nuestras vidas, desaparecerá en Egipto, y no lo vemos más, ni tenemos que escuchar sus sueños, y de paso nadie podrá acusarnos de haberlo matado. ¡Fabuloso! —dijo uno de los hermanos.

Eso hicieron.

Lo sacaron del pozo. Tenía un aspecto deplorable, pero no estaba dispuesto a pronunciar palabra.

La caravana se acercó. Eran unos quince camellos majestuosos, y sobre ellos, montados en actitud pacífica y amistosa, hombres del desierto, con esa vestimenta típica de los árabes, ropas anchas y los pañuelos que dan vueltas sobre sus cabezas y sobre sus cuellos, rodeados de canastos donde llevaban la mercadería que conducían de un país a otro, porque eran mercaderes.

Observaron a José. Le abrieron la boca, le miraron los

dientes, le tocaron los brazos, los muslos y vieron que era sano y fuerte. Sin hablar demasiado le entregaron a Judá veinte monedas de plata.

La caravana se alejó. En el último camello iba José, con el torso desnudo, sin camisa.

La camisa no es la misma

Primero degollaron un cabrito y en la sangre del cabrito empaparon la camisa de José.

Luego rompieron la camisa a jirones.

Llegaron a casa. Jacob los esperaba, impaciente. Hijos y padre se encontraron, frente a frente. Se miraron, mudos.

—¿Dónde esta José? —preguntó Jacob.

—Esto encontramos en el camino —dijo Judá—. Fíjate, parece ser la camisa de tu hijo.

El padre la reconoció. Era la camisa de su hijo. Gritó:

—Es la camisa de mi hijo; una cruel bestia lo devoró. ¡José fue despedazado!

Después, con la camisa empapada en sangre, con los pedazos rasgados de esa tela rayada, de príncipes, sobre su regazo, lloró desconsoladamente.

Sentado en el suelo, miraba la camisa y lloraba. Era un llanto sin ruido. Se vistió de luto por el hijo perdido. Quisieron consolarlo, pero rechazó todas las frases que la gente le ofrecía. Sabía por qué. Lloraba sin hacer ruido, para sí mismo.

¿Cuántos llantos llora una persona en un solo llanto?

Los mercaderes vendieron a José como esclavo en el mercado central. Lo compró una persona simpática, sonriente, de baja estatura, de ancha envoltura, de buen humor, afable.

—¿Cómo te llamas? —le preguntó.

—José —fue la respuesta triste, deprimida.

—Mi nombre es Putifar —dijo el señor, que era un funcionario en el palacio del Faraón, un personaje muy importante—. Si eres honesto y te comportas debidamente podrás progresar mucho en mi casa —le dijo, palmeándole el hombro.

José estaba triste. Los sueños habían fallado miserablemente. De las estrellas había caído al pozo, y ahora era esclavo en un país extranjero. No obstante, como dice la gente, era de los que ponen al mal tiempo buena cara. Decidió ser un buen esclavo. Hizo un esfuerzo, le sonrió al amo, a Putifar, y le contestó:

—Confía en mí, seré un esclavo honesto y laborioso.

Putifar lo miro con cariño; el muchacho ese le simpatizaba. Cierto que era hebreo, medio salvaje, pero pronto aprendería las buenas maneras de la civilización egipcia y sería un orgullo para sus dueños. Putifar creía en la pedagogía.

José es un regalo

Cuando llegaron a la casa de Putifar, un esclavo negro les abrió la puerta, agachándose hasta el suelo. Entraron en el salón grande, tapizado con alfombras de Persia, cristal de la China, vasijas de Grecia y papiros de Egipto pintados, que representan gente que mira siempre para uno u otro costado, más los sillones de terciopelo de la India y alguna que otra pieza de marfil labrado, tipo ceniceros, pisapapeles o cestos para desperdicios. Esto para darles una idea del lujo y de la riqueza del lugar.

También había allí, entre esas cosas, una mujer recostada en un diván de almohadas bordadas con hilos de oro. La señora oyó que alguien había entrado. Levantó la cabeza, soñolienta, algo aburrida, como aletargada, con apenas una pizca de curiosidad.

—¿Quién es?

—¡Soy yo, mujer! —dijo Putifar todo contento de estar de vuelta en casa, con su mujer.

Ella no pareció alegrarse mucho porque respondió con lánguida melodía:

—¿Tú? —Como si dijera: ¿Eso es todo? ¡Qué novedad!

—Sí, yo, querida, y alguien más...

Siempre que ella estaba de mal humor él le decía "querida".

—¿Alguien más? —La mujer de Putifar pareció despertarse repentinamente.

—Alguien más, sí, un regalo para la casa.

—Pensé que era un regalo para mí —dijo ella con decepción, ya que al parecer lo única que profundamente le interesaba era recibir regalos.

—Si es para la casa es para ti también, por supuesto, y sobre todo para ti ya que eres la dueña de esta casa y mi dueña también —dijo Putifar con voz remilgada, que intentaba despertar en su esposa un poco de simpatía.

—Acércalo.

Lo acercó. Ella lo miró.

—¿Y este chico?¿ De dónde lo sacaste? No es de estos pagos.

—No, es extranjero.

—¿Y qué hace acá?

—Lo compré como esclavo.

—¿A este chico? —dijo ella con cierto desprecio

—No es tan chico, tiene veintiún años.

—Linda edad, linda edad —comentó la mujer de Putifar echándo un vistazo a José, de pies a cabeza, como si fuera un caballo o una mesa o un vestido para tomar té por las tardes con las amigas de la alta sociedad.

La fiesta y la jaqueca

Las calles de la ciudad estaban radiantes de alegría, de fiesta, porque era la ceremonia del culto del río Nilo.

Ese río era un dios para Egipto. En cierta época del año, el Nilo se desborda y riega la tierra y de eso depende después que haya buena cosecha y de la buena cosecha depende que la gente pueda comer todo el año.

Es la fiesta de gratitud al dios Nilo.

Así que la serpentina, el papel picado, los cantos, las máscaras, los disfraces, una especie de carnaval, con mucha gente disfrazada de pirámides, otros de momias, que habían muchas en el Egipto.

90

En el medio de la procesión iba la carroza del Rey. Entre las carrozas importantes de la gente importante que lo seguía en jerarquía, estaba la de Putifar. Su esposa no aparecía. Se quedó en casa. En ese tiempo, se estilaba que las esposas tuvieran jaqueca.

José, por supuesto, estaba en casa, no por jaqueca sino por esclavo. Ella, la señora, de pronto hizo oír su voz:

—¡José!

Apareció, rapidísimo, José, vestido con una camisa blanca de lino y pantalones azules de pana, que en Egipto era muy barata y hasta los esclavos la usaban.

—Señora —atinó a balbucear, con la cabeza gacha.

—¡Mi señora, José! —lo corrigió ella.

—Mi señora, perdón. —rectificó y se sonrojó.

—¿Soy realmente tu señora, José? —preguntó ella algo filosófica.

—Por supuesto, señora, digo, mi señora —pronunció nuevamente José, con voz tenue, miedosa.

—Sí, pero ¿soy tuya, José?

—¿Mía? —José pegó un grito, como espantado. —Mía no, señora, usted es del señor...

—De ningún señor, José —interrumpió ella, como una fiera, incorporándose en el diván, sentándose y tomando a José de la mano—, de nadie, José, ¿oyes?, yo no soy de nadie. Tú tienes amos, yo no, soy libre, nadie es mi dueño, ¿oyes, José?

—Oigo, señora —dijo José, algo idiotizado ya.

—Tu señora, José —insistió ella, pronunciando cada letra por separado, para que ingresaran las palabras en el magín de ese esclavo.

—Mi señora —repitió José, y bajó la vista. Ella le sostenía la mano y él no sabía qué hacer. No se atrevía a quitarla ni tampoco le gustaba tenerla ahí, no sabía qué hacer. Estaba tremendamente incómodo.

—¿Entonces de quién soy, José? —preguntó ella, didáctica, docente.

—De nadie, mi señora —contestó, como un buen alumno.

—¿Y tuya? —atacó la maestra otra vez.

—Usted es... es mi señora, quiero decir, mi dueña.

—Ven, José, siéntate aquí, a mi lado, no estés parado. —La señora decidió cambiar de diálogo y de escena. —Como un bobo, ven con tu señora —dijo ella, y suavemente fue tirando de su mano, para acertarlo al diván, para que se sentara, pero él se resistía.

—Vamos, José, tu señora te lo ordena —fue la voz imperativa de la mujer.

José, por cierto, había pasado en su vida por momentos muy terribles, pero una situación como ésta no contaba para nada ni en sus sueños diurnos ni en sus pesadillas nocturnas. Tembloroso, arrastrando los pies, mirando el suelo, fue y sentó a su lado.

—¿Cómo te sientes, José? —ahora la voz era la de Jean Harlow y sólo le faltaba la larga boquilla y el cigarrillo.

—Genial, señora... mi señora... su casa es muy linda, y su esposo me trata muy bien...

—Basta, no menciones a mi esposo, ni me hables de mi casa, háblame de mí, solamente de mí, José, me entiendes —se hizo la mimosa, la que necesita afecto porque tiene un Edipo mal resuelto.

—Entiendo, bueno, usted... usted es una gran persona, y...

—¿Y qué más, José? ¡Vamos, di algo bello, vamos! ¿Y qué más? —los ojos le brillaban, ansiosos, como si estuviera por ganar la lotería.

—Y yo...

—¿Tú...? —lo alentaba la mujer.

—Yo... yo le tengo a usted gran respeto.

—José, no quiero tu respeto, ¿me oyes? Estoy saturada de tanto respeto. Es lo único que recibo, respeto. Por todos lados respeto, mi marido me da respeto, mis vecinos respeto, mis amigas respeto, estoy saturada, ¿entiendes? No quiero más respeto, José, quiero algo que no tengo.

—¿Algo que no tiene? ¿Cómo puede ser, señora? Usted lo tiene todo, todo, porque es una mujer fina y rica, muy rica, y todo lo que quiere tener lo compra y lo tiene, ¿qué le puede faltar? —reflexionó José con ingenuidad.

—Me falta, José, me falta algo que no se compra ni se vende, me falta... amor, José, amor... Eso me falta.

Final de una camisa

José no podía decir una palabra más. Estaba consternado. La cabeza era una selva que crujía, árboles que se desplomaban, hogueras que crepitaban, tambores que anunciaban un Apocalipsis. Le castañeteaban los dientes. Sentía que iba a desmayarse.

Ahora entendía: esa mujer quería que él le diera amor. Sacudió la cabeza como si de esa manera pudiera sacudir la idea que le surgía ahora y que lo envolvía como una burbuja de plástico.

Ella se fue acercando a él. Lo tomo del cuello, le acaricio el pelo. José parecía de mármol, lívido, duro, paralizado.

—José, un beso, José, un beso tuyo, José, eso necesito —decía ella con voz almibarada.

—Señora... mi señora, yo no debo, yo soy un esclavo, su esposo...

—Mi esposo no está, José, vamos, no te hagas el idiota, nadie nos ve —dijo ella con voz agria, cansada, cruel.

—Dios nos ve, señora.

Ella se alejó unos centímetros para mirarle bien la cara. Ese esclavo era sumamente extraño. Tal vez un retrasado mental. Un esclavo se somete y hace todo lo que su dueña le ordena. Ese esclavo no sólo se negaba a cumplir órdenes sino que, mucho peor aún, decía cosas que nunca había oído antes. ¿Qué clase de esclavo era ese joven insolente?

—¿Dios? ¿Qué bobadas estás diciendo? Los dioses de Egipto están ahora de fiesta, en el Nilo, en la calle, en las máscaras, y no ven ni sienten ni oyen nada, son de piedra, de madera, de oro, pero son ciegos. Un muchacho inteligente como tú, José, ¿cómo puede decir tamañas barbaridades?

—Hay otro Dios, mi señora, no el del Egipto, no el del Nilo, el creador del mundo. Él ve todo; él nos ve, siempre nos ve, señora, perdón, mi señora.

Ella lo miraba y no entendía. Era bellísimo pero idiota.

Una furia tormentosa la acometió. Entonces agarró a José de la camisa, con las dos manos, para atraerlo hacia su cuerpo, para besarlo. José logró deshacerse de los brazos de la mujer pero su camisa quedó en manos de ella, y él se levantó como viento salvaje y salió corriendo de la habitación.

Cuando salía, justito en ese momento, entraba Putifar.

¡Imagínense!

¡Imagínense la escena! José sale corriendo como loco, con el torso desnudo, de la habitación de la mujer de Putifar, y en ese exacto momento aparece en el corredor el esposo, que había vuelto de la fiesta a casa porque andaba medio descompuesto, y Putifar mira a su siervo con sumo asombro, no porque salía de la habitación de su esposa, que no le parecía nada extraordinario, sino porque estaba semidesnudo, algo sumamente indigno para un esclavo. ¡Imagínense!

—¡José! — grita Putifar

José se detiene. No sabe qué hacer con su cuerpo, cómo cubrirse, qué decir.

—¡José! —insiste Putifar.— ¿Qué te está pasando? ¡Te vas a resfriar, José! ¿Qué hiciste con tu camisa, dónde la dejaste?

José está parado, atónito.

—¿Perdiste la lengua, José? —insiste Putifar y se acerca a él con la intención de ponerle su saco sobre la espalda, para que no se resfríe, pobre.

En ese exacto momento un estridente sonido emerge de la alcoba de la mujer.

—¿La camisa? ¿Quieres ver la camisa? ¡Aquí esta la camisa, aquí! —dice el alarido.

Nos les haré larga la historia. Obviamente ella acusa a José de haber querido violarla, y Putifar no tiene más remedio que arrojarlo a la cárcel. Al pozo. El pozo y la camisa lo seguían por todos lados.

Allí, en el pozo, con el tiempo José se hace famoso como persona que sabe interpretar sueños. Y así fue que años más tarde...

Las flacas contra las gordas

El Faraón cayó en profundo sueño, después de una opulenta cena que engrosó su vientre ya hemisférico en algunas pulgadas más. Y soñó. ¿Con qué sueñan los faraones? Con vacas. Los faraones sueñan con vacas, y cuanto más gordas tanto mejor.

Pero nuestro Faraón soñó con gordas y con flacas. En esos lejanos tiempos "gorda" equivalía a sana, buena, rica, mientras que su opuesto, "flaca", era funesto presagio. Y se despertó a medianoche todo convulsionado, sudoroso, agitada la respiración. Se sentó de golpe en el lecho y quiso gritar, y cuando abrió la boca abrió también los ojos y se dio cuenta de que era medianoche y vio la luna, brumosa en lontananza, y entendió que lo que le había sucedido era un sueño, un sueño horrible, espantoso.

El Faraón respiró, tomó un vaso de agua de la mesita de luz y se dijo: "Bah, no es más que un sueño", y se desplomó lentamente sobre los almohadones para volver a soñar.

A la mañana tempranito, mientras las últimas estrellas titilaban todavía en el horizonte, volvió a despertarse presa del pánico. Otro sueño, otra pesadilla. Estaba temblando. Gritó. Vinieron los sirvientes. Dijo que convocaran a los sacerdotes. Llegaron los sacerdotes, que eran los sabios del palacio, y les contó su sueño.

—En el primero había siete vacas gordas y siente flacas. Y las flacas... —se detuvo, le costaba horrores decirlo, pronunciarlo—, las flacas se comieron a las gordas.

Los sacerdotes se miraron consternados. Era, obviamente, un mal presagio.

—Y lo peor —dijo el Faraón, casi llorando—, lo peor, eso lo recuerdo patente, patente, lo peor es que las flacas después de devorar a las gordas seguían tan flacas como antes.

—¡Increíble! —atinó a susurrar un sacerdote ante el silencio severo de los demás.

—Y ahí no termina todo. Después tuve otro sueño. Esta vez no eran vacas. Eran espigas. Siete espigas gordas y siete espigas flacas. Y de vuelta lo mismo: las flacas se comen a las gordas y ni siquiera se les nota. ¡Descifren estos terribles sueños, urgente!

Los sacerdotes se apartaron para deliberar. Retornaron con versiones varias, todas optimistas. Ellos siempre transmitían mensajes optimistas para no enojar al Faraón. Que seguramente en los próximos días el Faraón soñaría otro sueño en el que se ve como las flacas explotan, se mueren, y las gordas salen vivitas y coleando, victoriosas, que eso sucederá en Egipto en alguna guerra con algún pueblo vecino.

El Faraón, aunque Faraón, no era zonzo del todo. Esta vez no estaba dispuesto a contentarse con frases dulces y mentirosas. Rechazó la versión de los sacerdotes. Exigió que viniera alguien más inteligente y, si fuese necesario, que lo importaran de Babilonia o de Asiria, países de alto nivel cultural.

Fue entonces cuando corrió el chisme de que en la cárcel había un extranjero, un tal José, muy inteligente, que se dedicaba a interpretar los sueños de los presos.

Una camisa nueva

Sacaron a José del pozo, es decir de la prisión, lo lavaron, le cortaron el pelo, lo afeitaron, y lo dejaron hecho un chiche para presentarse ante el Faraón.

La camisa, la nueva, le quedaba francamente hermosa. Así iba José, de camisa en camisa... Sentía como si una mano oculta, suave, estuviera moviendo los pasos de su vida, y él no se resistía.

Así, perfumado, con el pelo limpio y la cara despejada, luciendo una deslumbrante camisa de muselina celeste y pantalones de lino azules, bien al tono, y reconfortado por una opípara comida, apareció José en el palacio.

Escuchó los sueños y propuso su interpretación:

—Las vacas gordas y las gordas espigas son años gordos. Vendrán siete años de abundancia, de riquezas, trigo y carne, comida y vestidos y bebida y canto y danza en todo el país. Las vacas flacas y las flacas espigas son malos años, de sequía, de baja del río Nilo, y nada crecerá, y nada brotara, no habrá frutos, morirán los peces, y agonizarán los animales, y el hambre y la miseria cubrirán todo Egipto, y también a los países alrededor de Egipto.

El Faraón estaba lívido. José hablaba con tanta seguridad que no parecía describir el futuro sino el presente, algo que estaba ahí, delante de sus ojos.

El Faraón supo que José decía la verdad. Revisaba una y otra vez sus sueños, los volvía a mirar y los cotejaba con la interpretación de José y el paralelismo era perfecto, total. Ese era el significado, transparente ahora como el agua de la piscina del palacio.

—Siento que dices la verdad, José —comentó el Faraón, y era su voz la que temblaba de respeto por ese extraño sabio que leía los sueños como se lee una carta.

José lo observaba en silencio.

La gran camisa, la suprema

El Faraón tenía la cabeza apoyada sobre el puño de la mano izquierda, y meditaba, meditaba.

—José —dijo—, José, ahora que sé el significado de los sueños no sé qué hacer con ese significado.

—¿Qué hacer? El sueño es premonitorio, señor. El sueño es para ayudarte, porque te anuncia lo que ocurrirá y de esa manera, al saberlo tú, puedes tomar las medidas necesarias para prevenir el mal y combatirlo de antemano.

—¿Combatirlo de antemano? ¿Cómo he de combatir los años de hambre y miseria, cómo, eh?

—Tomando las debidas medidas, señor.

—¿Yo? Necesito que alguien haga todo esto. ¿Quién lo hará?

—La persona que tú designes, señor, una persona inteligente, alguien brillante, alguien que sepa pensar, prever, analizar situaciones y buscar las soluciones adecuadas para los problemas que se presentan.

—¿Pero quién? Alguien así no tengo yo. La gente que conozco son todos obtusos, tontos, serviles, mentirosos, pero pensantes ninguno. Salvo que... —se puso meditativo.

—¿Salvo que qué? —preguntó, ansioso, José.

—Salvo que...

El Faraón detuvo su lengua, y depositó sus ojos sobre José, y eran ojuelos pícaros, con un destello de astucia, como los ojos de quien acaba de hallar un tesoro.

—Salvo que... que te elija a ti, José, y que tú te encargues de esa magna tarea.

—¿Yo? ¡Señor! De ninguna manera. ¿Quién soy yo? Soy un extranjero recién salido de la prisión, ¿cómo podría yo, señor? —manifestó José con humildad de avezado actor teatral.

—José, yo te nombro ministro de hacienda, de finanzas, de alimentos y de programación para años de crisis —pronunció el Faraón, eufórico.

José se ruborizó, y era muy feliz, y no dijo que no.

De nuevo usaba la camisa del príncipe, la camisa de sus sueños, la que le había regalado el padre, la que le quitaron los hermanos y la que ahora usaba delante del Faraón, la camisa del hombre superior.

Los sueños del Faraón lo condujeron a la realización de sus propios sueños.

El autor se excusa

La historia sigue, es larga. Falta el reencuentro de José con el padre, con los hermanos. La pueden leer en *La Biblia*.

¿Y por qué la incorporé yo a este libro? Porque, queridos padres, ¿quién no tiene un hijo preferido? Ocurre en las mejores familias. Como también suele darse la envidia entre hermanos. Y también se han dado casos de odio entre hermanos, de persecución, de crueldad terrorífica.

Conozco hermanos nacidos de un mismo vientre que ni se hablan ni se hablarán mientras duren sus respectivas vidas. "Los hermanos sean unidos", decía astutamente nuestro José Hernández. Sean... Porque suelen no serlo.

Y es deber nuestro, el de los padres, saberlo, y no ocultar estos sentimientos que germinan en las almas humanas, precisamente para poder combatirlos.

Nacemos, pero tenemos que hacernos. Nacemos animalitos, y tenemos que hacernos humanos. Y el animalito dentro de cada cual nunca desaparece del todo.

En fin, por eso les traje el cuento ese. Pero...

También hubo otro motivo para incorporar ese relato. Es un capítulo totalmente erótico. Lo incluí por motivos de marketing, el sexo vende, así me dijeron y aconsejaron amigos de mi literatura. Seguí su consejo.

—Si no ponés escenas de sexo —me explicaron— no llegarás a ningún lado, no serás nadie, te pasarán por encima.

Y les hice caso.

Espero que les haya gustado, y que la recomienden a los amigos. Yo no soy Cortázar, y bien que lo sé, pero si los amigos no se prenden demasiado al libro, sugiéranles que comiencen la lectura directamente en este capítulo.

Yo también, después de todo, quiero mi camisa...

Capítulo cinco

Pensar y creer

Ante la Ley

Un relato de Kafka se llama "Ante la Ley" y comienza así:
"Ante la Ley hay un guardián. Un campesino se presenta frente a este guardián y solicita que le permita entrar en la Ley. Pero el guardián contesta que por ahora no puede dejarlo entrar. El hombre reflexiona, y pregunta si más tarde lo dejarán entrar.

—Es posible —dice el portero—, pero no ahora."

El guardián le pone impedimentos, lo asusta, le dice que aun si lograra ingresar en el primer pasillo encontraría adentro más guardianes que le impedirían el paso.

El hombre se queda ahí, dialogando, charlando con ese portero. Recuerda su vida, su infancia. Y ahí está, afuera, mientras el tiempo corre, se suman los años, la vejez apremia. Habla, pero nada hace por entrar. Medita, reflexiona, considera. No obstante no se arriesga a emprender acción alguna.

Finalmente se le ocurre preguntar:

"—Todos se esfuerzan por llegar a la Ley —dice el hombre—; ¿cómo es posible entonces que durante tantos años nadie más que yo pretendiera entrar?

El guardián comprende que el hombre está por morir, y para que sus desfallecientes sentidos perciban sus palabras, le dice junto al oído con voz atronadora:

—Nadie podía pretenderlo, porque esta entrada era solamente para ti. Ahora voy a cerrarla."

* * *

Una entrada reservada para cada persona

Así concluye el relato de Kafka. Creo que su genio logró captar la atmósfera del siglo, su propia y personal paradoja. Sin Ley la vida humana es imposible, porque la Ley, volviendo a la metáfora antes mencionada, es de todo el bosque. Pero la Ley, es decir la ética, por otra parte constriñe hacia una nivelación de todos por igual.

En el relato de Kafka encuentro la solución. La Ley ni se impone ya, como en viejos tiempos autoritarios, ni se regala. Hay que entrar en ella. Y no es fácil. Requiere trabajo. Una tarea de hacer y quehacer, no de mera divagación, que fue el mayor pecado del campesino. El campesino quiso ingresar pero se quedó afuera jugando a las ideas. La vida no es ideas, la vida es sumersión en compromisos y conductas.

Finalmente aparece la gran pregunta:

Si la Ley es para todos, ¿dónde están todos? ¿Por qué estoy solo?

Y luego la gran respuesta:

"Esta entrada era solamente para ti".

Cada cual se preserva en su identidad, sin ser anulado por la Ley, porque tiene su propia entrada, y debe ejercerla, y en ella volcar su originalidad, su identidad personal. Eso requiere trabajo, esfuerzo, creatividad. Es la pena que vale. Vale la pena.

Aerobismo del alma

El ejercicio del pensamiento debería ser una especie de aerobismo del alma obligatorio para todos. Padres primero, y de ellos a los hijos.

Nos estamos volviendo, al decir de Erikson, depósitos de información. El culto a la información es voraz. Saber cosas, tener datos, dominar mecanismos internéticos pareciera ser el ideal de la vida actual. Es atestarse de saber, pero inútilmente. Y peor aún: es creer que de esa manera uno ha crecido espiritualmente un milímetro. Y no ha crecido nada.

Y como no ha crecido nada, ese saber, que clásicamente en la cultura de la humanidad proporcionaba riqueza interior y de ella se derivaba cierta serenidad, cierta actitud contemplativa, piadosa, ética y alguna dicha, ese saber, depositado, acumulado, atestado en el cerebro, nos deja pobres y desvalidos.

La caída en brazos de dogmas sectarios, de rituales de purificación, de mecanismos de gimnasia mental y espiritual, esa entrega de uno mismo a sistemas salvadores es elementalmente infantil. Es el niño que busca al Padre.

El Padre bíblico, el de las religiones monoteístas, es exigente, es duro. Es el que interroga a Adán en el Paraíso y le pregunta:

—¿Dónde estás?

Es decir:

—¿Qué puesto ocupas en el cosmos, qué estás haciendo de tu vida, dónde te encuentras en el mundo de los valores?

Un Padre que examina —dicen los Salmos— corazón y entrañas. Toma examen. Un ojo que ve, un oído que oye. "Todas tus acciones son inscritas en un libro", señala el Talmud. También es bondadoso, también es piadoso, pero reclama de ti acción, movimiento, cambio. Y tienes que hacerlo todo.

Los movimientos espiritualistas actuales, como objeto de consumo, ofrecen en cambio en venta un Padre Siempre Piadoso y que Nada Exige de Ti.

¡Es una joya!

Tienes que decir alguna frase, cerrar los ojos, orar, dormir en el suelo o comer macrobiótica o... Pero estas no son exigencias. Se cumplen fácilmente y son por unas horas, algún día, un rato. Y después ya TE AMA. Sentirse amado a tan bajo precio es una ganga. Un sentimiento trucho, para decirlo en castizo argentino.

* * *

Cunden en el mercado salvaciones baratas

Es el Papá de la niñez, pero sin el rigor del auténtico papá de los niños.

Paul Auster, en una novela apocalíptica (*El país de las últimas cosas*), lo describe así:

"¡Tantos de nosotros nos hemos convertido otra vez en niños! No es que lo hayamos buscado, ya me entiendes, ni que seamos conscientes de ello. Pero cuando la fe desaparece, cuando comprendes que ni siquiera te queda la esperanza de recuperar la esperanza, entonces tiendes a llenar los espacios vacíos con sueños, pequeñas fantasías y cuentos infantiles que te ayuden a sobrevivir".

Las iglesias del cuento para niños, mientras tanto, te acarician. Hay, eso sí, terror, dragones, y Satanás mueve su cola más que nunca, pero es un juego porque *El Maestro Te Salvará y Te Amará*.

La gente llora, inundada de tanto amor barato, regalado. Y luego sale a la calle. Y luego vuelve a la vida, y ataca, y compite, y compra, y vende, y tiene mucha más fuerza que antes para aplastar al prójimo y des-hacerlo.

Y luego vuelve. Y busca amor, compasión, piedad. Y en algún momento todo falla, y entonces busca anfetaminas, cocaína, heroína. Para que el vacío descanse. Su contraparte es el estupor, y de ahí la estupidez. Parálisis de la función cognoscitiva. No quiere el individuo pensar y le pide a ángeles y demonios que se hagan cargo de ese sector de su existencia, que los negocios los sabe hacer solo.

¿A qué se debe el éxito actual de tanto desvarío ocultista?

La cultura se liga con la naturaleza, con el eros cósmico. La civilización es artificio.

Egipto es puro artificio, un miserable oasis, y todo construido.

"El sucedáneo de la religión en las civilizaciones es el ocultismo." Eso lo dice el estudioso Wilhelm Worringer cuando penetra en la vida y arte del antiguo Egipto.

Las civilizaciones son los grandes avances del hombre,

en ciencia, en tecnología, en pirámides, y en términos actuales, se refiere a los cohetes a la Luna, sondas espaciales en Júpiter, y ojos y narices y bocas totalmente enchufados a aparatos.

El gran problema que se plantea Worringer, al admirar la maravilla de la civilización egipcia en sus realizaciones matemáticas, arquitectónicas, artísticas, consiste en que, conjuntamente con esos enormes logros exteriores, el hombre egipcio vivía en un nivel de creencias y de conceptos de suma inferioridad.

¿Cómo se concilia un mundo exterior de perfección, y un mundo interior de pobreza y miseria? Worringer responde:

"Un país del más alto porte en la cultura externa; un país lleno de maravillas técnicas; un país con absoluta seguridad y unidad de estilo en todas sus manifestaciones culturales y civilizadas; un país con una depuración de formas, tradicional desde milenios; un país orgullosísimo de su cultura petrificada: tal era una de las caras que Egipto ofrecía a los descubridores. Pero este mismo país adoraba gatos, perros y bovinos; este mismo país tributaba a su divino Faraón un boato que hacía pensar de lejos todavía en el jefe de una tribu semisalvaje y retrocedía a tiempos en que el único adorno regio era el cinco, el taparrabos y una cola de animal... Este mismo país ponía en la tumba de sus muertos muebles, herramientas, amuletos, alimentos..."

En idioma de nuestro clásico tango, conviven, pero ya indiferentes, la Biblia y el calefón. En el mismo nivel. Un poco de esto y un poco de otro. Un poco de alta inteligencia, eficiencia, computación de aguzado cerebro y, un rato después, el mismo día, la misma persona, un poco de imbecilidad frente a ídolos baratos de fetiches para descansar y no pensar más, por un rato al menos, por un rato... Con-viven en la misma persona. Y sin contradicción.

Esa persona está enferma, queridos padres.

La gran decadencia

Fíjense: nuestras pirámides son torres magníficentes, avances nunca soñados en el campo de la salud del cuerpo, satélites de toda índole, aparatitos telefónicos y de ultrasonido cargados en el bolsillo de la solapa, navegación en mares y océanos de Internet, civilización brillante y longevidad creciente, y sin embargo...

En la vida cotidiana, en lo que NO se refiere a aparatos y tecnologías, fíjense cuánta creencia y desesperación cunden por tarot, I Ching, borra de café, películas de terror, del diablo, ángeles que van y vienen por todos lados, pastores que le dicen a la pobre gente pobre que Dios se ocupará de darle novio a la chica, trabajo al muchacho, potencia al decaído, tacos altos al petiso, sangre al anémico, y gente que viaja a encontrar la verdad en cuevas del Himalaya.

Más gurúes mágicos, y la multiplicidad de meditaciones y sistemas numéricos cabaleros para sacar la grande, y los que, favorecidos por la fortuna económica, peregrinan a la India, a China, y se traen de ahí amuletos auténticos, bendecidos por gurúes, y se los cuelgan en el pecho para lograr mayor fortuna en el amor, en los negocios, en la carrera de automóviles, en la lucha por la supremacía en el trabajo, y que los hijos se inspiren y quieran estudiar y pasar de grado, que sería el sumo bien.

¿Y qué hay en común, finalmente, entre tantos predicadores y fuentes de inspiración y de esperanza? El amor. Todos dicen amor, cantan amor, reclaman amor, bailan amor y...

No, no hay amor.

Se regresa del yoga o de la cueva o de haber dormido diez días en el suelo, a la sombra del Gran Maestro, y se reintegra la persona a la vida cotidiana, y ¡qué lejos esta vida cotidiana del amor! Competencia, eficacia, ganancia son sus dioses.

¿Y vos a quién le ganaste?, es la pregunta del Hamlet callejero.

El amor tiene una prensa excelentísima. La gente se derrite de piedad por la nena esa que mereció un trasplante de riñón. Eso es bueno, y es amor lejano al lejano. El más fácil de los amores, el menos exigente. Todo lo que requiere es un diálogo con amigos:

—¿Viste esa nena? Qué bien, ¿ no? ¡Ojalá Dios la ayude y todo salga bien!

Dios, el de la Biblia, ordenó el amor al prójimo, es decir al próximo. Ese tuvo que ordenarlo porque bien sabía Dios que el amor al lejano, que no compromete para nada, salvo los latidos de ese corazoncito que todos tenemos, ése tiene buena prensa y es aplaudido por todos. En cambio ordenó, repito, el amor al próximo. Ahí no basta con el corazoncito ese que late acelerado, conmovido. Ahí se requiere acción, conducta, hacer algo. Y eso es complicado.

Como decía un compañero de Facultad:

—Si no fuera por la existencia de los demás, la vida sería mucho más reposada.

Grandes maestros, discípulos enanos

Que no se me malentienda: no estoy negando ni poniendo en duda la espiritualidad de los grandes maestros, ni la veracidad de altas personas de la religión o de la fe. Sí, en cambio, ataco a los falsos profetas.

Todo predicador, aunque anuncie su pertenencia a alguno de aquellos genios de la humanidad o de sus escritos, rebaja ese mensaje cuando lo distorsiona vendiéndolo en términos de facilismo y baratura.

Esto es lo que hoy prevalece, generalmente, en las calles, en los medios, el falso profeta, el que se oculta bajo el manto del maestro, el que invoca a Dios y pretende que formes parte de un rebaño bajo, descerebrado, diciendo amén, cantando el canto que te hacen cantar, pronunciando las frases salvadoras o soplando velas o encendiendo lumbres de magia y hechicería.

Pululan. En mil formas, en mil envases. La baratura los distingue. El facilismo es su marca y su seña. Son fáciles de reconocer. Su dios sonríe, es bueno, y se dedica exclusivamente a tus proyectos, a tus problemas y a tu cuenta bancaria. Pronuncian frases envueltas en moños de seda, y con pacatería de aparente humildad, llanto, patetismo, ojos cerrados y manos alzadas. En el show, ténganlo por seguro, *no anda Dios.*

Si nada exigen de ti —tan fácil es la regla, y es de *La Biblia*— son falsos profetas. Exigencia que ha de consistir en que tú te exijas. Exigencia de superación y crecimiento. El Dios de *La Biblia* es el Dios de los mandamientos. Cuando dice que sea la luz, se hace la luz. Y de ti reclama algo semejante, que hagas la luz, que la re-hagas, pero con focos internos. No que la digas, simplemente. Cualquier otra versión de lo divino, que no pretenda hacerte grande, es de un enano que te quiere enano.

Acerca de los discípulos enanos y de los grandes maestros, que los primeros eclipsan con su mensaje esotérico o dulzón, vendedor, como se dice hoy, poetizaba Rudyard Kipling:

> "Aquel que tiene un Evangelio
> que predicar a la Humanidad
> aunque lo sirva plenamente
> con el cuerpo, el alma, y la inteligencia,
> aunque por él
> todos los días vaya al calvario,
> tendrá un Discípulo
> que hará vana su labor."

La condición religiosa de la existencia humana

¿Cómo fue que caímos tanto? Por soberbia, por omnipotencia.

Según la tradición, el ángel llamado Satanás es el ángel de la soberbia. Quería ser como Dios. Quería ser Dios. Y se cayó. Es el ángel caído.

Aquí anda, arrastrándose entre nosotros, también caídos. A la gente le encanta que Satanás exista, así uno puede excusarse y decir:

—¡Las fuerzas del mal me han atrapado! —y se siente justificado para seguir viviendo satánicamente.

Pero no, no existe. Es el lado de la negatividad, así lo denomina la Cábala. En *La Biblia* la palabra "satán" significa "obstáculo, impedimento", aquello que te surge en el camino y que procura tu caída. La sombra de tu EGO. El lado de la soberbia, de la envidia, que intenta dominarte y con el que tienes que luchar. Como la historia esa —de maravillosa inspiración— de *Dr. Jekyll y Mr. Hyde*, que eran una sola persona. Un ser que a veces era humano y gentil, y a veces se volvía bestia. El hombre y la bestia. Posibilidades que anidan en cada sujeto humano, y que Stevenson, en su libro, supo captar tan bien como la contradicción infatigable que día a día hay que dirimir, disolver en una opción.

En la citada novela, el protagonista confiesa sus tribulaciones.

"Permanecer definitivamente como Jekyll significaba renunciar a esos apetitos que había admitido en secreto por mucho tiempo y que había empezado tardíamente a practicar. Unirme a Hyde implicaba condenar a muerte un millar de intereses y aspiraciones y convertirme de la noche a la mañana y para siempre, en alguien despreciado y sin amigos... Escogí la mejor parte de mí, pero me hallaba falto de la fuerza para sostenerla."

El mal es del orden de lo fácil, de lo regalado. El bien reclama fuerza, dominio, sacrificio; cuesta y por eso es difícil.

Mejor es *hablar del bien* mientras se vive de caída en caída, creyendo que lo que se dice es la imagen de uno mismo. No lo es.

Los de antes sabían de esta contradicción del hombre entre lo que dice que cree y lo que hace, que representa su verdadero ser.

Quien lo expuso con toda fuerza fue Pablo de Tarso, el fundador filosófico del cristianismo.

"Lo que hago no lo entiendo; pues no hago lo que quiero, sino lo que aborrezco, eso hago", afirma Pablo en *Romanos 7,15*.

Esta es la realidad que él encuentra. Un yo que quiere y una fuerza interior que lo empuja en otra dirección. Esa fuerza que él no domina, que lo domina a él, es el pecado. El mal está dentro, es inherente a su esencia humana.

"Porque no hago el bien que quiero, sino el mal que no quiero, eso es lo que hago." (7,19) Esta contradicción interior que Pablo encuentra dentro de sí lo desgarra y frente a ella se siente impotente, condenado. Por eso busca la gracia, la redención, la mano exterior pero celestial que le dé la gracia, que es gratuidad, algo que ni se piensa ni se quiere ni se planifica, sino meramente se espera, la gracia que redime, tan misteriosa ella como el pecado del cual debe redimirlo.

"Así que, queriendo yo hacer el bien, hallo esta ley: el mal está en mí." (7,21) Está ahí, es parte de mi ser.

Pablo entiende que deriva del pecado original. Y el pecado ése ¿de dónde deriva? *De la soberbia*, de querer ser superiores, de pretender el hundimiento del otro para lograr mi propia elevación. Esta en la condición egoísta del hombre. Es natural, es la naturaleza, y el hombre en cuanto naturaleza.

El bien es lo que une, lo que liga. El mal lo que opone y desgarra.

Nacer, crecer, educarse es —en todas las culturas y religiones— luchar contra ese sí mismo que sólo sueña con la humillación del prójimo para alcanzar el amor. Nacer, crecer, educarse es creer que esa lucha vale la pena, que conduce en la lontananza de la historia a algún horizonte superior, a algún paraíso perdido.

Creer es crecer

Somos de estructura religiosa, aun los que predican la inexistencia de Dios y repudian iglesias, sinagogas, mezquitas, rituales y demás liturgias de religiones institucionales. Somos, repito, de estructura religiosa. *Creemos. Hacemos porque creemos. En este creer del hacer está el crecer.*

Marx, uno de los mayores ateos declarados en el discurso y la prédica, creía y luchaba por un futuro mejor de la humanidad. La estructura de su persona, por tanto, era humana, religiosa.

Aunque haya gente que se dice atea, el vivir es vivir de fe. Con-vivir es con-fiar, es decir compartir una fe. Creer que vale la pena sacrificar días y noches por los hijos, es una acto de fe, de creer. No es necesario que estés adherido a religión alguna, y tampoco molesta que prediques la inexistencia de Dios: estás viviendo y haciendo todo lo que haces porque crees que eso es bueno.

A eso lo llamo la condición religiosa de la vida humana. Inclusive el más grande de los nihilistas, Nietzsche, piensa, escribe, y quiere un cambio en el mundo futuro de la humanidad. Quiere porque cree. Está en contra de todas las iglesias pero *es religioso en su modo de ser.*

Creer, crear, crecer. Uno conduce al otro. Eslabones.

Escribía Pascal, alrededor del año 1650:

"Si nada se debiera hacer sino por lo cierto, nada se debería hacer por la religión; porque ella no es cierta. Pero, ¡cuántas cosas no se realizan por lo incierto! Los viajes por mar, las batallas... Digo que no se podría hacer nada, absolutamente nada, porque nada es cierto..."

Pascal piensa en voz alta. ¿Y qué piensa? La vida. ¿Y qué es la vida? Eso que hacemos todos los días. Eso que hacemos hoy lo realizamos con un vislumbre de mañana. Por tanto, nos dedicamos con ahínco a hacer cosas en el campo de lo *in-cierto*, es decir, eso que no tiene certidumbre, seguridad racional de que estará mañana, de que cuando viajamos llegaremos, de que cuando comemos nos hará bien, de que cuando nos acostamos nos levantaremos sanos y salvos al día siguiente.

La existencia humana, por tanto, de racional nada tiene: apuesta a un futuro totalmente *in-cierto*. Esa entrega, repito, no es racional, porque no tiene fundamentos ni garantía; pertenece, por tanto, a la condición de la fe. Creemos en el futuro, pero saber no sabemos. In-certidumbre.

Esta conducta, por tanto, al sostenerse únicamente en la fe *es* conducta religiosa. Traer hijos al mundo, queridos padres, y dedicarse a ellos, y sacrificar noches y madrugadas por ellos, es algo *racionalmente absurdo.* Nos empuja la fe, no el cálculo; nos impulsa la confianza, no el razonamiento matemático. Matemáticamente el mañana es para mí incertidumbre, des-conocimiento.

Por tanto, la existencia en todos sus afanes y devaneos es algo religioso, aunque usted se declare atea; y puede seguir haciéndolo, ya que poco importa qué declara una persona acerca de sí misma. Sus acciones, y tan sólo ellas, revelan en qué cree si es que cree. Y las acciones, cualesquiera fueran, son mecanismos de fe; el solo actuar implica la fe en que esto que hago se prolongará luego, mañana, algún día, en cierta consecuencia. Actuar es crear, crear es creer.

Lo in-cierto, tenía razón Agustín, nos mueve hacia adelante. Fe. Aunque no sepas exactamente en que. Amar es creer. Educar es creer. Labrar un jardín es creer. Anotar en la agenda qué harás el mes que viene es creer. Acostarse a dormir y decir "hasta mañana", es creer. Vivir es creer.

El eje egoísta de la existencia

Esto es lo que debemos revisar. Porque vivimos en tiempos muy turbulentos, de grandes avanzadas en materia de ideas y conceptos, en revoluciones contra el pasado, en poderosas revoluciones, del niño, de la mujer, del sexo, de la familia, pero la condición humana, su estructura básica es la misma.

El eje es el egoísmo. Tu hijo es otro. Ese otro también es egoísta, como tú. Mejor partir de esta premisa que no de dulces exultaciones metafóricas acerca del amor. Al amor se llega. Se parte del conflicto. Ser es anti-ser. El otro es el yo no como yo. Mi hijo es otro. Yo soy otro. Somos los otros de los otros.

Ese es el punto de partida del ser en el mundo. Ortega y Gasset lo explica, en *El hombre y la gente*:

"Mi mismo cuerpo, en la primerísima infancia, me parecía sin límites, me parecía llegar hasta el horizonte. Fue menester que me tropezase con los muebles de casa —mesas y cómodas— y me hiciese chichones, para que fuera descubriendo donde mi cuerpo terminaba y comenzaban las otras cosas. Mesas y cómodas son, desde que las hay, los primeros mundos pedagogos que enseñan al hombre las fronteras, los límites de su ser, por lo pronto, de su ser corporal".

Ese, dice el pensador español, es mi entorno, mi circunstancia, y lo siento como mío, mesas, sillas, impedimentos en el camino. Está impregnado de mí. Pero lo tuyo no me es, tus ideas y convicciones no me son, las veo como ajenas y a veces contrarias a mí. Y así es que uno va descubriendo que el yo se mueve entre cosas que domina y personas que no domina y que no se dejan dominar, y por tanto son ajenas, potencialmente enemigas.

Pensar todos los días, todas las horas

Caen los muros. Caen los deberes. Los vínculos son telarañas que se tejen y se destejen todos los días. Porque cada día es nuevo bajo el sol, y se me canta de otra manera.

Siglo XX. Libertad, igualdad, fraternidad, cada uno que sea uno mismo, y que nadie le ordene nada a nadie.

No queremos más autoritarismo. ¿Qué queremos? Para querer hay que saber. Pero todo saber hay que tomarlo de algún lado, como el agua que proviene de alguna fuente. Estamos dotados para pensar. La lógica, los mecanismos de la construcción del mundo y del conocimiento son, en efecto, estructuras internas de la mente. Categorías, les decía Kant. Porque ordenan los datos que recibimos y los ponen en el tiempo, en el espacio, en el antes, después, al lado, arriba, etcétera.

Puedo saber —y luego saber querer— si me nutren, si me proporcionan datos. Esos datos, por tanto, no son míos, mía es la elaboración. Son ajenos.

Vuelvo y pregunto: ¿Quién nos proporcionará el saber?

Hemos desechado maestros, fuentes, estanterías de libros. ¿Y qué más? Nada más. Nos dijimos: Seamos libres, seamos nosotros mismos... Con ese mensaje criamos a los hijos, queridos padres, y con ese mensaje nacieron generaciones —del verbo generar; los generadores fuimos nosotros, los padres— vacías de saber, y por tanto incapaces de querer.

Friedrich Nietzsche, el enorme apóstol del individualismo de fines del siglo pasado, cuya impronta aun hoy hace temblar nuestra piel, escribió en *El crepúsculo de los dioses*:

"Hemos eliminado el mundo verdadero, ¿qué mundo ha quedado? ¿Acaso el aparente? No, al eliminar el mundo verdadero hemos eliminado también el aparente".

113

Enseña Nietzsche, en su implacable lógica, que si no hay verdad, tampoco existe aquello que parecía ser verdad pero no lo era, la apariencia. No hay nada. Nada más que el yo que piensa, y de inmediato borra lo pensado, para no quedar preso en ese pensamiento.

Cómo se ligan la soberbia y la vacuidad

En el libro *Teoría de las ideas del mundo* Dilthey manifiesta:

"El sombrío orgullo y el pesimismo de un Byron, Leopardi o Nietzsche tiene como supuesto el dominio del espíritu científico sobre la tierra. Pero se advierte en ellos al mismo tiempo el vacío de la conciencia, pues todas las normas han sido suprimidas, todo lo firme se ha vuelto vacilante, una libertad ilimitada de opinión, el juego con posibilidades indefinidas dejan al espíritu gozar su soberanía y le dan a la vez el dolor de su vacuidad.

Este dolor del vacío, esta conciencia de la anarquía en todas las convicciones más hondas, esta inseguridad acerca de los valores y fines de la vida, provocan los diversos intentos en la poesía y en la literatura para responder a las preguntas por el valor y el fin de nuestra existencia."

El texto que transcribimos, amén de ser el mejor cuadro definitorio —claro y rotundo— que conozco de nuestro tiempo, tiene otra virtud, importantísima a mi ver, apenas surgida: la filosofía *ya* no es capaz de expresar al hombre.

El mundo de los conceptos ha llegado a su culminación. A la novela y a la poesía le competen decir eso que las proposiciones lógicas no pueden concatenar puesto que de irracionalidad, precisamente, se trata.

El seguro de vida

Escribe Franz Werfel (*La muerte del pequeño burgués*), por boca de uno de sus personajes un científico que contempla la muerte ajena:

"Mira los verdaderos proletarios cuando mueren. Es algo simplemente solemne. No tienen ni miedo ni exigencias.

Asunto concluido. Se rinden contentos y tranquilos. Todos los proletarios mueren de un modo parecido. Solamente los burgueses se mueren de un modo especial. Hasta los más insignificantes. Cada burgués tiene su manera especial de no querer morirse. Eso proviene de que temen perder alguna otra cosa con la vida. Una cuenta en el Banco, una libreta sucia de la Caja de Ahorros, un nombre respetado o un sofá cojo".

Por eso es tan importante el testamento. Por eso, también, el tema de la herencia es tan considerado y puntilloso en las legislaciones de todos los pueblos civilizados. Dime qué objetos te rodean y te diré quién eres.

El hombre será muy sujeto en los análisis epistemológicos pero en la vida real es la suma de sus objetos. Por eso tanto se pre-ocupa por el destino que tendrá, ulteriormente, su persona objetivada en esos objetos.

Fiala, el héroe moribundo en la novela de Werfel, es descripto desde el comienzo como enamorado de los objetos que rodean su vida.

Hubo muchas cosas que pudo haber vendido, y aunque necesitaba el dinero no lo hizo porque: "Nadie renuncia a su condición de hombre". *Esa* era —es— su condición de hombre. Esa, en la vida real.

El personaje de Werfel decidió canjear su muerte por un seguro de vida: fue lo único realmente bueno que hizo durante su existencia, estirar su agonía hasta que se cumpliera el plazo estipulado con la compañía de seguros; todo un éxito; como Sócrates —no importa el motivo— murió feliz de su muerte.

¿Para qué tanta prisa?

En *Doña Rosita la Soltera*, de Federico García Lorca, un personaje de comienzos de siglo comenta la maravilla de los automóviles capaces de recorrer 30 kilómetros en una hora. El otro —amante de las flores, pobre— pregunta inocentemente: "¿Para qué tanta prisa?". La prisa no tiene para qué. Es fin en sí misma. Prohíbe, en general, toda pregunta. Si se admitiera la pregunta, el automóvil no solo dejaría de correr enloquecido sino que, probablemente, no se movería de su lugar.

Sin embargo, el hecho de que la pregunta no acompaña a los grandes carteles que indican qué beber, con qué crema afeitarse, qué crucero realizar, no la anula. El para qué subyace para toda existencia. Basta conque cualquier motivo interrumpa física o espiritualmente la velocidad santa, para que aflore el interrogante.

Corremos. Y mientras no nos detengamos vamos bien. Si te detienes, y llegas a pensar para qué estás corriendo, se te puede cambiar la vida. También se te puede terminar la carrera, es cierto. ¿Valdrá la pena?

¿Qué opinan ustedes?

Cosas

Citemos un cuento de D. H. Lawrence, de los primeros decenios de este siglo, que se llama "Cosas".

Se trata de una pareja recién casada en Estados Unidos, que viaja a París; son pintores, y, dice el autor, idealistas en pleno reinado impresionista.

"No obstante, parecía que los seres humanos están condenados a tener que clavar las garras en *algo*. Para ser libre, para vivir una vida plena y hermosa es necesario, ¡ay!, estar ligado a algo. Una vida plena y hermosa significa un apretado lazo que nos une a *algo* —por lo menos así sucede con los idealistas— pues de lo contrario sobreviene un cierto fastidio que después se convierte en hastío, se advierte algo así como un revolotear de extremos perdido en el aire, como las ramitas extremas de una enredadera movidas por el viento, mientras se extiende en busca de algo a que aferrarse, algo que les sirva de base para trepar hacia el sol tan necesario para ellas.

De no encontrar nada, la enredadera sólo puede arrastrarse, frustrada, por tierra. ¡Así es la libertad! Un aferrarse al polo debido. Y los seres humanos son todos enredaderas, pero muy especialmente los idealistas."

Nuestros idealistas se cansan de París y se van a Italia. Ahí ingresan en la correntada que va en busca de la sabiduría oriental, budista, de la meditación; quieren eliminar la codicia, el dolor, la tristeza.

"No comprendían que esa misma ansiedad con que Buda quiere liberarse del dolor y la tristeza es una especie de codicia."

Después de mucho ambular, un día regresan a Estados Unidos para que Peter, el hijo, conozca su tierra natal, y ahí se quedan. Traen consigo millones de cosas de Europa, pero las guardan en un depósito. De vez en cuando Valerie va visitarlas, a mirarlas.

Se mudan de Nueva York al oeste, a las montañas. Valerie sigue soñando con Europa, sus sillas Luis XV, sus cosas, las cortinas que ahora se están apolillando en el depósito en Nueva York...

Van y vuelven a Europa, pero ya no es lo mismo, no encuentran su lugar. Finalmente regresan, y con la ayuda de sus padres adquieren un lindo departamento donde disponen de las cosas que estaban en el depósito.

El se sentía enjaulado. "Se hallaba en una jaula, pero dentro de ella estaba la seguridad." Seguridad aquí significa trabajo, lugar, rutina, firmeza de horizonte, y mostrar las cosas a los amigos que vienen de visita.

Todos somos des-ocupados

Decimos y declaramos grandes palabras acerca de la vida, los ideales y el futuro que deseamos para nuestros hijos. Pero el modelo de existencia que ofrecemos es el reinado de las cosas, y de aquello que procura cosas, éxito, dinero. Europa era el ideal de arte, de poesía, de otro horizonte. Y en ello radicaba su idea de libertad.

No obstante, en el cuento de Lawrence vuelven a la jaula. La jaula es prisión por un lado y seguridad por otro. Cosas. Una especie de garantía para la existencia. Esas que fuimos recogiendo durante nuestra historia. Las vivencias se esfuman, y las cosas son las que quedan. Las tenemos, y tenerlas, como los álbumes de fotos, es tenerse a sí mismo.

¿Es *eso* lo que queremos? ¿Sabemos qué queremos? Sabemos qué decimos. Felices. Queremos ser felices. Nuestros hijos serán felices, nos decimos. Felicidad a toda costa y a cualquier precio. Este es el nuevo ideal. Es todo lo que nos queda para idear. No sabemos en qué consiste, pero es todo lo que nos queda, la única frase válida: "Quiero ser feliz".

La cultura del yo

Hélène Béjar, en su libro *La cultura del yo* escribe: "El hombre moderno anhela la felicidad. Con admirable tesón proyecta su vida y hace sus elecciones no necesariamente racionales, en pos de una meta irrenunciable".

Digo yo:

—Es lo único que anhela, porque no tiene otros anhelos, se agotó el stock de los proyectos humanos. Sólo queda el hombre solo, y este que está a la intemperie, solo en cuanto des-ligado, en cuanto des-apegado, porque nada hay para pegarlo, adherirlo a otros o a Lo Otro. La soledad es grande y por tanto más grande aún es la *necesidad de felicidad.*

El hombre de siglos pasados estaba demasiado inmerso en sus deberes, quehaceres, proyectos establecidos por la sociedad, la familia y otros factores sociales, y la felicidad, en todo caso, se le diluía entre los días y las noches, las alegrías y las penas. No era un objetivo. Era un subjetivo, quiero decir algo que le sucedía, alternativamente, al sujeto en su existencia *ocupada.*

Cuando uno queda des-ocupado, es decir nada lo ocupa por dentro, queda vacío y se pregunta:

—¿Y ahora qué hago? Debo ser feliz...

La felicidad, ese anhelo consciente que le queda al individuo que se ha quedado sin mundo, sin normas, sin orientaciones, sin flechas de dirección, y privado de todo exterior, busca en el interior de su vida, de sus relaciones, de la pareja, de su familia, eso de lo que se lo ha privado, el mundo.

Ese mundo privado es llamado así, desde la antigüedad, porque se queda fuera del mundo, está privado, como su nombre lo dice. Al estar privado está mal. Al estar mal, se pregunta por el bien y el mal. Al preguntarse, se pregunta dónde está la felicidad.

Entiende que ha de hallarse aquí, entre nosotros. Afuera hay máquinas, oficinas, progreso, noticias, informaciones, y el mal gusto que todo eso deja en la boca, gusto de ajenidad, de nadie, de lata, de enlatado.

El hombre vuelve de la calle a casa, su único refugio ante tanta ajenidad, retorna a sí mismo, a "los suyos" —como decimos, "los míos", lo único que es mío, este afecto de gente querida, la esfera privada—, a restañar heridas provocadas por un mundo donde el valor es de las cosas, de hacer cosas, de la eficiencia, y finalmente de ser cosa entre cosas.

La salud es la conciencia del enfermo

La búsqueda de la felicidad es en sí, cosa enferma, cuando se torna paranoia, ansia desmesurada, neurosis obsesiva.

Es como la búsqueda de la salud. Sólo el enfermo la busca, la añora, la poetiza. El sano vive, come, procrea, y está totalmente lanzado hacia adelante con su esposa e hijos, en el mundo, hacia el mundo.

Decía John Stuart Mill que sólo es feliz el que se olvida de la felicidad. Nosotros la tenemos demasiado presente. Porque sentimos su ausencia. El individualista actual se mira el ombligo y anda preguntándose todo el día si es feliz. Y ante la respuesta negativa se procura urgentes terapias de diversión, de hedonismo, de taponamiento del vacío.

Queremos adquirirla de algún modo, la felicidad. Y no es algo que esté ahí, en algún lado o en algún tiempo. Es algo que se es. Por eso es ardua su consecución, y, en cambio, es mucho más liviano ir detrás de cosas, personas como cosas, lugares, enlatados de felicidad, pastillas de felicidad, burbujas de dicha.

Afuera vamos. Debería estar en algún lado, nos decimos. Y nos paseamos por los diversos shoppings y supermercados del universo —ahora con internet— en procura de ese bien mayor, la felicidad. La publicidad la promete, y uno le sonríe a la chica esa, tan perfecta ella, la de la publicidad. Una pasta dental, un jabón, y sobre todo un auto nuevo e importado, son promesas de dicha inefable.

Tanta promesa, luego, provoca decepción. Y la gente no sabe por qué está depre. Por eso.

Y resulta que no está afuera, está adentro. El sabor no está en el caviar, ni en la carne, ni en la fruta; depende de tu paladar, de tu conciencia. Está adentro o no está.

Es gracioso que uno vaya afuera a buscar algo que pueda modificar el adentro. Es irónico.

El afuera puede enriquecer la experiencia de este paladar, de esta persona que enmarca el mundo y lo goza. Pregunten a los poetas, a los artistas. Ellos les dirán que una brisa de verano de aquí a la vuelta, de cualquier barrio porteño o sanjuanino o formoseño, puede ser todo un monumento a la felicidad.

Dice Hélène Béjar en el libro citado:

"La modernidad cree que la felicidad y la libertad se encuentran en la esfera privada, lejos de los sinsabores y tumultos que acarrea el mundo público... Es la familia la pareja, los pares lo que constituye hoy el único mundo con sentido. Dentro de sus paredes nos creemos más seguros".

Yo no elegí quedarme solo. Me quedé solo. El mundo se descalabró, los muros cayeron, las tradiciones se deshicieron, la cadena se fracturó, y mi eslabón y el tuyo ahí quedaron, solos, sueltos, y no tenemos otra vida de valor que la vida privada, la que ha sido privada de todo lo antes mencionado, de un mundo, de jerarquía de valores, de luchar por ideales que vayan más allá de mi ego y el tuyo, de Dios, de la Esperanza grande de la Humanidad Grande, y nos quedamos afuera no porque elegimos sino porque todo ese universo contextual se deshizo

La libertad negativa que practicamos fue derribando techos y cimientos. Nada de lo prometido se construyó. Sólo cenizas, ruinas. Afuera es intemperie, Mercado Común, Imperios contra Imperios. El viento es polar, desolador.

Triste, solitario y final

Uno se quedó solo y en deseo de intimidad. Es lo único que hay. Cuidémoslo, y a partir de ello construyamos la vida y alguna trascendencia. Trascender es ir más lejos y creer que hay adónde ir, y con quién compartir ese trayecto. Sigue hablando Hélène Béjar:

"La revalorización de la intimidad, del cobijo que supone el universo privado, va de la mano de la libertad moderna. Su conquista es insoslayable".

No obstante agrega luego la autora:

"Pero el ideal moderno de libertad y el individualismo fruto de ella, entrañan, junto con los logros del liberalismo, una visión psicologista de la realidad y una moral emotivista".

Psicologista significa aquello que encuentro en mi psique, en mi deseo, en mi gusto, en mi antojo o capricho; eso que siento que estoy sintiendo. Y eso que interpreto, analizo, explico, indago.

Emotivista indica el mundo construido por las emociones y las tendencias, los impulsos, y las ganas y las ansias, fuera de toda ley, o de todo deber ser.

El final es solitario y triste, en términos de Osvaldo Soriano.

El sobre sellado

Nosotros proponemos otro final. Que la decisión la tomen ustedes. Bastante ya hemos sido manipulados por la globalización y otros globos de promesas vacuas. Con las cosas globalizadas, eso sí, nos va divino. Con la vida como sentido tenemos problemas, porque esperamos que el Mercado Común Europeo o el FMI nos den órdenes, pero ellos callan: este tema no es de su incumbencia.

No nos queda otra opción que pensar por nuestra propia cuenta. Pensar, desde ya, es una apuesta de optimismo, de fe. Creemos que estamos para algo, y que somos algo valioso —pequeñísimo pero valioso— en este cosmos inconmensurable.

Pensemos, también, cómo hacer para rescatar los valores que dan sentido a la vida. Está claro que ese sentido no puede estar en mí, o en ti, sino entre nosotros. En ese entre nosotros crece nuestro crecimiento. Sólo hay que tomar la decisión, les decía. Aprovecho la ocasión para narrarles esta parábola que años atrás leí en un libro de Arthur Koestler:

"El capitán de un barco sale con su nave llevando en el bolsillo un sobre selladocon las órdenes que sólo podrá abrir en alta mar. Espera ansiosamente el momento en que terminarán todas sus dudas, pero cuando por fin llega ese instante y el capitán rasga el sobre, sólo encuentra en su interior un texto invisible que desafía todos los tratamientos químicos.

Una y otra vez se hace visible alguna palabra o alguna figura, que indica un meridiano, pero luego todo vuelve a desvanecerse. El capitán nunca llega a conocer el texto exacto de las órdenes, ni sabe si ha cumplido su misión o si ha fracasado en ella.

Pero el saber que lleva las órdenes en el bolsillo, aun cuando no pueda descifrarlas, le hace pensar y obrar de modo distinto del de un capitán de un crucero de placer o de un barco pirata".

Sólo eso puede ser motivo y eje de la felicidad, nuestra y de nuestros hijos: creer que estamos para algo, que la existencia de cada cual es indispensable para los otros, y para alguien más que nosotros mismos.

Saliendo del mí-mismo, encuentro, de regreso, el mí-mismo.

Y aunque el sobre está sellado, lo llevamos en nuestras entrañas. La confianza debería iluminarnos en el trayecto.

Capítulo seis

La teoría del buen salvaje

La fiesta infantil

¿Se acuerdan ustedes de fiestas infantiles de cuando eran niños? Deberían hacerlo. Para revisar las delicias ficticias que los padres suelen imponer a sus hijos, sobre todo a los indefensos niños, que han de ser libres para todo, menos para ser felices. Ahí los padres suelen ser inflexibles, y sin exceso de preguntas los violentan con sus inventos festivos y los obligan a estar dichosos, muy dichosos.

Pensemos en los payasos. Antiguos bufones, tristes por dentro, alegres por fuera, tan bien captados por el arte de Leoncavallo o de Fellini. Un día la sociedad determinó que los payasos eran para los niños. Y los envasaron, y le pusieron la estampilla de cómicos geniales, y los chicos hubieron de absorberlos, contra la reacción más espontánea que debían reprimir.

Esto lo aprendí en un cuento de la argentina Carmen Gándara. La autora, con profundísima percepción, capta el mundo de los niños manejado industrialmente por los adultos.

El cuento se llama La fiesta infantil.

Un grupo de gente, mayores ellos, charla en reunión, y alguien rememora una escena de su infancia. "Es algo que me sucedió cuando yo era muy niño. ¿Qué edad podía yo tener entonces? ¿Cinco o seis años?"

Recuerda una fiesta de esos tiempos. "Nada es más dramático, más conmovedor; todos los niños están como disfrazados de niños buenos, de niños ricos, de niños felices; están preparados para ser mirados, acariciados, elogiados. A cada uno le han hecho el peinado que más le favorece."

Los niños se encuentran en esa fiesta, en esa ceremonia que los grandes han establecido para ellos, para que sean felices. ¿Y cómo se sienten ellos, los protagonistas?

La visión de la artista, de Carmen Gándara, es aguda, implacable:

"Están como ausentes, azorados, inhibidos, sin saber nada de nada, despojados de la pequeña rutina por la que uno iba siguiendo, confiado, su vida. De golpe, lo han metido en ese circo incomprensible y pavoroso, la sociedad..."

Leyeron bien, y repitan mejor: la sociedad, ese circo incomprensible y pavoroso al cual el niño tiene que someterse para ser feliz. Pero, ¿cuál es la felicidad real del niño?

"La felicidad del niño es la rutina, la repetición; por la pequeña rutina ordenada de su vida él va, cauteloso, instintivo, aprendiendo, descubriendo cómo vivir, cómo acomodarse a en ese extraño lugar, el mundo..."

Y luego viene este párrafo conmovedor:

"¡Ah, qué espectáculo terrible es un niño pequeño! Todo está ya en él, pero está sin estar..., si ríe, no ríe del todo, no sabe que ríe; ríe porque la risa en ese instante le hace abrir la boca y echar la cabeza atrás; ríe sorprendido de estar riendo..., si llora, es en el fondo indiferente a su propio llanto..."

Es esa mezcla de naturaleza constantemente coartada por la cultura, ya que desde que nace empieza el show. *Show*, en inglés, significa mostrar. Debe mostrarse simpático, debe jugar, debe decir palabras, debe reaccionar como se espera, y debe aprender cuál se espera que sea su reacción frente a cada estímulo.

Y ahí aparece el payaso. Hecho para reír, para gozar, para que los niños alcancen su plenitud de infancia.

"En ese instante apareció el payaso. Aunque yo estaba un poco lejos me hizo una impresión tremenda. Era una cosa toda blanca con unos ojos como pozos y una nariz enorme, roja como un farol. Movía los brazos y reía abriendo una boca terrible."

Una nena llora, desconsoladamente. El niño —ese que hoy, hombre mayor, narra la historia— se acerca a ella. La mira, no le habla. Simplemente le tira del pelo. La nena sigue llorando. El chico se la acerca más y le dice:

"—Tu mamá no va a venir. Te vas a quedar sola con el payaso.

Las lágrimas de la niña crecen, desamparadas."

El relator comenta:

"No sólo veo la escena, veo, con una nitidez que me abisma, lo que yo sentía en ese momento: el fuerte sabor del mal, un sabor desconocido, penetrante, una delicia oscura que me llenaba la sangre...".

Y ese sabor le quedó en el paladar de esa noche, de esa fiesta, de sí mismo. El mal.

Padres terribles, niños terribles

Del relato anterior obtuve dos grandes aprendizajes:

a) El mundo que los grandes hacen para los chicos bien puede ser terrorífico, sobre todo cuando ese terror *debe* ser disfrutado y aplaudido. Doblemente terrorífico.

b) El mal existe. No hablo del diablo. Hablo de la condición humana, y sobre todo de niños, jóvenes. Tirar de los pelos para ver llorar, eso sí puede ser un deleite. Es el mal. Hay que saberlo. Ese saber, queridos padres, debe ser enfrentado y conocido. No somos malos, pero de tiempo en tiempo emergen tendencias destructivas ya estudiadas por la Biblia, Homero, Winnicott, Lacan. Es la realidad.

Si quieren —aunque sé que las pálidas están prohibidas, y sólo la sonrisa está autorizada— va otro ejemplo. Esta vez en la pluma de Jean Cocteau que supo escribir dos obras, una llamada *Los padres terribles* y la otra *Los niños terribles*.

En la segunda, el personaje central es un muchacho, Dargelos, que está más allá del bien y del mal y que arrastra detrás de sí a otros compañeros, prendados de él, cuya vida culminará en tragedia. Tenemos ahí la juventud sin padres, sin adultos, librada a sí misma y a sus impulsos manejados por deseos elementales, que Freud clasificaba en dos líneas —pulsiones, las llamaba él—: una la de Eros, que sería la del amor, y otra la de Thanatos, es decir de la destrucción, de la muerte.

Eso es lo que resta del "buen salvaje" que Rousseau imaginaba como un dechado de virtudes angelicales. Los niños, aunque suele pintárselos en forma de ángeles, están lejos de esos cielos benignos. El comentarista de la obra de Cocteau, José Ignacio Velázquez, explica:

"El auténtico conflicto se da entre los mundos de la infancia y de la edad adulta. Ambos quieren imponer sus reglas, sus prerrogativas. En la obra, es la infancia quien resulta conflictiva: en efecto, la norma que debe cumplirse es la progresiva acomodación a los usos y costumbres adultos, la incorporación de los niños al reino de la colectividad, abandonando su deseada marginalidad... El argumento podría ser resumido como el drama de unos niños que se resisten a abandonar los privilegios de su infancia y resultan, en consecuencia, los inadaptados a los que el título —terribles— se refiere".

En busca de sensaciones y nada más

El principio de placer —que suelen los padres actuales confundir con la libertad— consiste en dejarse llevar por eso que uno siente. Eso es disolución de toda continuidad, programa, idea.

Sensaciones. Sentimientos. Cambio perpetuo. Ahora sí, más tarde no, mañana veremos.

El protagonista de la novela *Padres e hijos*, de Turguenev, comenta:

"—Los principios no existen en general... Lo que hay son sensaciones. Todo depende de ellas. Yo, por ejemplo, me atengo a una orientación negativa, en virtud de una sensación. ¡Me resulta agradable negar, mi cerebro esta constituido de esa forma, y basta! ¿Por qué me gusta la química? ¿Por qué te gustan a ti las manzanas? En virtud de la sensación. Todo es lo mismo. Nadie penetrará nunca más hondo...

—Entonces, ¿el honor también es una sensación? —pregunta el amigo.

—¡Ya lo creo!"

* * *

El infantilismo universal

El niño no tiene otro parámetro que sus sensaciones. Vive en función de su gusto, de su paladar, de sus sentidos en estado puro. Los impulsos lo dominan. Cualquier molestia ocasiona un estallido de llanto. Sólo quiere placer. Nada que interfiera. Y que tampoco interfiera papá en sus relaciones con mamá. Eso es un niño.

Crecer es conservar del niño la faz lúdica, juguetona, creativa, y superar la fase impulsiva, regulando el ser a través del deber-ser, el "siento" o "me gusta" por la responsabilidad de ser entre otros, con otros, y frente a sí mismo en calidad de proyecto de vida futura. Así fue siempre.

Siglo XX, cambalache, donde "todo es igual, nada es mejor", sin otro designio que la felicidad. No le queda otra salida. Si todo es igual interpreta que la vida se reduce a hacer "lo que a uno más le gusta". Siglo infantil e infantilista.

De ahí el afán de la piel lisita. Y a partir de ahí también hay como una tendencia a alisar las circunvolaciones del cerebro. Eso, lejos de hacernos niños nos torna imbéciles, con el perdón de la expresión.

El deseo de juventud, que tanto domina en este tiempo, de imitar a la juventud en su vestir, en su cantar, en su andar, y sobre todo en su piel lisa y lozana, ese deseo es infantilista por esencia. Se acompaña, por tanto, muy bien con el deseo de libertad, de sensaciones, de momentaneidad. El argentino, siempre propenso a la poesía, declara:

—¡Hago lo que se me canta!

Lo triste es que ese hacer ni es canto, ni es nada; produce nada, y luego la consecuente angustia que la nada deja en la persona tan libre y tan nada-nadie a la vez.

Dice Isaiah Berlin, filósofo inglés de nuestro tiempo:

"Hemos endiosado la libertad, y hemos olvidado que ese valor está o debe estar al servicio de otros valores, superiores, e inclusive debe sacrificarse ante ellos.

...El yo que busca libertad de acción, determinar su propia vida... se resiste siempre a la disolución, la asimilación, la despersonalización. (...) Es un clamor que pide espacio en que los hombres puedan intentar realizarse plenamente de acuerdo con su naturaleza, sin que se excluyan sus peculiaridades personales, vivir libres de los dictados o correcciones de profesores, amos, intimidadores y dominadores de diversos géneros. Es indudable que el obrar enteramente según las propias apetencias podría destruir no sólo a los propios vecinos sino a uno mismo. La libertad es sólo un valor entre otros, no puede ejercerse sin reglas y límites".

El ideal del retorno a la naturaleza

Ahora bien, ¿cómo es que se olvidó que la libertad "no puede ejercerse sin reglas y límites"? Porque se impuso el ideal ese de, repito, "realizarse plenamente de acuerdo con su naturaleza". ¿Y ese ideal de dónde nos vino?

Es difícil marcar en la historia un punto de inicio para un proceso, pero si hay puntos de explosión.

Todo, en el tema que comentamos, se desató con Jean-Jacques Rousseau (1712-1778). Era ginebrino pero se educó en Francia. Tenía una personalidad muy complicada, racionalista y sentimentalista a la vez. Diseminó hijos por todo el país, pero nunca se molestó en ser padre. Le era más fácil pensar la paternidad que realizarla. Era moderno.

El moderno, en efecto, tiene esa característica: piensa maravillosamente, siente genialmente, pero en materia de hacer y comportarse, se inhibe, se atropella con la realidad, se enmaraña. Rousseau fue genial enseñando a otros a educar, pero ser padre era, para él, una tarea excesivamente baja para su alto espíritu filosófico.

En fin, el hombre vive de contradicciones, sobre todo aquellos que separan la vida de la obra, la conducta del pensamiento, la acción de la palabra que dice qué hay que hacer.

Rousseau no es el primero ni será el último en esta esquizofrenia moral.

Pero en aquellos tiempos que preparaban la revolución francesa el pensamiento de Rousseau, cuyo meollo predicaba el retorno a la naturaleza, y el abandono de la civilización decadente, tuvo gran influencia.

Conmovió a sus lectores escribiendo:

"El hombre salvaje y el hombre civilizado difieren tanto en el fondo de su corazón y en sus inclinaciones, que lo que constituye la suprema felicidad de uno haría caer al otro en la desesperación. El primero respira sólo paz y libertad; sólo desea vivir y verse libre de fatigas. Por su parte el hombre civilizado está siempre en movimiento, sudando, esforzándose y devanándose los sesos para hallar ocupaciones aún más fatigosas. Sigue trajinando hasta su último momento y hasta busca la muerte para ponerse en condiciones de vivir, o renuncia a la vida para adquirir inmortalidad... Hombres a los que la opinión de los demás, más que la propia, hace sentir felices y satisfechos consigo mismos. En realidad el origen de todas estas diferencias está en que el salvaje vive dentro de sí mismo, mientras que el hombre social vive constantemente fuera de sí mismo y sólo sabe vivir según la opinión de los demás, de modo que parece adquirir conciencia de su existencia sólo a través de los juicios ajenos que lo conciernen". (*Discurso sobre el origen de la desigualdad entre los hombres.*)

Era una idea muy atractiva la de regresar a la naturaleza, despojarnos de ropajes de la cultura, de modales falsos y ceremonias inútiles, y recuperarnos en el seno de madre natura que es fuente del placer del sí mismo para sí mismo, y no para lo que los otros digan de uno, origen y raíz de la civilización.

En la sociedad —considera Rousseau— vivimos para los demás, y de lo que los demás opinan de nosotros. Es una vida, pues, ficticia, una especie de teatro continuo ante otros que alternativamente aplauden o silban.

El buen salvaje

Rousseau esboza la imagen del "buen salvaje". El hombre en estado natural, salvaje, sería naturalmente bueno y feliz. Sin competencias, sin show ante los demás, auténtico, en paz y libertad.

Este mensaje sonaba rebelde, maravilloso. Cautivó a las mentes, a los espíritus de la época, y hasta hoy en día hay contingentes de personas que, en materia de educación, sean padres o maestros, son rousseaunianos aun sin saberlo.

La teoría de Rousseau, romántica, idealista, tiene un solo defecto: *Los salvajes no existen*. Incluso si se visitaran tribus primitivas —así llamadas, incorrectamente— con o sin taparrabos, no contaminadas por nuestra civilización, se hallaría que *tienen su propia civilización, su propia cultura, su propia educación, normas, ceremonias y todo eso, aunque diferente, que rige nuestras vidas.*

Donde hubo hombre, en la historia universal, hubo civilización. El término hombre se inicia con la des-naturalización de ese descendiente de simios. La línea que separa al animal del hombre es, precisamente, la cultura, la ceremonia, el rito, el vivir con otros, ante otros, para otros, y depender de ellos, de lo que digan y de las normas que impongan. Otro hombre no hubo ni puede haber. El más arqueológico de los hombres ya dividía las aguas entre prohibido y permitido. El más "salvaje" de ellos se repartía en el amor a los propios y el odio a los ajenos o, como enseña Levy-Strauss, entre "lo crudo y lo cocido".

Lo pre-humano es comer lo que se quiere y cuando se quiere. Lo humano, en toda sociedad conocida, tiene reglas de comida, modos, maneras, reglamentos, como se demuestra en la citada obra de Levy-Strauss.

Imaginamos que el "buen salvaje" ideado por Rousseau repudiaba el incesto. Imaginamos también que Rousseau, como todo el mundo en ese tiempo, pensaba que la repulsión del incesto es natural, instintiva.

Hoy sabemos que no lo es.

El contrato social

Imaginemos que ese "buen salvaje" del que habla Rousseau existió alguna vez. No podríamos retroceder a ese salvajismo, y Rousseau es suficientemente inteligente para captarlo.

¿Cómo viviremos, entonces? ¿Cómo hacemos para recuperar la libertad perdida en las cadenas de la civilización?

"El hombre —comenta Rousseau— ha nacido libre, y sin embargo vive en todas partes entre cadenas. El mismo que se considera amo, no deja por eso de ser menos esclavo que los demás. ¿Cómo se ha operado esta transformación? Lo ignoro... Creo poder resolver esta cuestión. ...El orden social constituye un derecho sagrado que sirve de base a todos los demás. Sin embargo, este derecho no es un derecho natural: esta fundado sobre convenciones."

En consecuencia hay que convenir qué convención nos conviene más. Y ésta es la del contrato social. Contratamos la cesión de nuestra libertad al Estado, y a éste le dictamos nuestras reglas, nuestras leyes, que luego nos devuelven la libertad cedida, ya que son nuestras.

En lenguaje de Rousseau este contrato implica "la enajenación total de cada asociado con todos sus derechos a la comunidad entera, porque primeramente, dándose por completo cada uno de los asociados, la condición es igual para todos..."

La única forma de ser iguales, pues, es contratando con los demás nuestros respectivos límites.

"El hombre pierde su libertad natural y el derecho ilimitado a todo cuanto desea y puede alcanzar, ganando en cambio la libertad civil y la propiedad de lo que posee." *(El Contrato Social)*

Re-lean y re-aprendan: Para ser libre, hay que dejar de ser libre. Un contrato social, que es el ser con los otros —eso es lo social—, nos obliga a ceder parte de la libertad de cada cual, y a partir de eso, cada cual, con el resto que le queda de ser, no de ciudadano, será plenamente libre.

En otros términos, hijos míos: Cuando estén con otros, se portan como la gente. Eso lo dijo el gran rebelde que quería que fuésemos naturales, don Rousseau. Cuando estén solos, consigo mismos, por favor, se les ruega, sean todo lo libres que puedan ser. La libertad que perdieron, que cedieron a la Sociedad y sus representantes, es para protegerlos a ustedes (que nos los maten, que no los pisen, que no los violen, etcétera), y así podrán sobrevivir, y los que sobreviven *también tendrán la gran oportunidad de ser libres.*

Libertad condicionada, en términos de Rousseau. Condicionada por los demás.

En mis términos, ya escritos: libertad es lo que le queda a uno fuera de los condicionamientos.

¿Y por qué está prohibido el incesto?

Hagan ustedes, queridos padres, un ejercicio de libertad, es decir de pensamiento, de cuestionamiento. Cuestionen. Pregunten. Interroguen por todo.

Por ejemplo les ofrezco este tema: ¿Por qué está prohibido el incesto? ¿Qué tiene de malo tener relaciones sexuales (con las debidas precauciones, claro está) con uno de los padres, o con uno de los hermanos?

¿Lo pensaron alguna vez? ¡Se dan cuenta cuán poco libres somos! Ir con la cola al aire, eso no es libertad, es mera frescura. Cuestionar los grandes prejuicios o ideas de todos los tiempos, ¡eso es libertad!

Yo los ayudo, y les doy el tema: el incesto.

Cuestionen. Respondan. No le pregunten a nadie. La mayoría no sabe demasiado de este tema. Todos opinarán cualquier cosa. Contesten ustedes.

Meditación: ¿Por qué está prohibido el incesto? ¿Qué tiene de malo?

Contesta Lévi-Strauss

Para Lévi-Strauss el tema de la prohibición del incesto tiene que ver con algo universal-natural, la relación sexual, y con algo eminentemente cultural, que son las reglas creadas por una sociedad que demarca los límites de lo prohibido y permitido, girando siempre sobre el eje del incesto.

Expliquemos: se entiende por incesto toda relación sexual prohibida por las normas culturales de la sociedad donde uno está.

Al respecto cabe decir que las sociedades difieren entre sí, en sus normas culturales sobre este tema: lo que está permitido en ciertas capas sociales, lo está prohibido en otras; las relaciones que una sociedad admite —entre hermanos, por ejemplo, en el antiguo Egipto— se prohíben en otras.

No obstante hay algo universal, y éste es el tema supremamente instructivo: *El incesto prohibido es universal, es decir que tiene vigencia en todas las sociedades, siendo las diferencias en cuanto a qué relación con quien está prohibida, pero en todas las sociedades, en todas las culturas, en todos los tiempos, la relación sexual estuvo demarcada por reglas: con ésta sí, con ésta no.*

Eso hace del incesto prohibido un tema cultural, es cierto, pero también universal. Por eso, dice Lévi-Strauss, estamos aquí ante un hecho excepcional:

—algo universal por naturaleza (el sexo);

—algo universal por cultura (la regulación del sexo, los límites).

¿Por qué es el sexo lo primero y absolutamente universal que es enmarcado por la cultura dentro de límites?

"De todos los instintos, el sexual es el único que para definirse necesita del estímulo de otro..."

Entre el smoking y el hippie

El romántico, que dio lugar al individualismo de nuestro tiempo y a la autosuficiencia del sí mismo, creía que la pasión, como torrente impetuoso, rompería todos los diques, y creía que eso sería naturaleza en estado puro, inmaculada.

No sabía que aun la contracultura, es otra manera de ser cultura, de ser educación. De limitar y ser limitado, de condicionar y ser condicionado. El hippie vestido de harapos premeditados es tan antinatural como el burgués vestido de smoking.

Pero el romanticismo soñaba con un yo mismo, con un sujeto rousseauniano, un buen salvaje que alcanzaría, rompiendo cáscaras, ataduras, la felicidad de ser al aire libre.

Ernst Fischer, en su libro *La necesidad del arte*, comenta que "el rasgo común a todos los románticos era una creencia en la insaciabilidad del individuo y la aceptación de la 'pasión por sí misma' (Stendhal)..." Keats dijo que en nada creía más que en el "afecto del corazón".

Shelley escribió que "la imaginación es el Dios inmortal hecho carne para la redención de la pasión mortal".

La apología del buen salvaje de Rousseau es la defensa del sentimiento y de la pasión por encima de los límites establecidos por el razonamiento, el frío Logos.

Civilización es razón, utilidad, organización. El romántico quería destruir todo eso porque, decía, lo ahogaba, le impedía vivir, y vivir se hace a través del corazón, de la pasión, del sentimiento, y no de la razón fría y matemática que todo lo pesa, lo evalúa, lo mide. Por eso Géricault, pintor, hablaba de la "fiebre de la exultación que todo lo derrota y aplasta".

El romántico deploraba la realidad física y concreta hecha de negocios, organizaciones, premeditaciones y razonamientos. Quería la liberación total del individuo y de su mundo interior.

Iban a la redención de lo salvaje y lo exótico, hacia lo infinito. En la poesía y en el arte encontraban la mayor expresión del hombre. Odiaban a la ciencia que destruía al arco iris en su maravilla para transformarlo en la ley física de la fragmentación de la luz en un prisma de la gota de agua. Si el mundo de los negocios y convenciones era el día, ellos, los románticos, preferían la noche. De ahí los *Himnos a la noche* del alemán Novalis que preguntaba:

¿Debe volver siempre la mañana?
¿No ha de acabar nunca el poder de las cosas terrenales?
La industria sacrílega consume
el celestial manto de la noche.

Se equivocó la paloma

Buscaban al hombre, a *otro hombre*. No al dominado por la moneda, la planificación de la ciudad, el intercambio de bienes, la Bolsa y la industria y el comercio. Un ser poético, creador imaginaban. Y tenían fe en que todo hombre puede llegar a eso y de ese modo renovar completamente la humanidad en un gran amor universal.

Novalis escribía:

"La comunidad, el pluralismo, es nuestra esencia. La tiranía que nos oprime es nuestra indolencia espiritual. Ampliando y cultivando nuestras actividades dominaremos nuestro destino. Si establecemos una armonía entre nuestra inteligencia y nuestro mundo seremos iguales a Dios".

Balance: esa armonía no surgió. ¿Por qué? Porque exigía mucho esfuerzo. Se abatieron los muros, pero nadie se molestó demasiado en construir nuevos, y sin muros estamos a la intemperie, sin Dios, iguales a nada, a la des-esperanza y a este cuerpo que todo lo que sabe es que quiere ser joven, como Dorian Gray, aunque tan sólo sea en apariencia.

Lisitos y con muchos chiches alrededor, aparatos, controles remotos, teléfonos celulares, Windows 99, diversión, y ese sabor ácido en el paladar al día siguiente de la fiesta, porque estamos solos de nuevo, con muchos chiches y muchos solos.

El punto central de la educación

Hay textos de Rousseau, aunque se equivocó con su romántico "buen salvaje", que merecen ser releídos, en materia de educación. Sobre este tema escribió un libro, el *Emilio*. Se trata de un joven que es criado en el orden de la nueva visión pedagógica, naturalista.

"En el orden natural de las cosas, siendo todos los hombres iguales, la vocación común a todos es llegar a hombres, y todo aquel que esté bien preparado para ello no puede cumplir mal ninguna otra vocación que de ello dependa."

Los hombres nacen iguales, son iguales, y tienen una sola vocación: llegar a ser ellos mismos. Luego, dentro de esa vocación general, hay en cada ser distintas vocaciones, y éstas, si se las deja ser, llegarán a buen puerto y no pueden fracasar.

"El hecho —escribe Rousseau— de que mi alumno esté destinado al ejército, a la Iglesia, o al foro, tiene poca importancia para mí."

Nada de eso que la sociedad civilizada quiere imponerle, una profesión, un destino de trabajo y funciones, merece atención especial, según Rousseau.

"Antes que pensar en seguir la vocación de sus padres, la naturaleza lo elige para ser hombre. Lo que quiero enseñarle es cómo vivir. Al salir de mis manos, no va a ser, lo admito, magistrado, soldado ni sacerdote. Primeramente va a ser un hombre."

Ustedes, digan la verdad, ¿no comparten este ideal? ¿No suena bello? Imagínense diciéndole a su hija:

—No importa qué estudies o en qué trabajes, lo único que importa es que seas plenamente humana, persona.

Yo también deseo eso para mis hijos, lo confieso. Sólo que un día, después de haber leído ese párrafo de Rousseau, que tantos repiten actualmente con variaciones, en forma de "ser uno mismo", "ser y no tener", "realizarse", "persona auténtica", digo que un día me dije:

—Todo eso, ¿qué significa? ¿En qué consiste? ¿Qué hay que hacer para ser?

Y descubrí que... Que siempre hay que hacer algo, estar involucrado en algo. No hay escapatoria. Ser es hacer. No únicamente en el trabajo, pero sí en la totalidad de los días y de las horas.

El ser —me dije entonces y me digo ahora— deriva del estar, y el estar es estar comprometido en actividades, relaciones, trabajos, conexiones. El trabajo, el currículum, el estudio, el esfuerzo han de ser cultivados porque son *medios* indispensables para alcanzar los *fines* que consisten en el estar-bien consigo mismo y con los otros, y en alcanzar ciertas dosis de alegría auténtica, propia, independiente. Como en todo, se trata de plantear a los hijos qué dependencias son las que valen la pena encarar porque resultarían ser los mejores caminos hacia la in-dependencia.

Yo a mis hijos los reuní un día y les dije:

—Muchachos, estudien, trabajen, consoliden un hogar, garanticen una vida sin tribulaciones ni preocupaciones de índole material, tengan hijos, ocúpense de ellos, eduquen, nunca dejen de estudiar, nunca dejen de crecer entre ustedes, con sus parejas, con sus hijos. Y después, eso sí, en los ratos libres, se lo ruego, sean ustedes mismos. ¡No se olviden!

Las capas de la cebolla

J. D. Salinger, en uno de sus *Nueve cuentos*, trata el tema de la educación y de cuál sería la mejor metodología a aplicar para el crecimiento humano.

Teddy, uno de los interlocutores, sostiene:

"—Creo que primero reuniría a todos los niños y les enseñaría a meditar. Trataría de enseñarles a descubrir quiénes son, y no simplemente cómo se llaman y todas esas cosas... Pero antes, todavía, creo que les haría olvidar todo lo que les han dicho sus padres y todos los demás. Quiero decir, aunque los padres les hubieran dicho que un elefante es grande yo les sacaría eso de la cabeza. Un elefante es grande sólo cuando esta al lado de otra cosa, un perro, o una señora, por ejemplo. Ni siquiera les diría que un elefante tiene trompa. Cuando más les mostraría un elefante... Lo mismo haría con la hierba... Ni siquiera les diría que la hierba es verde".

Buen sueño, gran ideal de rebelión contra todo lo dado e impuesto. Pero imposible, y finalmente fracasado en todos los sistemas de educación, en escuelas y particularmente, queridos padres, cuando se lo quiso implantar desde los hogares.

No es real el yo mismo, como no es real que quitando a las cebolla capa tras capa llegaremos al fondo del ser de la cebolla. No hay tal fondo. En el fondo, simplemente desaparece la cebolla. *La cebolla, si se me permite, es todas sus capas.*

De la misma manera el sueño del uno mismo, descascarado de las lacras y capas y pinturas que la civilización nos impone, para volver a lo que se llamó "el buen salvaje", el hombre original, inmaculado, puro, y bueno, como lo soñaba Rousseau, es tarea totalmente absurda. Más vale abandonarla.

El hombre no es bueno ni malo. Es. Nace y se va haciendo. Es todas sus capas. Es su ir al mercado, es su elección de pijama, es su profesión, su mirada hacia los pobres, su envidia de los ricos, su resentimiento hacia los que escalaron posiciones de status. *No es lo que dice que cree que es. Sí es la contradicción esa, entre lo que cree que es y lo que realmente es en cuanto suma de capas-de-cebolla, es decir, de todos los comportamientos o sucesos que lo tienen de sujeto o de objeto.*
Lo van haciendo. Se va haciendo con ese material con que lo van haciendo, tomando, eligiendo, desechando.

La potencia y el acto

"Yo soy yo y mi circunstancia", decía Ortega y Gasset, el filósofo. Venimos al mundo provistos de tendencias, predisposiciones, vocaciones, talentos, inclinaciones. Podemos ser. Pero luego aparece la circunstancia, el medio que nos rodea, los avatares de la existencia, y se produce un cruce de fuerzas entre querer-ser, poder-ser, deber-ser.
Tus hijos son potenciales. Pueden ser. Tu trabajo consiste en dejar que se desplieguen sus potencias, ayudarlas a crecer, a desarrollarse, hasta dar con algunas de ellas que son las más fuertes, y si son favorables, darles ocasión de crecimiento.
Las desfavorables —agresión, hostilidad, falta de voluntad o interés— merecen ser combatidas, controladas, desviadas hacia fines positivos.
Él, el nacido, es materia prima. Viene, insisto, genéticamente armado. El resto es riego o sequedad, lluvia o tempestad. La circunstancia.
Aristóteles distinguía entre potencia y acto. Potencia es lo que puede ser, acto es lo que está siendo. Lo que está siendo, está siendo porque puede ser. Ejemplo: la papa se

cocina en el agua, porque en la papa está la potencia de ser cocida en agua y ablandarse. Si no se da la condición interna de la papa, esa potencia, ese poder ser, no podría jamás ser cocinada.

Ejemplo: la piedra no tiene esa misma potencia de la papa, y por más que la cocines, no se ablanda.

Así tus hijos. Son un hato de potencias. ¿Cómo se sabe qué son en potencia, qué potencialidades guardan? Dando ocasión a que se re-velen. Como las fotos. Hasta que no se revelan no se saben que hay en ellas. ¿Y cómo habrán de revelarse? Procurándoles un medio ambiente propicio para distintas potencias, matemáticas, musicales, literarias, de trabajo, de actividad física, de artes, de oficios, de todo lo que pudiera uno ofrecerles para que se confronten con ellas y sepan qué tienen adentro, qué se les despierta y qué no.

Como decía Comenio, padre de la pedagogía: no hay vocaciones sin ocasiones.

¿Existe el hombre natural?

Nos alejamos del tema inicial: ¿existe el hombre natural, el buen salvaje que decía Rousseau?

No, no existe. Ser es ser en el mundo. Nacer es nacer entre otros. Esos otros, en cualquier situación cultural o época tienen lengua, hábitos, maneras, modos, creencias. No bien nacen tus hijos inmediatamente son envueltos en los pañales de tela y en esos otros pañales, invisibles, de la cultura. No tienen un segundo para ser naturales. En seguida se des-naturalizan y se culturalizan.

Rousseau no podía saber todo esto, que recién comenzó a revelarse en las ciencias antropológicas y etnográficas que se desarrollarán un siglo después de la muerte de Rousseau.

He aquí lo que opina uno de esos científicos, Bronislaw Malinowski, en su obra *Crimen y costumbre en la sociedad salvaje.*

Malinowski nos muestra, a través del estudio de diversas sociedades llamadas primitivas (las no colonizadas por nuestra ciencia y técnica, y nuestro individualismo), que se creía que salvaje era el que hacía lo que quería. Pero resulta ser que esas sociedades, consideradas inferiores, son en verdad *comunidades*, y se distinguen de las nuestras precisamente por su alto grado de adhesión a rituales, costumbres, modos de ser normativos que constituyen el vínculo de la vida comunitaria, la moral.

Sidney Hartland, en *Primitive Law*, citado por Malinowski, escribe:

"El salvaje está muy lejos de ser la criatura libre y despreocupada que nos pinta la imaginación de Rousseau. Por el contrario se halla cercado por las costumbres de su pueblo, encadenado por tradiciones inmemoriales, no sólo en sus relaciones sociales, sino también en su religión, su medicina, su industria, su arte; en pocas palabras, en cada aspecto de su vida".

Ese salvaje —así denominado por nosotros a causa de todo lo que no sabe— *es* civilizado.

Inclusive cuando Sarmiento opuso civilización a barbarie, se refería a cultura de Occidente, de Europa, de Estados Unidos, frente a la in-cultura indígena. Tampoco Sarmiento sabía demasiado de antropología, y Malinowsky y Margaret Mead y otros nacieron mucho después de Sarmiento.

Civilización

El tema a discutir, pues, es a qué llamaremos barbarie y a qué civilización.

Civis es el ciudadano, el que vive con otros en la ciudad, la aldea o el campo. Su ser es co-ser, ser-con. Su razón de ser es la ética, la moral, las costumbres compartidas. Eso le permite defenderse de ser muerto y de ser asesino.

Hay en la civilización elementos de crecimiento y otros de decadencia. Eso es lo que tenemos que distinguir, queridos padres, en la formación de nuestros hijos. Si les transmitimos cáscara —cómo vestirse, cómo acicalarse, cómo sonreír en público...— como fines primordiales de la vida, o si les transmitimos grano, modelos de existencia noble, bella, sensitiva y fruidora. Si los hacemos autómatas de los demás, o los criamos hacia la autonomía y el pensamiento crítico.

Si serán solamente masa, o serán también personas individuales que buscan el bien en sí mismos y no en los dictámenes de la moda. Ese es el tema y ese el problema.

Y a la luz de esta polaridad debemos leer a Rousseau e inspirarnos.

Léase estas consideraciones acerca de la civilización de Ortega y Gasset:

"¡Trámites, normas, cortesía, usos intermediarios, justicia, razón! ¿Quién vino a inventar todo esto, crear tanta complicación?

Se trata con todo ello de hacer posible la ciudad, la comunidad, la convivencia... Civilización es, antes que nada, voluntad de convivencia".

En esa voluntad de convivencia, el "yo soy como soy" debe encuadrarse en el "nosotros somos así y queremos vivir así y de no otra forma"; como consecuencia, es imprescindible adaptarse a la convención social. Eso significa ser civilizado. Es decir, ciudadano, hombre que comparte su ciudad, su territorio, con otra gente.

Las naciones más avanzadas, extrañamente muy rebeldes y revolucionarias en algunos aspectos, conservan, sin embargo, el orden de las costumbres, del respeto por el otro, ese fundamento de la civilización que consiste en no ser como se quiere sino como se debe ser.

Xavier Rubert de Ventós se pregunta: ¿cómo es posible que sean justamente Inglaterra y Japón quienes han llevado más lejos la etiqueta y el formalismo social? Y a continuación contesta:

"Al borde siempre del conflicto, la cortesía y el deporte les ha permitido durante mucho tiempo proteger a la sociedad civil de los hábitos predatorios adquiridos y ejercidos en el mercado libre o en la expansión colonial. Y la alternativa a esta ritualización social o codificación deportiva de la conducta competitiva la conocemos demasiado bien: la alternativa de la buena educación es el eficaz adoctrinamiento, como la alternativa del deporte es la marcha militar".

Nosotros los argentinos, protagonistas eternos de la libertad en tono orgiástico, *de tiempo en tiempo hemos pedido la marcha militar.* Por falta de civilización, por entender que la libertad es "hago lo que quiero". Por eso caíamos y recaímos en gobiernos autocráticos y tiránicos, para que ellos hicieran por y con nosotros lo que nosotros mismos no queríamos hacer: vivir civilizadamente. El remedio era peor que la enfermedad, por cierto. Pero el que, en lugar de educarse en los valores, sólo se deja llevar por sus impulsos individuales desemboca, tarde o temprano, en una selva de aniquilación, en un mundo de todos contra todos.

Sarmiento creía que "barbarie" era falta de cultura. No es la cultura, en cuanto conocimiento o dominio de ciencias y artes, lo que define el nivel de vida de una sociedad, sino *la moral y el grado de responsabilidad de los unos frente a los otros.*

Eso es barbarie, y lo contrario de civilización.

Todo el mundo, queridos padres, se ocupa de nuestros hijos y se pregunta como enfrentarán la creciente era tecnológica y el inquietante siglo XXI. La complejidad será cada vez mayor, y la transitoriedad también. Ustedes y yo queremos hijos felices, y no solamente tuercas de máquinas o chips de circuitos impresos o elementos de robótica.

Ser feliz no depende de las máquinas, depende de lo interior, humano, y de lo exterior, también humano, *el otro, mi prójimo.*

De eso nadie les habla. Ustedes deberían hacerlo.

¿De qué han de ocuparse los padres? De aquello de lo que otros no se ocupan. Así de sencillo.

La ética de los animales

Suena algo degradante pensar que los animales son superiores a nosotros, pero lo son. Por lo menos, lo son en ciertos aspectos donde opera en ellos la naturaleza, es decir, cuando el instinto regula las relaciones. Como tantas otras bondades, el ser humano ha perdido la voluntad de grupo.

Konrad Lorenz, estudioso de las conductas, ha descubierto que en los animales existen eficaces mecanismos innatos de autorregulación o inhibición, a la hora del ataque y la defensa, entre los individuos de la misma grey o manada.

Tomemos uno de los ejemplos que brinda Lorenz. Cuando dos lobos se enfrentan agresivamente, el más débil muestra al más fuerte su cuello, símbolo de sometimiento, pero en el otro se desconecta biológicamente la tendencia natural a morderlo. De otro modo, la manada se autoexterminaría.

Al respecto, comenta el sociólogo Norbert Elias:

"Entre los seres humanos no existen tales mecanismos innatos de autorregulación. Venimos al mundo con instintos salvajes y no limitados. Si nos hiciéramos adultos en el estado de unos niños gritones, no habría sociedad, no habría seres humanos. Debemos habituarnos a los modelos de limitación de los instintos, al control de los instintos".

Limitación de los instintos, control, contención, canalización de las energías destructivas hacia empresas orientadas a la solidaridad. Eso es la ética, un campo de batalla perpetuo. Por tanto no podemos decir de alguien.

—¡Esa es una persona ética!

Todo lo que podemos asegurar es:

—Esa persona hasta el día de hoy se ha comportado éticamente. En sus batallas interiores entre el bien y el mal, ha vencido el bien. Que será en el futuro, no sabemos...

Del arte de hacer la sopa

En el folclore de los pueblos europeos hay una historia que llamaremos *La piedra de hacer la sopa.*

Cuentan de un soldado que volvía de la guerra, y erraba por los caminos, mientras buscaba el rumbo que lo devolviera a su casa.

Pasaba por pueblitos, y en ellos procuraba hallar albergue, y alguna comida. En uno de estos pueblos fue recibido en un hogar cálido pero pobre. Cuando manifestó su hambre le contestaron:

—Es que somos muy pobres, ni siquiera tenemos para nosotros mismos...

—¿Y no tendrán una olla grande? —preguntó el soldado.

La gente de la casa se miró entre sí, como si no captaran el sentido de la pregunta.

—Una olla grande —repitió el soldado ante el silencio generalizado.

—Tener —replicó la abuela— tenemos, pero ¿para qué la quieres?

—Cocinaremos —sonrió el soldado, como si se tratara de algo elemental.

—¿Cocinar? —se admiraron todos.

—Dénme el caldero, y despreocúpense. Yo me encargo —los tranquilizó el soldado.

Trajeron un caldero de grueso y antiguo hierro.

—Ahora —comentó el huésped— llenen el recipiente de agua, que yo tengo conmigo una piedra de hacer sopa.

—¿Una piedra para hacer sopa? ¿Cómo es eso? —Sus anfitriones no cabían en su asombro.

—Ya verán, ya verán... Hagan únicamente lo que les pido.

Llenaron de agua el caldero. Lo pusieron al fuego. El huésped sacó una piedra del bolsillo y la arrojó dentro del caldero. La gente miraba, azorada.

—Esperaremos que hierba —agregó el soldado, y se sentó en el suelo, a descansar.

Esperaron. Minutos más tarde preguntó si era factible conseguir algo de sal. Consiguieron y la dejaron caer en el agua. Después preguntó si por alguna casualidad en algún lado había zanahorias. Había. Trajeron. Cortaron las zanahorias y las introdujeron en la olla aquella. Mientras tanto, y para que el tiempo pasara más rápido, el soldado les contaba aventuras de guerra, proezas, heroísmos, sacrificios. Los tenía encandilados con sus cuentos y se olvidaron de cuán pobres eran.

—Si tuviéramos unas batatas —interrumpió el relato, para ocuparse de la sopa—, no estaría mal.

Aparecieron las batatas, y fueron a enriquecer la sopa. E incluso sucedió más tarde que se encontraron cebollas, que fueron a parar al caldero. Preguntó por repollo, y hubo repollo.

—Revuelvan, revuelvan —dirigía el procedimiento, desde el suelo, el dueño de la piedra mágica.

De pronto se abrió la puerta e ingresó el hijo mayor de la familia. Había salido de caza, y traía, radiante, sobre el brazo izquierdo, varios conejos.

—Justo lo que necesitamos para darle un toque final —dijo el soldado, y en pocos minutos, los cortaron, limpiaron, y destinaron a la sopa.

—¡Qué bien huele!— expresó el cazador.

—Es que el huésped trajo una piedra para hacer sopa —le explicaron.

—¿En serio?

—¡Una sopa maravillosa! —admitieron todos.

—Es una piedra maravillosa —corrigió la abuela.

—Lo es —dijo el soldado—, lo es.

Comieron, disfrutaron, cantaron, y le agradecieron al huésped. Él agradeció la hospitalidad y siguió su camino.

A los pocos metros vio en el suelo una piedra, la levantó, y se la guardó en el bolsillo. Serviría para el futuro pueblo.

La deseada riqueza

Del cuento anterior aprendí que la vida es magia, invento, fantasía. Como la piedra esa. No es más que piedra, pero emite la fe de que se puede hacer sopa, que se debe hacer sopa, y que, por lo tanto, hay que abrir bien los ojos, porque siempre encontrarás algún elemento, y otro más, para hacer sopa.

Vivir no es solamente respirar, es actuar. Con inteligencia, sostenida por la fantasía, fundamentada en un optimismo sustancial de que el esfuerzo, bien administrado, finalmente produce "sopa", alimento. Vigor, fuerza, riqueza.

Yo quisiera para sus hijos, para los míos, lo que quiero para mí mismo: riqueza. Sí, riqueza, pero no la de las cosas, la del dinero —que no viene mal, que es medio, pero no fin. Riqueza de sensibilidad, de experiencias, de posibilidades de disfrute de la existencia. Saber del sabor.

En cierto momento dice Rousseau acerca de los hijos estas palabras estremecedoras:

"Que no mueran sin haber gustado para nada de la vida".
Vivo sin vivir en mí, decía el poeta. Porque espero. Vivir
es des-vivirse. Quiero ir más lejos. Quiero tener más. Queremos escalar más arriba en la escala social, en el status, en
el aprecio de los demás, en las marcas de la competencia y
superación de los otros. Y la vida se nos pasa, como el agua
entre los dedos. Se nos va, y bien se podría llegar al final,
melancólicamente, preguntándose:

—¿En qué consistió mi vida? ¿De qué alcancé a disfrutar?

Y encontrar, detrás de esta pregunta, un vacío nebuloso.

—Tanto me dediqué a vivir, es decir a conquistar, a lan-
zarme afuera con lanzas y escudos para ganar la vida, que
la fui perdiendo en el ínterin y mucho fue lo que tuve, incluso esposa, incluso hijos y nietos, pero no los viví, solamente
los tuve, y todo lo que fue siempre fue una puesta en escena, un teatro para otros que, reales o invisibles, me mira-
ban, me aplaudían, me silbaban...

Saber el sabor

Gustar, saborear. Saber y sabor son estrictamente de la
misma raíz latina, e indican dos vertientes que pueden darse en un mismo acontecimiento. Tomarlo desde afuera, cla-
sificarlo, ordenarlo en la computadora mental, cosificarlo y
dominarlo en su concepto, de modo que siempre que me encuentre frente a ese objeto, imaginemos "eclipse de sol", uno
diga:

—Eso es un eclipse de sol.

Esa sería una modalidad de enfrentar el mundo. Mero
saber. Etiquetas a las cosas, a las vivencias.

La otra, la del sabor, es reaccionar frente al mismo objeto o situación desde la degustación, la sensibilidad subjeti-
va, la novedad irrepetible de ese momento. En ese caso, ese
eclipse de sol lo vivo en plenitud de este presente que lo
vislumbra, que sacude, que estremece. Entonces uno se dirá:

—Lo conozco, es cierto, es un eclipse de sol, y ya lo vi
alguna vez. Pero ahora es *otro*. Este ahora no sucedió nunca, y jamás se repetirá. Yo soy *otro*. La visión *y la degusta-*

ción son otros, incomparables. Vivimos del pasado y con proyección de futuro. En el medio está el presente, es único, irrepetible. El pasado me da el saber, y saber es dominar algo que se repite en su mismidad, el mismo verano, el mismo invierno, el mismo mar, la misma costa, el mismo beso. El futuro es lo que no sé, pero quiero saber. El presente es el sabor. Vivimos, pues, en dos planos. Uno, el de la programación, indispensable y que requiere saber. Otro, el del presente en cuanto acontecimiento imprevisto, único. Sabor. Paladar. Perfume. Sensibilidad de poros abiertos, y vírgenes.

Capítulo siete

Los límites y las limitaciones

De cómo la conquisté a Jaia

Es difícil, queridos padres, enterarse de las delicias de la existencia de tu hijo, de sus sabores, de su particular sistema de sensibilidad. Porque cada ser es universo aparte, y no admite reglas generales, sobre todo en lo que hace a la privacidad, a los sentimientos, a los placeres y a las tristezas.

Eso deberíamos aprender. Eso deberíamos enseñar, para que ellos, cuando crezcan no esperen del otro que sienta lo mismo que ellos, que disfrute del mismo plato, de la misma playa o de la misma ópera.

¿He de olvidar yo cómo conquisté a Jaia? Ella había sido mi alumna en la escuela secundaria en un pueblo de la provincia de Santa Fe, llamado Moisés Ville. Años más tarde hubo de preparar su ingreso a la universidad. Me pidió que le diera clases particulares sobre las materias que me eran afines. Le dije que con mucho gusto. Venía a casa. Ella me gustaba. ¿Cómo hacérselo saber? ¿Cómo atraerla? Un filósofo es bastante torpe para estas cosas, deben saberlo. Además en un pequeño pueblo, si profesor y alumna salen juntos a pasear o a tomar un café se entera el Dalai Lama, y eso mucho antes de que Internet asomara su nariz en el horizonte.

Hice lo que pude: le daba libros de Kafka, y le ponía —mientras charlábamos, de fondo— música de ópera, Wagner sobre todo. Ella aceptaba, sumisamente. El resto no se lo cuento. Cada uno practica la seducción a su mane-

149

ra. Esa era mi manera, sumamente culturosa, literaria, musical, artística. Pero me salió bien, y noviamos, y nos casamos, y aquí estamos.

Después —casados ya— la llevaba al Colón, conciertos, óperas. Y más conciertos, y más óperas. Veinte años más tarde, en pleno aniversario de bodas, se me abrió la cabeza, se me hizo la luz de lo que los psicólogos llaman el *insight*, y descubrí que Jaia... odiaba la ópera.

Usted dirá:

—Pero, hombre, ¡qué...!

No lo crea, amigo mío, no creo que yo sea eso que usted estará murmurando en su interior usando lo más castizo de nuestro vocabulario argentino.

Vaya a saber: ¿cuánta gente puede pasarse una vida, y la del otro mundo también, sin conocer a su esposa, a sus hijos, sin tomar conciencia de cuál es la vera delicia del otro y no la que nosotros le imponemos?

Yo me considero todo un genio en ese punto. Me tomó *nada más* que veinte años, pero lo descubrí.

No programen, queridos padres, la felicidad de los hijos

No hagan, queridos padres, felices a sus hijos. No se puede hacer feliz a nadie. Hay que hacer lo que corresponde por un lado, y dejar que el otro sea feliz por su lado. Aquí no funciona la causa y el efecto. Todo lo que programas para hacer feliz a tu esposa, y te preparas, y premeditas, porque ese es el día de su cumpleaños, te puede salir redondito y dejarla a ella totalmente indiferente. Porque aun si supieras cuáles son *sus propias delicias*, aun entonces no puedes programar el día, la hora, el momento de esa delicia. Imagínese una torta de mousse de chocolate, para ser materialistas y colesterólicos. Y te matás, y vas a buscar en los confines de la Avenida General Paz, porque ahí está la mejor de las delicias de esa especie, y volvés, y abrís el paquete y gritás:

—¡Ta tan ta tan! —tipo héroe de película canchero y victorioso.

Y todo lo que lográs es que te mire con cara de asco o condescendencia porque, pobrecita, justo esa noche está atacada del hígado y no puede siquiera ver el chocolate.

Así transcurren nuestros días, nuestras relaciones. Programando lo imposible de programar, la felicidad ajena.

Donde está el programa —dalo por ley— no hay felicidad. La felicidad es imprevista e imprevisible. Brota como el relámpago en día de sol. Es personal. Es la delicia privada. No hay manera de que uno maneje o determine la felicidad del otro.

No hagan, pues, felices a sus hijos. Déjenlos ser felices. Ofrézcanle, eso sí, circunstancias y ocasiones para que se desarrollen, para que vayan tanteando en la vida hasta encontrarse en ciertos ejes de crecimiento.

Alternancias de las conciencias vitales

Al decir de Antonio Machado:

"Hay dos modos de conciencia:
una es luz, y otra, paciencia.
Una estriba en alumbrar
un poquito el hondo mar;
otra, en hacer penitencia
con caña o red, y esperar
el pez, como pescador.
Dime tú: ¿Cuál es mejor?
Conciencia de visionario
que mira en el hondo acuario
peces vivos, fugitivos,
que no se pueden pescar
¿o esa maldita faena
de ir arrojando a la arena
muertos, los peces del mar?"

Relean estos versos que implican las alternativas de la vida que vivimos. Por un lado la rutina, las obligaciones, los deberes (el pescador). Por otra parte la creatividad, lo imprevisto, la ocurrencia (el visionario de peces fugitivos).

Machado se pregunta cuál es la mejor. Los poetas no cometen errores, pero visto desde la prosa de la existencia no hay una mejor, hay alternancia. No podemos prescindir de hábitos, normas, reglas, repeticiones. Pero sería malo que tus hijos sólo vivieran en eso y de ello se nutrieran.

La vida requiere de paciencia, esperar. Como la del pescador. Y al pez hay que sacarlo, porque hay que comer. Luego podrás iluminar el mar o el estanque simplemente para verlos moverse, y salpicar colores.

Comer, contemplar, son verbos sucesivos. El primero es ineludiblemente primero. Quizá sea maldita la faena. Así lo dijo Dios: "Con el sudor de tu frente comerás el pan", y no fue una bendición. Pero es ineludible. Y deja de ser maldita si uno la convierte en medio de subsistencia, pero deja el fin para otra tarea, la del visionario que sabe saborear la existencia que pasa, como esos peces fugitivos, y la disfruta en su justo pasar.

¿Qué piensan hacer con la nena, adolescente, que no se desprende del teléfono?

Dos años atrás las calles de Buenos Aires, se inundaron de la publicidad de una de nuestras empresas telefónicas. En ella se veía a una jovencita, obviamente adolescente, que con suma comodidad, hablaba por teléfono.

La publicidad —cito de memoria, pero el contenido es de buena memoria— sugería: "¿Para qué se va a pelear con la nena? Mejor cómprese otro teléfono". Y luego le ofrecía al usuario una compra fácil, barata, en cuotas, etcétera.

Yo la considero inmoral, y considero también que quien así actúe en la vida estará muy mal-educando a sus hijos, hacia la irresponsabilidad.

Ni aun si te sobra el dinero en la banca internacional, debes actuar así con tus hijos.

Esta es la gran oportunidad. Si hay un solo teléfono, conviene que la jovencita se reprima si hay otros en casa. Y si se le dice: "Por favor, Manuelita, nosotros también necesitamos hablar por teléfono", que se reprima, que respete, que sepa de la presencia del otro, y que aprenda a compartir ese aparato, una casa, un espacio. Su futuro depende de ello.

Los padres permisivos temen provocar un trauma a sus hijos, y tienen pánico de decirles:

—¡Nosotros, también existimos, nena!

Probablemente, si no tienen dinero, se vayan a la calle a hablar en un teléfono público para no molestar al vástago, pobre.

Los padres tienen *miedo a los hijos*, miedo a ser reprochados, miedo a que vayan algún día al psicoanalista y hablen mal de ellos que les arrancaban (así dirán) el teléfono, y les impedían la comunicación con amigos, y por eso hubieron de sufrir en la vida.

Siga usted hilando la historia virtual de la nena en el diván virtual y obtendrá este u otro resultado parecido:

—Y es por eso que cuando nos casamos a la semana nos separamos, porque discutimos, porque no me gusta que ronque, y se me fue la mano y le tiré el teléfono...

—¿Y por qué un teléfono? —podría preguntar el analista.

Y ella explicaría:

—Porque mis padres, cuando yo era adolescente, no me dejaban hablar, y un día apareció una publicidad y compraron otro teléfono, pero yo sentí que... no sé, que yo sobraba, que si no les molestaba era porque no me registraban...

—¿Por qué? —suena detrás la voz grave, buceando en algún inconsciente, el particular o el colectivo.

—Porque no les importaba, ¿se da cuenta? —dirá ella, irritada, iracunda.

—No, no me doy cuenta —dirá el facultativo—. Tal vez les importabas demasiado...

—Tal vez, pero yo sentí que... Y bueno, que una vez Richard, mi último novio, dijo que se iba a hablar por teléfono, y le dije hablá aquí, en casa, y me dijo no porque aquí hay muchos aparatos y todos pueden escuchar lo que hablo, y yo le dije pero te doy el celular, porque imagínese que ya lo teníamos, aunque era yo la que más lo usaba, porque debe ser un símbolo fálico, ¿no?

—No sé, puede ser —replicará pausada y meditativa, la voz.

—Bueno, lo que pasa es que Richard dijo que el celular tampoco porque ahora pinchan los teléfonos de todo el mundo, y lo van a involucrar en el affaire de algún juez, de alguna casa de masajes, y que no quería ir preso, y que según las películas de secuestros solamente en el teléfono público se puede hablar tranquilo, y yo bueno, calcule usted, me puse a pensar a quién tiene que hablarle éste que tiene tanto miedo que otros escuchen y yo después de todo soy la novia, y si después de tantas noches y madrugadas pasadas juntos no me tiene confianza, entonces, no sé...

(Silencio de varios minutos.)

—A mí me parece —reanuda la nena del futuro su interrupto discurso— que mis padres son los culpables porque el asunto ese del teléfono me arruinó la vida, me peleé con Richard y cada vez que salgo con alguien y necesita hablar por teléfono me da un ataque de nervios. Debe ser neurosis obsesiva, ¿no?

—Y no sé, ¿a usted que le parece? —medita profundamente el analista, mientras volutas de humo redondas y densas de pipa importada y tabaco cubano, crecen sobre su intensa frase.

La lección del zapatero

El sol se ponía detrás de bosques legendarios. El Maestro caminaba lentamente hacia su casa. El zapatero estaba sentado junto a su ventana. Frente al zapatero ardía una pequeña vela. El zapatero estaba encorvado sobre sus zapatos y tenía los ojos completamente absortos en la labor remendadora. Se acercó su mujer y le dijo que abandonara el trabajo pues ya había oscurecido.

El zapatero levantó la vista y la suspendió de la trémula llama de la vela y respondió:

"Mientras arde la vela hay tiempo para remendar".

El Maestro, que por ahí pasaba, vio la escena y escuchó el breve diálogo. La verdad lo había deslumbrado. Cambió de rumbo, y volvió a la casa de estudios, y transmitió la nueva gran verdad a sus discípulos. Les dijo, textuales palabras:

"Mientras arde la vela hay tiempo para remendar". Y ellos comprendieron. Y también ellos se estremecieron ante tamaña y sencilla verdad.

¿A usted qué le parece? Si hubiera algo que "remendar", que corregir, ¿qué sería?

Límites

Educar es enseñar a limitar las tendencias devoradoras del ego. Dice Rousseau en su libro *Emilio*:

"La única lección de moral adecuada a la niñez y la más importante de cualquier edad, es no hacer nunca daño a nadie. Hasta el principio de hacer el bien, si no está subordinado a éste, resulta peligroso, falso, contradictorio. Pues, ¿quién no hace el bien? Aun el más perverso que hace feliz a uno a costa de un centenar de infortunios; y de aquí surgen todas nuestras calamidades".

Esta definición me parece una excelente guía para los padres cuando se preguntan: ¿Dónde ponerles límites? ¿Cuándo ponerles límites? ¿En qué consiste la educación moral? ¿Cuál es el bien? ¿Dónde está el mal?

Insisto en esa definición de Rousseau que, a su vez, se inspira en la sabiduría clásica: primero, no hagas daño, no causes dolor al otro, y luego seguiremos filosofando acerca del bien. Sea lo que fuere, al menos en esta pragmática de ser padres todos los días, tanto el bien como el mal no son conceptos abstractos, sino que uno es el que le produce al otro una situación favorable, y el otro es el que le produce un efecto dañino o de crueldad.

Hágame el bien a mí, si no es mucho pedir. Eso de "haz el bien sin mirar a quién" es una frase sublime, pero en la experiencia concreta de estas superficies más vale mirar al otro. Y no le impongas corbatas que según él (por supuesto que bien sabemos que es un neurótico *full time*) no le quedan bien. Es obvio que somos nosotros los que tenemos razón, y jamás el otro. Pero si se la hemos de regalar a él, al otro, *¿qué tal si lo tomamos un poco en consideración?*

Sé que el ejemplo de la corbata, para lectores exigentes es demasiado banal. Pero les cuento un secreto de mucha vida vivida: En las cosas banales se determinan grandes principios, enormes valores. Un gesto construye mundos o destruye universos.

En términos de Spinoza, el bien es lo que promueve el crecimiento, el desarrollo de la persona; el mal es lo que la deteriora, la detiene, la hunde.

Ideas claras y concretas

El ideario pedagógico de Rousseau, que bien podría servirnos de guía en estos tiempos de perplejidad y desorientación, dice:

"El alma de mi sistema es no enseñar al niño muchas cosas, y permitir que sólo ideas claras y correctas entren en su mente. No me importa que no sepa nada, con tal que no esté equivocado".

¿Y cómo puede lograrse este efecto, el de criar hijos no-equivocados? ¿Cómo puede controlarse que únicamente las ideas claras y distintas, como quería Descartes, pueblen sus almas, y no las confusiones y los errores? Es muy sencillo:

"Para protegerlo de los errores que podría aprender, yo pueblo su mente sólo con verdades".

Verdades y no repeticiones de opiniones —actualizando a Rousseau— de lo que dijo el comentarista de la radio, repetido a su vez por su colega de la tele, comentado por su émulo del diario, condimentado por la gente de la calle. La opinión que se disfraza de verdad (con el mito de que la expresión es libre, que confunde libre con verdadera), se torna dogmática, y es el mayor enemigo de la verdad. Y lo peor es que somos propensos a dejarnos llevar por ese universo de opiniones, porque son fácilmente digeribles, porque no necesitan mostración ni demostración, vale con que se digan y repitan cien veces. En cambio la razón, el entendimiento, lo que conduce a la verdad es todo un trabajo, y cuesta absorberlos.

Dice Rousseau:"La razón y el discernimiento penetran

lentamente; los prejuicios se precipitan en masa, y hay que defenderlos de estos últimos". ¡Qué trabajo!

Imagínense ustedes, sentados a la mesa, cada vez que alguien enuncia un gran principio, que no es más que la repetición de una opinión oída horas atrás en el subterráneo, detenerlo y preguntarle:

—¿Y vos en qué fundamentás eso que estás diciendo?

Y el otro que te mira perplejo y te responde:

—¿Cómo en qué lo fundamento? ¿Acaso hay que fundamentarlo ahora? ¿No es obvio?

—No, no es obvio. Todo necesita ser explicado, fundamentado, razonado.

Sí, sé que un diálogo así podría amargar un almuerzo, una cena, un viaje a Baradero. Lo sé. Pero alguna que otra vez deberíamos practicarlo. Deportivamente. Para desarrollar los músculos de la cabeza, los de adentro.

La democracia, una forma de vida

Imagínense a John Dewey, uno de los grandes del siglo, escribiendo acerca de eso que está tan de moda entre nosotros y que hace que todos tengan razón al mismo tiempo, y sobre todo los jóvenes, y por encima de todos, los alumnos:

"Igualmente fatal para un fin es permitir una acción caprichosa o discontinua, en nombre de la expresión personal espontánea. Un fin implica una actividad ordenada, en la cual el orden consiste en el progresivo cumplimiento de un proceso". (*Democracia y educación*)

Esa "espontaneidad" tan elogiada en nuestro siglo, queridos padres, no sirve de gran cosa; más bien autoriza que cada cual se desate en expresiones de subjetividad y egoísmo. Ni hacer ni decir lo que quieras, conduce a ningún lado. El tema que se plantea es el del fin. Tanto en clase como en casa, entre nosotros, entre ese nosotros que constituye la vida. Si queremos comunicación necesitamos de un ordenamiento, de una racionalidad, de un camino de verdad en el que podamos confluir todos.

Y Dewey nos sigue explicando algo que no queremos aprender, el sentido y el ser de la democracia:

"La democracia es algo más que una forma de gobierno. Es en primer lugar, una forma de vida asociada, de experiencia comunicada y conjunta".

Cómo hacer para no conseguir novio

Separar opiniones de verdades es uno de los grandes aprendizajes que deberías procurar para tu hijo. Para ello siempre conviene ejercitarse consigo mismo, con los otros, la pareja entre sí. No hará, quizá, feliz a nadie, en principio. Pero sí puede, en el futuro, ayudar a quitarle impedimentos para ser feliz.

Por ejemplo, cuando la nena —minifalda, tacos altos, cigarrillo, tatuaje— se encuentre con el galancito de turno —melena desparramada, arito en extremo derecho de labio inferior, jeans con inscripciones de birome, borcueguíes del desierto— y él le diga:

—¿Sabés lo que pasa con las mujeres? Lo que pasa con las mujeres es que son todas iguales...

Y entonces la chica, toda socrática ella, reposada, epistemólogica, le responda:

—¿Iguales en qué?

A continuación el zaparrastroso posmoderno la mira, admirado, azorado y le dice:

—¿Cómo que en qué? Iguales, che, iguales... son todas iguales. ¿Qué, no entendés?

—No, no entiendo —sugiere la chica, cartesiana ella, gélida, con mirada digital—. Porque fijate que para la igualdad necesitás una factor que sea el que es participado por todas las mujeres, ¿agarrás?

Él se quedará helado. Se agarrará el bolsillo del pantalón e intentará fugarse en el cósmico espacio. Finalmente encontrará una excusa y se esfumará.

No es el mejor método para conseguir novio, pero es bueno para quitarse, hijas mías, algún pesado de encima, de estos que confunden el decir frases con pensar.

* * *

Enseñar a pensar

Enseñar a pensar. El mundo está de acuerdo en que ésa es la función de la escuela moderna. Pero entre el estar de acuerdo, el decir, el realizar, y luego el juzgar los frutos hay enormes abismos de distancia.

Enseñar, la verdad sea dicha, *se enseña a repetir*.

Antes repetían que Dios creó el mundo. Luego se ensayó la repetición de que todo empezó con el Big Bang. Si usted no estudió a fondo el tema del Big Bang, cosa que por cierto lleva largos años, y se limita a decir que todo empezó con el Big Bang, usted repite, no piensa ni emite ninguna idea científica. Sin ofender, claro está. La mayor parte de nuestro saber es repetición de cosas que otros estudiaron y que las damos por verdades.

Los vanguardistas de este fin de siglo consideran que nuestros hijos merecen una educación científica, actualizada. Antes repetían Newton, y ahora —parece ser la tesis— deberían repetir Einstein. Eso de científico no tiene nada.

No hay que confundir conocimientos que funcionan como reflejo condicionado, y que forman la cultura del individuo, con pensamiento que es reflexión sobre el saber y movimiento perpetuo de la mente propia.

A mí me enseñaron a repetir evolución, especies, Darwin, progreso, hidrógeno dos oxígeno. También me enseñaron la historia nacional y su punto de partida, nuestra lucha con los realistas.

Vengan que les cuento mis penurias terribles cuando estudiábamos historia. Acerquen el oído.

Mis mayores enemigos, los realistas

¡Ay, esos realistas! ¿No tenían adónde ir que vinieron a la Argentina? A mí me amargaron la vida, les cuento. No me quejo de mi infancia, y ensayé muchas veces hablar mal de mis padres, sobre todo de mamá que me despertaba en vacaciones a las ocho de la mañana con el argumento de que el hombre no nació para dormir sino para hacer algo; no logré, insisto, sumarme a la corriente del siglo y hablar mal de ellos.

Tampoco me quejo de la escuela de antes, les digo la verdad. Pero cuando llegábamos a la materia historia, yo sufría el infierno del Dante. Me perseguían. Sobre todo porque miraba a mi alrededor y todos los otros chicos, tranquilos, no manifestaban problemas. Yo bajaba la cabeza y rezaba —en hebreo, porque tiene más efecto— a Dios para que el maestro me ignorara. Dios a veces se ausentaba y el maestro me miraba y me preguntaba. Entonces me sentía el rey de los brutos porque no pegaba una. El peor de todos los períodos fue el de la emancipación e independencia argentinas y la lucha contra los realistas. Eso me horadaba la cabeza y los intestinos.

Nunca me olvidaré de los realistas. Me quitaron el sueño durante años. Yo repetía: los realistas. Yo respondía: los realistas. Es que mi cerebrito venía marchando —como los santos de Louis Amstrong— por la senda de la lógica, de la semántica, del significado de las palabras.

En mis humildes sinapsis, derivaba el vocablo de la palabra "real", y por tanto no entendía qué de malo tenían esos realistas. Al contrario, los aplaudía, porque mejor conocer la realidad que desconocerla. Nadie me explicó jamás por qué si eran realistas eran nuestros enemigos.

Sacaba notas pasables, pero me mataba en casa estudiando de memoria, y vivía aterrorizado. ¿Y —me preguntaba— si en alguna fiestita o cumpleaños alguien me habla de los realistas, qué hago? Me moriría de vergüenza.

Me despertaba a medianoche y gritaba:

—¡Los realistas!

Mamá venía, me calmaba, y le contaba a papá que yo estudiaba historia incluso cuando dormía, tan alto concepto tenían de mí.

Al año siguiente gritaba como un descosido:

—¡Barranca Yaco, Barranca Yaco!

Después aprendí a repetir que Rosas era una peste. Me tragué *Amalia*. Más tarde tuve que aprender que era un gran tipo, el Rosas ese. Un desastre.

Por las circunvolaciones limitadas de mi cerebro corrían uno detrás de otro Lavalle, Dorrego, Rosas, El Tigre de los Llanos, y a un costado Urquiza, y delante de todos el caballero ese Barranca Yaco. Me daba vergüenza preguntar por

Facundo, porque no alcanzaba a discernir si era buena o mala gente. Sabía que estaba emparentado con Sarmiento, pero no captaba bien su relación con la educación.

No obstante, los realistas les ganaron a todos. Y en todo caso empataron con las clases de geografía —piensen en mi humilde persona, porteño, naturaleza circundante de puro cemento—, en las que había que señalar dónde nacían los ríos y qué calado de nave podía recorrerlos, y la fitogeografía, que es una belleza de tiempo completo.

Los puntos débiles

Les cuento esto porque es importante que los padres sepan los sufrimientos ocultos de los hijos, porque nadie está dotado —bien lo dijo Lévi-Strauss, no el de los pantalones, sino el etnógrafo francés, Claude— para todas las materias del colegio. Cada uno tiene sus puntos fuertes, y sus puntos débiles. Los fuertes, déjenlos desarrollarse y procuren estimularlos. Los débiles, esos deben ser conocidos, y ahí debemos ayudar, apuntalar, estar presentes.

Educar en límites es una cosa. Conocer las limitaciones propias y las de los hijos, es otra ciencia. Ambos elementos de nuestras vidas, los límites que nos vienen de afuera y las limitaciones que nos vienen de dentro merecen ser debidamente considerados.

Para crecer mejor. Para renunciar mejor. Para vivir mejor.

Se necesita padres reales, no actores

Gilbert Highet, en su libro *El arte de enseñar*, considera: "Los niños rechazan a sus mayores porque estos tienen mentes rígidas. Pero los rechazan aún más por ser falsos. Los jóvenes y los niños son sencillos, de una sola pieza, rectos, casi dolorosamente crédulos. Un niño o una niña hipócrita es poco frecuente y casi siempre un monstruo o un deficiente mental. Ellos saben que los adultos son inteligentes y que tienen el poder en sus manos. Lo que no pueden tolerar es que además los engañen... Por eso tolerarán que un padre o un profesor sea enérgico o violento y a veces aprenderán mucho de él, pero odian o desprecian a un hipócrita.

Los jóvenes no exigen omnisciencia, saben que es inalcanzable, pero sí exigen sinceridad".

Este párrafo es sumamente trascendente en la actualidad, puesto que el siglo que protagonizamos ha colocado el show en los escenarios de los teatros, en las pasarelas, y *también en el hogar.*

El show de la simpatía, para que los nenes sean felices, debería cesar. Eso de actuar delante de los hijos, de forzarnos a ser como no somos, y a no ser como somos, eso es engañarlos.

Ellos saben que los engañamos. Cuando somos permisivos, y les damos palmaditas en el hombro, y cuando les decimos no importa la nota que sacaste, y cuando nos volvemos todos psicólogos y los "comprendemos" estamos falseando sentimientos y creencias para conquistarlos con nuestra benevolencia.

Y ellos, nuestros hijos, repito con Highet, lo saben, y no les gusta para nada toda esta teatralidad, esta *mise en scène* de la bondad prefabricada y de la ternura a botones.

Nos necesitan, sí, pero enteros, en lo que somos y como somos, aun cuando eso no sea siempre simpático y aun a riesgo de perder su simpatía. Más vale padres reales que figuras de cartón que imitan una escenografía de estrellitas y soles sonrientes.

Capítulo ocho

Cómo ser persona
en una sociedad de masas

La diferencia entre ser inteligente y estar inteligente

—¿Por qué no nos enseña a pensar? —me dijeron los padres de un colegio a quienes les hablaba de este tema, del pensar como la carencia mayor de la sociedad de masas que conformamos.

—No, no se puede enseñar a pensar —repliqué—, pero lo que se puede hacer es estimular el pensamiento, dejarlo fluir. Cuando tu hijo, tu alumno de pronto se sale del libreto establecido y expresa alguna idea propia o una fantasía, ahí es donde hay que estar alerta para prestarle atención y motivarlo.

La sociedad, y la escuela, a menudo, lejos de motivar eso que es la diferencia, la reprime, la anula. Y después dicen que hay que enseñar a pensar... No, no hay que enseñar, hay que dejar pensar, provocar el pensamiento, aceptar al que pronuncia ideas extrañas a las establecidas en los manuales.

Hay que educar para pensar, que es educar para no repetir por más que todos digan lo mismo. Si todos dicen algo atinado es bueno, y si no es verdadero, hay que atreverse a decir que es falso.

Para pensar, queridos amigos, hay que tener atrevimiento. Cerebro, capacidad, eso lo tenemos todos. *Pero atreverse a ir contra la corriente, que eso es pensar, es un esfuerzo y un riesgo.* Es estar inteligente.

Distingo entre *ser inteligente* y *estar inteligente*. Ser, somos todos. Igual que para correr, disponemos todos de piernas. Pero *estar* es eso que se hace con el ser, la aplicación. Y, francamente, la inteligencia se usa muy poco. La memoria suele ocupar su lugar y cuando surge una incertidumbre o problema solemos responder con reacciones prefabricadas, reflejos condicionados, repeticiones de manual de instrucciones.

Y así es como se nos va la vida, lo nuevo e irrepetible de la vida, cuando es encarado con lo viejo y repetible de las ideas o conocimientos programados.

Yo digo que vale la pena, y que la felicidad consiste en tener una idea propia, un sentimiento propio, y eso es pensar. Hay que atreverse a pensar. Hay que atreverse a dejar pensar. No se pregunten si los hijos son inteligentes. Más bien plantéense:

—¿Usan nuestros hijos la inteligencia?

Eso los llevará irremediablemente a otra pregunta, que quizá no se formule en palabras, sino tan sólo en un cambio de miradas, algo melancólicas, entre usted y su esposa o esposo, y que solamente quiere decir:

—¿Y nosotros?

Un día salí de compras y terminé pensando

Hay que pensar, sí, y todos los días, en todo momento. Porque el cambio es perpetuo. Venimos de un mundo, de un sistema de valores, y de pronto estamos en otro. Antes estos eran varones, los otros mujeres. Hoy... en fin. Me desvié. Quise decir que cuantos más cambios se afrontan, tanto mayor pensamiento hay que ejercer, porque chocan los mundos, el de antes y el de ahora, y uno tiene que optar.

Les cuento: Entré a comprarme unos pares de medias. No es lo que más me gusta hacer, pero en fin, no sólo de libros vive el hombre. Y Jaia alegó que ese tema era muy personal, y que debía encararlo personalmente. Se rebeló, en fin.

De modo que cerré la versión trilingüe de la *Metafísica* de Aristóteles (griego, latín, castellano) y me dije:

—Compro, luego existo.

Entré al negocio, en plena calle Rivadavia al 5100. Me atendió una chica de esas que fluctúan entre los 20 y los 30, flaquísima, y mientras se quitaba el esmalte de las uñas me preguntó:

—¿En qué te puedo ser útil?

Yo me quedé, se imaginan ustedes, petrificado. Primero pensé que me conocía, de alguna conferencia tal vez. O habrá leído mi libro *Sabiduría de la vida*, imaginé. La miré bien. Consideré que no tenía cara de lectora asidua. Pero luego me dije:

—Ni siquiera me miró, no me vio, en consecuencia no es que me conoce...

El otro yo, uno de tantos que habitan en mí, dijo:

—¿Entonces ¿cómo es que te tuteó?

—Bueno, no hay que ponerse así —dijo el yo más joven de todos mis yoes, el que está en la movida, el que me recrimina porque no hago pesas, porque no corro en Palermo, porque no asisto a los boliches y sobre todo, porque no me visto como la gente.

—No hay que ponerse así —arguyó—, es que hoy todos nos tuteamos.

Tiene razón. Todos nos tuteamos. Yo le dije a la chica, procurando darle a mi expresión un tono que fluctuaba entre Piazzola y Pugliese:

—¿Sabés qué? Lo que necesito es unas medias...

Ella miró a la otra pared, reflexionó unos instantes, después echó una mirada de experta a mi triste figura, se acordó seguramente de su padre, el represor, se fue y volvió trayendo la variedad que tenía. Grises, negras, beige oscuro.

—Elegí —me dijo, o me ordenó, no sé...

Envalentonado le dije:

—No, che, estas son para viejos, a mí dame, ya sabés, bueno...

Me miró algo asombrada. Después me evaluó:

—¿Vos querés de colores? —preguntó sin salir de su asombro—. No tenemos de tu medida; volvé la semana que viene...

Salí. Estaba en crisis. Tuve que pensar.

* * *

Yo también quiero ser joven

Iba por la calle, resentido porque no había medias para mi medida, y lo consideré una injusta ofensa, y de pronto se echó a llover. No obstante, para mí salió el sol. La chica me tuteaba. Entonces yo era joven. Me consideraba un colega. ¡Era joven! ¡Genial! ¡Estaba recopado! ¡Si en ese momento hubiera un recital en River de algún conjunto rockero, compraba entrada e iba!

En tren de regresar a casa, decidí prolongar el gozo de la juventud eterna. Ingresé en otro negocio y le dije a la vendedora, que seguramente era prima hermana de la vendedora anterior:

—Hola, jeans, che —así, desaprensivamente, livianito y rápido.

Levantó la vista, como midiéndome, algo asombrada por mi actitud canyengue. Pasó el chicle de un carrillo al otro, hizo un globito, reventó el globito y preguntó:

—¿Ajustados?

—Seguro... —respondí con tono prescindente y rockero, tipo heavy.

Me los llevé. Y por suerte llovía y volví a cantar y a bailar bajo la lluvia.

¿Qué más me faltaba? Me compré una gorrita, de esas que vienen con la visera para la nuca, la última moda.

He de comentarles que los jeans son demasiado ajustados. No obstante suelo usarlos ocasionalmente, a pesar de los riesgos, porque me gusta provocar envidia. La de ser joven. Con el calzado deportivo que me regalaron para el cumpleaños practico todos los domingos, en el parque Rivadavia. Me cuestan, me cuestan. Pero llegaré a dominar a esos trasatlánticos. Y el día que pueda lucirlos en sociedad con los jeans aquellos seré un adolescente hecho y derecho, como tantos padres amigos.

Ser o no ser, que decía Hamlet, en nuestros tiempos se traduce:

—Sos joven o no sos.

Pienso, para ver si existo.

* * *

El siglo joven

Joven. Juventud divino tesoro. Siglo de los jóvenes. De cualquier edad, pero joven. Los Rolling Stones se están cayendo a pedazos, pero son jovenzuelos. Yo también quiero ser anoréxico, y no lo logro. Por eso pienso, por eso escribo, para olvidarme de mi cuerpo y de que soy cuerpo. Pero la televisión no me da reposo. Veo Bergman, pero en el medio me venden toda suerte de aparatos para hacer gimnasia. Siento que se dirigen a mí, personalmente, que me acosan, que me acusan, y me siento culpable. Abandono Bergman. Busquemos ópera, me digo, para huir de tanto mundanal ruido. ¿Y qué descubro? Se terminaron las sopranos gordas. Ahora son todas flacas, esbeltas, gimnastas. No sé dónde refugiarme. Voy a los libros. Ahí encuentro a Octavio Paz, que dice:

"En la segunda mitad del siglo XX la única internacional activa es la de los jóvenes. Es una internacional sin programa y sin dirigentes. Es fluida, amorfa, y universal. La rebelión juvenil y la emancipación de la mujer son quizá las dos grandes transformaciones de nuestra época. ...Rimbaud decía que deberíamos reinventar el amor..."

En otro lugar de su libro *Corriente alterna*, considera Octavio Paz:

"Aunque todas las épocas han conocido la querella de las generaciones ninguna la había experimentado con la violencia de la nuestra. El muro que separaba a un capitalista de un comunista, a un cristiano de un ateo, ahora se interpone entre un hombre de cincuenta años y otro de veinte. Al nivelar o dulcificar las diferencias sociales, la sociedad industrial ha exasperado las diferencias biológicas... Los jóvenes ni odian ni desean; aspiran a la indiferencia. Está bien, es el valor supremo, el nirvana regresa.

...En la época de la electrónica, los muchachos escogen el silencio como la forma más alta de expresión...

...La expresión de nuestra época es el fragmento... el acto espontáneo y aislado, el happening...

La nueva rebeldía exalta, como el budismo, al hombre errante, al desarraigado..."

Ese es el hombre que sufre. El hombre sumido en la indiferencia. La diferencia la diseñan el esfuerzo, los valores, los fines, los ideales.

Vivir para nada termina siendo vivir en la nada. Fragmentos de vida, dice Paz. Hoy, ahora. Quiero. No tengo ganas. Momentos sueltos. Happening. Eso que se nos ocurre, que nos ocurre. El hombre que no va a ningún lado, pero camina, porque tampoco quiere jugarse, comprometerse, con algún lado. Sin raíces, eso significa desarraigado. El viento lo lleva. Cree que eso es libertad. Es nada, y sufrimiento.

¿Por qué están tristes los jóvenes?

Los jóvenes, aunque no lo crean, queridos padres, están tristes. Por eso reclaman diversión, histeria, alcohol y hasta drogas. Para estimularse, exaltarse. Pero están tristes. Alguien les quitó el alma y los engañó, sugiriéndoles que se dejen llevar por el cuerpo y sus reacciones, sus reclamos, sus necesidades.

Y nos fue mal. El endiosamiento de la juventud terminó siendo una negación de la juventud, porque la esencia del joven es el sueño, la fantasía de un futuro, de un amor, de una cúspide, de un ideal.

¿Cuándo decidiremos devolverles eso que les fue quitado, el alma?

Defensa del alma

Esta es la historia que cuenta J. D. Salinger. Relata el autor cómo dos hermanos mayorcitos, uno de ellos Seymour, dormían en una pieza, y al lado en otra habitación estaba la hermanita de diez meses que lloriqueaba, incapaz de conciliar el sueño. ¿Qué se hace con un bebé de diez meses que no duerme?

Hay diversas recetas al respecto practicadas por las amas de casa. Los muchachos apelan a ellas. Primero le dan el biberón, como corresponde. Pero Seymour afirma que la solución no fue eficaz, y que la nena, al parecer, no tenía hambre. ¿Qué hacer, pues?

"Avanzó (Seymour, de diecisiete años) en la oscuridad hasta los anaqueles y proyectó la luz balanceándola lentamente hacia atrás y hacia adelante. Me senté (dice el hermano, el narrador, entonces de quince años) en la cama.

—¿Qué vas a hacer? —pregunté.

—Creo que voy a leerle algo —contestó Seymour, y tomó un libro.

—Pero, por favor, si tiene diez meses —dije.

—Ya lo sé —respondió Seymour—. Tienen orejas. Oyen."

Esta frase final me encandiló en la lectura: "Tienen orejas. Oyen".

Claro, que nosotros, al igual que el hermano menor, el narrador, nos espeluznamos o estamos dispuestos a esbozar una sonrisa ante tamaño quijotismo: ponerse a leerle cuentos a un bebé de diez meses. Absurdo, se diría.

La norma general dice que los niños a esa edad no entienden cuentos. Sin embargo, según nuestro relato, oyen. Esta apreciación tiene un sabor de profundidad. ¿Qué sentido tiene que Seymour le lea a su hermanita de diez meses complicadas historias? Que oiga. Que se le empapen los oídos. Que desde temprano le vaya penetrando en el alma la gota de la palabra fina, del pensamiento sutil.

Seymour no es tan tonto como para imaginar que su hermanita comprende. Pero —dice— tiene orejas, oye.

Y el tiempo le dio la razón a Seymour.

"La historia que Seymour leyó a Franny aquella noche era una de sus favoritas, un cuento taoísta. Franny jura hasta hoy que se acuerda de Seymour leyéndoselo."

Eso es más absurdo aún. Y sin embargo es cierto. El cuento acompañó a Franny toda su vida. Si no su contenido, diría yo, la voz, la sugerencia, la intuición de la palabra que acaricia a la piel del bebé y lo empapa espiritualmente, aunque sin contenidos precisos, comprensibles racionalmente.

Lo que recuerda Franny no es el relato sino que "se acuerda de Seymour leyéndoselo". Y eso vale más que el propio cuento, por cierto.

Eso es amor, y recuerdo de amor. El amor es la actitud, la voluntad, la apuesta y la confianza a favor del oído, del sentido, del sentimiento de tu hijo.

Eso es alma. En este mundo actual donde el cuerpo es el

único valor, es tarea y deber urgente de los padres devolverles a los hijos el alma, porque sin ella serán como son, tristes, muy tristes y desamparados. Y agresivos.

¿Se preguntaron ustedes, alguna vez, de dónde viene tanta agresividad en el mundo actual, no la de los malos, la de los crecidos sin hogar, sin padres, en el hambre, marginados, lacerados, sino la de los buenos, la de la gente que come bien, viaja bien, educa bien y tiene buenas ideas, y que uno encuentra en la calle, en el avión, en la oficina?

No basta con decir y lamentar la agresividad que reina actualmente, sino que conviene pensar cuál es su causa y su origen.

Ahí vamos.

Barreras que motivan el crecimiento

¿Qué dicen los científicos de la conducta y del crecimiento humanos? Hay un libro llamado *La agresividad humana*, de Anthony Storr. En él se estudia qué lugar ocupa ese impulso llamado agresividad en la existencia humana.

,Generalmente el término tiene para nosotros connotaciones negativas. Pero ya lo dijo Winnicot, discípulo de Freud:

"Originariamente la actividad es casi sinónimo de agresividad". Actuar es irrumpir en el espacio y en el tiempo donde hay otros.

La analista norteamericana Clara Thompson escribe:

"La agresividad no es necesariamente destructiva. Procede de una tendencia innata a crecer y a dominar la vida que parece característica de toda la materia viviente".

Ahora bien: hay obstáculos. Los otros son, en principio, obstáculos; y los padres también lo son; sobre todo cuando dicen "no" a los hijos. Muchos estudiosos sostuvieron que la agresión es producto del impulso que es detenido, frustrado. De ahí pasamos a una era sin detenciones de los impulsos, de no represión, de permisividad, y ¿qué se cosechó?

Anthony Storr, en el citado libro, explica:

"Personas afectuosas y liberales han supuesto que si a los niños se les daba el suficiente amor y se los frustraba lo menos posible no mostrarían ninguna agresividad. Para sorpresa de los padres que han intentado establecer regímenes de máxima indulgencia y libertad, los niños se han trastornado emocionalmente y con frecuencia se han vuelto más agresivos que si hubieran estado sometidos a una disciplina más firme".

¿Y cómo se explica que tanta bondad, condescendencia llegue a producir ese efecto negativo?

"Si los padres nunca afirman sus propios derechos como individuos sino que se someten invariablemente a los deseos del niño, este último llega a creer o bien que es omnipotente, y que cualquier capricho pasajero suyo debe ser satisfecho inmediatamente, o bien que la autoafirmación es mala..."

Neurosis de omnipotencia, que termina en frustración; o neurosis de inferioridad.

"El niño se siente inseguro con padres que nunca muestran la menor agresividad. ¿Cómo puede sentirse seguro un niño de la capacidad del padre para protegerlo en un mundo potencialmente peligroso si jamás da pruebas de ser capaz de afirmarse a sí mismo o de luchar?"

Como dice el autor, aquí no se está propiciando retornar al autoritarismo rígido y cruel.

Se trata de vivir la vida con racional equilibrio. La agresividad de la autoafirmación es indispensable como modelo para el niño que aprende a vivir, y vivir es autoafirmarse, o dejarse arrastrar y pisotear por la menor brisa.

La agresividad —autoafirmación, decisión, firmeza— de los padres es la que da ocasión de juego, aprendizaje de la agresividad opositora del niño, del joven.

"Si no tiene nada enfrente, la agresividad del niño tenderá a volverse hacia el interior..." Y eso produce odio a sí mismo, autodestrucción.

Y en cuanto a la violencia en la televisión o en los cuentos de hadas, el autor considera que sirve para la proyección del niño y sus sueños de lucha contra gigantes y brujas, pero no influye en su conducta, si su crecimiento es normal.

El fuerte no necesita ser más fuerte dominando a otros,

golpeando, agrediendo con armas. Esa es cosa de débiles, de los que se sienten inferiores.

El que crece en un ámbito de amor y de límites, de cooperación y confrontación a la vez, crece fuerte y con confianza. El cine o la tele no lo volverán violento. Ahora, si vive en un ambiente violento, si la sociedad que lo rodea practica la violencia cotidianamente, *y si él mismo es un ser débil y temeroso, inseguro*, entonces bien puede imitar la violencia de la televisión, en cuanto metodología, en cuanto a cómo hacerlo, pero por la base de un impulso propio, que le viene de adentro y de su circunstancia experiencial.

La promovida libertad de ser ignorante

Enseña Gilbert Highet en su libro *El arte de enseñar*:

"A los jóvenes tampoco les agrada la autoridad; son anárquicos por naturaleza, y prefieren un mundo de imprevisible desorden, sin deberes ni responsabilidades. Tal mundo hoy en día es imposible. Por eso a la juventud se le debe enseñar a respetar el principio de autoridad y si no lo aprende en la escuela encontrará muy amargo hacerlo más tarde en la vida. Una ulterior responsabilidad de los profesores será la de enseñarles a distinguir entre los diferentes tipos de autoridad, aceptando los buenos y rechazando los malos".

El autor dice profesores, pero la idea se aplica, idénticamente, a los padres. Todo comienza en tu casa, entre tus manos se modela la imagen de tu hijo.

En el siglo XX, la confusión entre *autoridad* y *autoritarismo* resultó fatal, como la confusión entre opinión y verdad. El subjetivismo y el individualismo se exaltaron y se terminó despreciando toda jerarquía. Esto nos hizo vivir en el cambalache en que nos encontramos, sin jerarquía de valores.

Y sin embargo, como dice Highet, lo triste es que nosotros jugamos a ser democráticos igualitarios y libertarios pero cuando tus hijos salgan a la calle, a vivir, a trabajar, a estudiar encontrarán autoridades y deberán respetarlas. A algunas por fuerza del poder, a otras por fuerza del saber.

Las del poder son las del autoritarismo, donde el que se

manifiesta como superior lo es simplemente por el cargo que ocupa. Esa es el que merece ser discutida y puesta en duda. Pero hay una *autoridad legítima*, que es la del saber, la de la experiencia, la del que domina el tema mejor que yo y a quien debo respetar, no para hacerle un bien a él sino para hacerme un bien a mí: aprender de una autoridad es entonces, bueno. Comenta al respecto Highet:

"Por eso la gente hoy en día aprende tan poco. Todo el mundo se manifiesta libre, no atienden a jerarquías, y por lo tanto no aprenden".

¿Que libertad es ésa? La libertad de ser ignorante, de decir cualquier cosa, de no respetar a nadie, y por lo tanto de ser nadie.

Pobre libertad. No la deseo para tus hijos. Esa libertad termina ahogada en cerveza o en otras drogadicciones, porque le quita a la vida el sentido del aprendizaje, fuente de todo sentido.

Si no hay autoridades, no he de bregar ni de luchar para llegar a ningún lado, puesto que estoy donde estoy, y nada se espera de mí, por tanto nada espero de nadie.

En el rechazo de toda autoridad, creyendo que de esa manera soy yo mismo, alcanzamos el nivel de ser nadie, de ser nada, una nada libre, que en realidad es una nada sometida y esclava de los aluviones de la masa anónima y publicitaria.

Nadie me domina, pues. Nadie visible. *Pero me domina la masa, ese ser anónimo que es viento, torrente, y te arrastra de un lado al otro.*

El jean ajustado, el lifting, la vida ultranocturna, es tanto o más imperativa que los mandatos de mi abuelo. Es la orden de la inquisición de la sociedad anónima, llamada masa, y cuyo dios es la publicidad.

¿Libre? ¡Qué ilusión, amigos, que ilusión!

Los hijos nuestros de cada día.

Veamos cómo funciona esta sociedad anónima, la sociedad de masas. Ellemire Zolla escribe:

"Así como el hombre masa no tiene hijos para educarlos, sino para ser educado en soportar como sea su situación, para sentirse bien e irremisiblemente ligado a lo que la sociedad de masas le impone ser así como, por lo tanto, lo infantil tiene el primado sobre lo adulto e impone espectáculos pueriles, músicas pueriles, así la playa será una palestra donde nos adiestramos en hacer niñerías: las diversiones del hombre adulto en la playa son y deben ser las de los chiquillos: salpicarse con arena o con agua, reducir los diálogos a distraídos trozos de frases, saltar en torno a una pelota; mientras tanto el cuerpo se ennegrece y se parece cada vez más a la mercadería humana que la sociedad gratuitamente solicita.

Pero si se mira al ser que estirado bajo los ardientes rayos del sol se cura como un enfermo, se martiriza en silencio, se complace en llegar a ser como exigen los cánones de la industria cultural, ostenta una indiferencia que depondrá apenas salga del recinto para representar la excitabilidad y mientras tanto recorre un seminario ilustrado lleno de noticias inútiles".

Cómo crecer en una sociedad de masas

El párrafo leído trata de la sociedad de masas. Ser de la masa, del oleaje anónimo pero inquisitorial, significa hacer lo que la masa quiere. Sentir lo que la masa ordena. Vibrar en concordancia con las exigencias de la masa. Cultivar el cuerpo, tomar sol, hacer pesas, dejarse el pelo largo o corto, según la época y, parafraseando a Zolla, representar la excitabilidad cuando se espera eso de ti, o la sonrisa imbécil del hombre feliz porque está tomando sol y bronceándose entre millones como él y junto a él. "Mientras tanto recorre un semanario ilustrado lleno de noticias inútiles."

Eso es, estamos llenos de noticias inútiles. Tenemos la cabeza llena de datos de todos lados sobre cualquier cosa. Noticias inútiles.

El tema es que no somos felices. Si lo fuéramos, todo andaría bien y no habría que pensar. Hay que pensar por qué tanta inutilidad, imitación, repetición nos abarrota y finalmente nos deja de tan llenos que estamos, vacíos.

Entonces estamos en crisis, y hay que pensar.

La opinión de la masa nos invade

Samuel Johnson, del siglo XVIII, consideraba la importancia de educar a nuestros hijos en la diferencia entre el conocimiento de la verdad y la opinión. La opinión es de la masa, de la información inútil. La verdad reclama de ti, hijo, un trabajo de entendimiento e internalización. La opinión te invade; a la verdad hay que conquistarla. Es un esfuerzo, una disciplina.

"A veces —escribía Johnson— se debe revisar los sistemas de aprendizaje, se deben analizar las complicaciones, los principios y se debe diferenciar el conocimiento de la opinión. Sin un estudio profundo, no siempre es posible separar los retornos verdaderos del aprendizaje consecuente, que crecen a partir de algún postulado radical, de las ramas que han sido injertadas en él. Las prescripciones accidentales de la autoridad, cuando el tiempo les ha procurado la veneración, se confunden a menudo con las leyes de la naturaleza... Mi trabajo debe ser el primer esfuerzo de un escritor por distinguir entre naturaleza y costumbre, y aquello que está establecido porque es correcto de aquello que es correcto sólo porque está establecido."

Dice Johnson que hay que diferenciar opinión de conocimiento. Los filósofos griegos distinguían entre epiteme (saber verdadero) y doxal (opinión sin fundamento).

La opinión no tiene base racional, no se demuestra, se impone. El conocimiento apela a un universal llamado verdad, se discute, se acepta o se refuta.

Resulta ser que nosotros lo tenemos todo mezclado, opiniones y conocimientos, y entramados a tal punto que de esas mixturas derivamos consecuencias, retos, y al final creemos estar operando con verdades cuando en realidad estamos manejando opiniones, aseveraciones sin raíz alguna ni en la razón ni en la experiencia ni en la verdad. Y lo peor es que las manejamos con la fuerza de leyes de la naturaleza, y con el

175

correspondiente autoritarismo que si alguien se nos opone los condenamos al primer infierno que tengamos a mano.

Por tanto pensar significa, dice el autor inglés del año 1751, distinguir entre naturaleza y costumbre, entre verdad; y a nosotros se nos antoja, entre lo correcto que es correcto y lo correcto que nuestro grupo, nuestro barrio, nuestro partido, ordena que sea lo correcto, o que es correcto simplemente porque siempre lo fue, costumbre que le dicen.

He ahí un ejercicio para la mente.

¿Ser como todos o ser como nadie?

Los padres quieren lo mejor para sus hijos. Lo mejor es ser como todos, hacer como todos, bailar como todos. La sociabilidad, la simpatía, las buenas ondas.

Exhorta la mamá a su hijo:

"—Te lo tengo muy dicho. Debes tener cuidado con quien te juntas. Tu pobre madre siempre se ha desvivido por procurarte buenas compañías y tú... Baila, nene; saca a bailar a alguna mascarita decente; baila un poco, que el ejercicio te hará bajar de peso, para que no te llamen todos gordinflón, los muy envidiosos.

¿Ves aquella niñita de pastorcilla? Pues con ella podrías bailar. Anda, anímate. ¿No quieres que me acerque yo a pedirle que baile contigo?

—Pero si sabes que no me gusta bailar, mami, ni siquiera sé.

—Pues hay que aprender, hijo."

El fragmento está tomado del cuento "Baile de Máscaras", de Francisco Ayala.

Si hay baile de máscaras, *hay que* participar en él. Si no te gusta bailar, si no sabes bailar, *hay que* aprender y, aunque más no sea por cumplir, bailar un poquito.

Mejor que bailes con alguien decente. El argumento motivacional: bailar adelgaza, y es bueno ser delgado. Lo que no puede el hijo, lo hará la madre por él, como ser, pedirle a una chica que baile con él.

Cosas de la vida. Pero así es la vida. No es la que cuentan los filósofos cuando abordan los enormes problemas de la existencia, el ser y el tiempo, el ser y la nada, el ser y el tener. No alcanzamos a llegar tan alto y tan lejos.

En la masa, la vida son los otros. Ser como los otros, depender de lo que los otros digan. Porque si no bailas, hijo mío, ¿qué dirán los demás, qué pensarán de ti, en qué grado de impopularidad caerás? Y si no sales los sábados por la noche, ¿hemos de pensar que no tienes amigos, que eres un marginado y que, en fin, eres un descastado?

En principio, los padres consideran que el hijo que es como todos los demás, es buen hijo y tiene amplias perspectivas de llegar a ser buena persona. Desconfían los padres de hijos que no bailan, de los que no tiran serpentinas y talco o huevos a los amigos que festejan algo trascendente. De ellos desconfían también los maestros.

Todos desconfían de alguien que no es como todos.

Filosofía de la mosca masificada

He aquí una fábula de James Thurber que ilustra el punto.

Cuenta de una araña que vivía en una casa vieja y allí tejió una hermosa tela para atrapar moscas. Cada vez que una mosca se enredaba en la tela, corría la araña a devorarla para que las otras moscas no la vieran ahí atrapada, y siguieran considerando esa red segura para tomarse un descanso.

Pero hubo una vez una mosca medio inteligente, como la define el autor. Revoloteaba y no se decidía a posarse en los hilos de la araña. La araña la invitó a bajar. La mosca rehusó:

"Nunca me poso donde no veo otras moscas", dijo, y se alejó y voló hacia un lugar donde había muchas moscas.

Cuando iba a posarse pasaba por ahí una abeja zumbona que le hizo saber:

"Ten cuidado, estúpida, que es papel de moscas y esas están todas presas..."

Pero la mosca no atendió a la advertencia, y ahí se fue a su exterminio, pero con las demás...

Meditemos: La multitud no es garantía de nada. Más

bien es garantía de pegoteo, de publicidad arrebatadora, de moda virulenta. También es cierto que produce seguridad, esa sensación tan dulce de ser colegas.

La identidad personal necesita, obviamente, de seguridad, de marcos de contención, del ser como todos. Pero también se construye en aquellos raptos del ser diferente que se dan en circunstancias que no se comparten con otros o, al menos, no con multitudes.

Los hijos crecen entre el ser como todos y el ser como nadie.

La tarea de los padres es promover ambas vías. Sin la primera, la vida social es imposible, y por tanto tampoco será factible el trabajo o todo lo que requiera relaciones humanas. Sin la segunda —ser diferente, ser incomparable— no hay identidad, y se es meramente nadie.

Capítulo nueve

El tesoro, en la propia casa

¡Cuántas diversiones! ¡Cuántas preocupaciones!

Escribía Paul Valéry en 1932:

"Las condiciones de la vida moderna, tienden inevitablemente, implacablemente, a igualar a los individuos, a igualar los caracteres; y desgraciadamente y necesariamente el término medio tiende a reducirse *al tipo más bajo*".

La masa siempre busca el promedio. El promedio es la mayoría. Eso que denominaba Ingenieros *el hombre mediocre*.

Ese promedio del hombre, que es el hombre reducido a un mínimo común denominador, el de todos, todos quieren, todos hacen y yo también, ese tipo que prevalece ahora, se divierte. Lo que más quiere es divertirse.

Dice Valéry: "Tenemos los más hermosos juguetes que el hombre haya poseído", y pasa a mencionar todo lo que la tecnología nos ofrece: el cine, los juguetes mecánicos, los objetos, las cosas, las evasiones y las fugas. Luego observa:

"¡Cuántas diversiones! ¡Nunca tantos juguetes! ¡Pero cuántas preocupaciones! ¡Nunca tantas alarmas!... No tenemos conciencia de todo aquello que obedecemos. El teléfono suena, corremos a él; la hora suena, la cita nos urge...

Todo nos da órdenes, todo nos apremia, todo nos prescribe lo que tenemos que hacer..."

Valéry concluye, y yo aplaudo:

"El examen de los reflejos se convierte en el principal entre los exámenes de hoy".

Propuesta: ¿si hacen un examen de reflejos, de los impuestos por la sociedad, que encontrarían?

Juventud, divino tesoro

Mircea Eliade, en *El mito del eterno retorno*, dice:

"¿Que significaba 'vivir' para un hombre perteneciente a las culturas tradicionales? Ante todo, vivir según modelos extrahumanos, conforme a los arquetipos.

...Vivir de conformidad con los arquetipos equivalía a respetar la 'ley', pues la ley no era sino una hierofanía primordial, la revelación *in illo tempore* de las normas de la existencia hecha por una divinidad o un ser mítico". Ejemplo: Moisés sube a la montaña y baja con la ley. Jesús, Mahoma, los profetas son los intermediarios entre el pueblo y la divinidad.

La ley es eterna. Efectivamente, según el *Midrash*, la escribió Dios antes de hacer el mundo. En esa eternidad lo particular adquiere sentido, inclusive el dolor, el sufrimiento o el amor, todo se eleva por encima del individuo y toma lugar en el mosaico del paradigma esencial. Todo tiene sentido. El sentido no puede estar en mí, sino fuera de mí, y yo ingreso dentro de él y de ese modo gozo del sentido. Sea mi placer, sea mi dolor, sea mi sacrificio. Todo adquiere un valor de esencialidad.

Por eso los festejos del año nuevo, son festejos de la renovación del tiempo y por tanto de la ley, de la fe esencial en el sentido.

La idea mesiánica nace para justificar la ausencia del sentido *ahora*, postergándola para el final de los tiempos, como dice Isaías 52. Para el hombre tradicional, antiguo, no había nada nuevo, todo lo nuevo estaba involucrado en lo antiguo y sólo lo antiguo valía. El hombre moderno rinde culto a la novedad.

Más adelante, dice Eliade:

"La diferencia capital entre el hombre de las civilizaciones arcaicas y el hombre moderno, histórico, está en el valor creciente que éste concede a los acontecimientos históricos, es decir a esas 'novedades' que para el tradicional constituían hallazgos carentes de significación".

Opina José Ortega y Gasset en su libro *La rebelión de las masas*:

"El fenómeno, entre ridículo y escandaloso, de que se haya hecho de nuestros días una plataforma de la 'juventud' como tal.

Las gentes, cómicamente, se declaran jóvenes porque han oído que el joven tiene más derechos que obligaciones, ya que puede demorar el cumplimiento de estas hasta las calendas griegas de la madurez. Siempre el joven, como tal, se ha considerado eximido de hacer o haber hecho ya hazañas. Siempre ha vivido de crédito. Esto se halla en la naturaleza de lo humano..."

Puesto que lo mejor es permanecer fuera de los lindes de la moral y de la responsabilidad, la mejor manera de realizar ese ideal de no-responder es siendo jóvenes —somos todos jóvenes, no sabemos, tenemos dudas, y si nos equivocamos, etcétera, lo cual sería una postura o una impostura para no cargar con ninguna responsabilidad.

Los padres —las personas todas— aprendieron el juego de la vacilación, de la duda, y quién sabe si obraremos bien, y en consecuencia no obran, se paralizan. Suena a fino, a delicado, a ético. Termina siendo irresponsabilidad. En matemáticas se hacen cuentas, en vida se hacen acciones sobre la base de convicciones, buena fe, confianza y veracidad.

Y hay que tirarse al agua, queridos padres. Educar, emitir mensajes, dar modelos, exigir modelos. Para eso estamos.

La perplejidad, el dilema, la irresolución son típicas del adolescente. *El adolescente necesita, por eso, que sus padres no sean adolescentes.*

To be or not to be

Fromm ha escrito un libro *Ser o tener*. La gente repite:
—¿Ser o tener?— hace un guiño picaresco de inteligencia y se va a dormir la siesta. Total la respuesta la saben todos: ser. Sé tu mismo. Realiza tu ser. Tener es lo accidental, ser es lo fundamental. Y yo estoy de acuerdo. Pero, si no me avergüenzan en público, les confieso algo.

Hace años, casi desde que nací y me dediqué, por torpeza en otras cosas de la vida, a pensar. Y a estudiar. Bibliotecas enteras he deglutido acerca del ser, hasta *Sein und Zeit*, de Heidegger, obra monumental, y para toda la vida, porque es difícil entender ahí dos párrafos seguidos.

Y bien, les cuento: ya no sé encontrarlo, al Ser digo. Cada vez que lo focalizo mentalmente, se manifiesta en el estar, y se circunda de tener. No sé cómo se puede ser sin tener, tener ideas, tener conocimientos, tener cosas, tener comida.

Tampoco sé cómo se puede ser sin estar. Para mí, insisto en confesar, lo importante, mejor dicho, lo único que hay es el estar. Porque resulta que, observándome (y observándote) ser yo no soy nunca, siempre estoy estando, estoy aconteciendo, y acontecer es hacer, hacer del que uno hace, hacer del que uno es hecho por otros haceres, sean de otros, sea meramente de la temperatura del estar en el mundo, que es dinámica perpetua. Por eso se torna particularmente difícil, en la sociedad contemporánea, el tema del ocio.

Es que el ocio se ha planteado como tema del ser, que se sustrae del hacer y del estar. El ocio es equiparado con el deleite, y el problema que se plantea es *qué se hace cuando no hay que hacer nada.*

Otrora, queridos padres, el gran problema era como trabajar menos y descansar más. Así fue como aparecieron las vacaciones. Primero para los obreros, los pobres. Después para todo el mundo. En el ocio encontraríamos el ser, el abandono de la enajenación. Pero hay que estar, hay que hacer.

De eso no podemos desprendernos. Los de antes sabían practicar el ocio porque lo llenaban de ceremonias, iglesias, rituales, cosas que hacer comunitariamente. La comunidad ya no existe, y las ceremonias, salvo la de la ruta 2 en el fin de semana largo, desaparecieron. El ocio se nos ha vuelto un problema. Para nosotros y para nuestros hijos. Durante las benditas vacaciones, en más de una oportunidad lloran al cielo para que pasen rápido.

Jugar es un placer

Cito a Herbert Read, de su libro *La redención del Robot*:

"Ahora cuando hablamos del problema del ocio no pensamos en la necesidad de tener tiempo o tranquilidad para hacer algo; nos sobra tiempo y nuestro problema es no saber cómo ocuparlo. Ocio ya no significa tiempo libre que se ha ganado con dificultad frente a la presión de la vida; más bien denota un vacío profundo que necesitamos llenar con ocupaciones inventadas".

Después nos explica Read que la vida humana divide sus tiempos en dos fases, la una del *trabajo*, la otra del *juego*.

El trabajo es para provecho y utilidad, para subsistir, para tener cosas y comprar cosas indispensables, alimentación, techo. El juego es la explosión de la fantasía, de la imaginación, de lo estético; de aquello que llamo el reino de lo in-útil, que es el de la libertad, porque uno sale de toda dependencia de ganar bienes, y aquí se trata de ganarse a sí mismo.

Los niños juegan no porque son pequeños o tontos, sino porque aún no han sido deteriorados por el mundo práctico del trabajo. Se disfrazan con un repasador, son seres de otro planeta con un palo de escoba, viven en el paraíso de construcciones y reconstrucciones, en plena creatividad y en dinámica perpetua.

Eso es ocio, vaciarse de lo práctico-utilitario, e ingresar en la poesía donde armamos y desarmamos mundos, en el juego. Y ese sería el auténtico gozo. De eso estamos desprovistos.

En cambio estamos provistos de un autoritarismo que nos reclama que en el tiempo libre nos llenemos de placeres. Pero puesto que no sabemos crearlos, se han inventado, dice Read, los entretenimientos a los que nos sometemos pasivamente, y para ellos otros juegan y nosotros miramos, como ser fútbol, o tenis, o películas, o toda suerte de espectáculos frente a los que estamos esperando que nos hagan felices, como los bufones a los reyes aburridos.

Defensa del ocio inteligente

—¿Entonces está sugiriendo que no salgamos más de vacaciones? —me preguntó, en el grupo de "Padres en Crecimiento", en el verano de 1992, en Villa La Angostura, una mujer que parecía más hija que madre, toda ofuscada—. ¿O que dejemos de ir al cine? ¿Y qué tiene de malo? ¿Usted está contra la diversión? —enojadísima, gritaba la señora.

—No —le dije gentilmente, procurando disipar su creciente ira—, estoy proponiendo que revisemos el concepto de ocio, la práctica de las vacaciones, que significa tiempo vacío, es decir, vacío de imperativos exteriores como los que cumplimos durante el tiempo de trabajo. Digo usar ese tiempo como libertad, para realmente disfrutarlas, y no volverlas una rutina más de trabajo y de cumplir mandamientos sociales. Plantearlas como un tiempo de no hacer nada es el error de base.

—¿Y cuál sería esa idea? —atacaron varios del grupo, ansiosos, frenéticos, gente que ya tenía los pasajes comprados para la próxima Semana Santa.

—El hacer se divide en haceres compulsivos, rutinarios, obligados sea por los otros o por la conveniencia de uno mismo, ya que la rutina, la buena rutina, es meramente el recuerdo de pasos sucesivos que se producen automáticamente, como el reflejo condicionado, y dispensan de pensar en eso y se puede pensar en otra cosa. Como la rutina de conducir un auto, que reclama, justamente, que no se piense, que se muevan manos y pies automáticamente, sin pensar si lo pongo en primera o en cuarta, o dónde pongo el pie derecho; ahí cuanto menos se piensa tanto mejor funciona.

184

Eso los puso contentos. Les hablé de los autos, y se sintieron autorizados a usarlos o cambiarlos por un nuevo modelo. Eran buenos chicos, al fin de cuenta.

—El ocio es salirse de la rutina, o apoyarse en las rutinas favorables, para desarrollar potencialidades im-previstas. Es decir "haceres otros", los otros haceres, los que no se programan, ni se prevén, ni se prefabrican.

Después, para torturarlos un poco, método pedagógico que da buenos resultados, les conté que los griegos inventaron el ocio en calidad de *sjole*, que luego se vuelve *school*, escuela, *schule*, es decir, ocio como contemplación, que se zafa de la ruda existencia cotidiana y se eleva por encima de las cosas a través del estudio.

Pero es un hacer. Contemplar no es abrir los ojos y mirar. Es hacer, estudiar, reflexionar, pensar, dialogar con otros pensadores, aunque todo suceda en el interior y nada se vea desde afuera.

Al ocio, por lo tanto, hay que hacerlo, construirlo, pero su definición es la libertad. Ahí me detuve. Estaban soñolientos. La filosofía les hace bien, los calma, los sosiega, los duerme.

Cuentito para meditar:

Había una vez una maestra vanguardista que decidió dar a sus alumnos dos horas semanales para su uso absolutamente libre, fuera de programa. Para que crecieran, para que realizaran su libertad, su espontaneidad. Había en esa escuela una niñita, apocada y temerosa, que un día se acercó a la maestra y le preguntó:

—*Señorita: ¿también hoy tendremos que hacer lo queremos?*

Como festejamos el cumpleaños de ya saben quién

Cuando Roni —mi nieto, ¿se acuerdan?— iba a cumplir su feliz primer año, la familia discutió el tema de cómo festejarlo. Finalmente llegamos a un acuerdo de que el mejor lugar era... la casa. Costó bastante esfuerzo alcanzar este grado de inteligencia. No es fácil, porque todos, todos —nadie se salva— estamos sometidos al lavado de cerebro del imperativo anónimo de la sociedad anónima que determina dónde, cómo y de qué manera se festejan los cumpleaños de niños, y con qué expertos en el tema.

Es difícil romper la cadena de los prejuicios y descubrir la luz de lo inteligente y auténtico. Imagínese que usted y su esposo festejen el aniversario con un paseo por el parque más cercano a su casa. ¿Absurdo, no? Y más absurdo aún, si al salir del parque fueran a comer pizza de parados. ¡Inimaginable!

A nosotros, frente al cumpleaños del nene, a la familia entera, padres, hijos, tíos, abuelos, se nos incendió la cabeza pensando y... lo logramos, les cuento. Fue algo así como un parto majestuoso: lo festejamos en casa. ¿Y quiénes serían los invitados? Nosotros, entre nosotros. ¿Loco, no?

Se hizo, pues, la fiesta en la casa de Flavia y Alberto y estábamos los abuelos, Amir, el tío y más allegados. La rigurosa torta, por cierto, no faltaba. Ni la velita. (Tanto no se podía destruir, confieso.)

Y les cuento que fue maravilloso. ¡Nunca olvidaré a Roni en la mesa de su casa, paradito en una silla, y a todos nosotros en torno a la torta con la velita. Roni estaba ceremonioso, calmo, orgulloso y *emocionado*. Cantamos el himno cumpleaños feliz, y lo repetimos, y aplaudimos cada vez que concluíamos, y Roni aplaudía, con alegría, respeto, conmoción espiritual.

El niño estaba auténticamente emocionado. Lo sé porque su comportamiento era totalmente novedoso, serio, recatado, litúrgico. No sugiero que sabía que festejábamos algo. Sugiero que sabía que compartíamos algo extraordinario, nuevo, nunca experimentado, y que él estaba en el centro.

Entonces, cuando volví a casa escribí unos renglones en mis diarios íntimos que la computadora memoriza, y los transcribo:

> *"Hoy: cumpleaños de Roni. El primero. Inolvidable emoción. No soy amigo de fiestas de calendario pero confieso que me emocionó. Creo que hay que volver a casa. Exceso de salidas, exceso de chirimbolos y música funcional. A casa. Y a cantar, entre nosotros. Alegría sin payasos, sin tecnología, sin consumo. A casa, entre nosotros. Suficiente."*

El tesoro y dónde hallarlo

Érase un hombre —se narra en *Las mil y una noches*— que una noche soñó hermosas visiones. Esto soñó:

En un pueblo cercano, bajo un puente cuidado por un erguido gendarme, entre las piedras del río yacía un refulgente tesoro de piedras preciosas y riquísimas joyas.

El hombre despertó a la mañana, todo convulsionado, y con suma premura ensilló su caballo y cabalgó largos kilómetros, mañanas, tardes, noches, hasta arribar en cierto mediodía al pueblo de su sueño. Siguió y encontró el puente.

Era tal cual lo había visto en el sueño. Estaba el gendarme, el mismo, con su bigote, su gorra de visera, orgulloso, erguido. Se acercó. Abajo fluía el arroyo. Se bajó del caballo. Se acercó a mirar. El gendarme lo detuvo.

—¿Qué haces, quién eres?

—Soy un humilde panadero y vengo de un pueblo vecino.

—¿Para qué vienes?

—Es que... —titubeó y tuvo miedo el forastero—, es que...

—Habla de una vez.

—Es que... te diré la verdad. Soñé que en este pueblo, bajo este puente, había un grandioso tesoro de piedras preciosas y joyas varias.

El gendarme lo miró con atención.

—Te diré algo —respondió el gendarme—. También yo tuve noches atrás un sueño como el tuyo. Te vi a ti tal cual, en el sueño, con esa misma facha que tienes. Vi tu casa, vi tu cama y de pronto bajo tu cama vi ese tesoro que tú mencionas.

El panadero se quedó petrificado. Besó al gendarme, montó su caballo y con urgencia regreso a su casa. No alcanzó a abrir la puerta, la derribó. Corriendo fue a su cama, la levantó, y sí, allí estaba el tesoro.

El mensaje es elemental, y hay que recordarlo, realimentarlo. *Si hay algún tesoro, no lo busques afuera. Está bajo tu cama. Y si no está, procura que esté.*

Afuera y adentro

En el reino animal hubo y hay una ley: la ley del más fuerte. Sobreviven los fuertes, caen los débiles. El hombre supera esa ley, pero necesita de otra ley, la interhumana, la moral, la del "sí-mismo" y la del "ser con el otro". Eso nos falta, la argamasa que nos ligue, la ley moral, el compromiso, eso que es lo esencial de la existencia en cuanto humana. Los instrumentos, repito con Italo Svevo, prolongan nuestras potencias para luchar con el prójimo, en la ley del más fuerte. En mis términos, esa es la ley del éxito.

Descartes decía: pienso por lo tanto existo.

Nosotros decimos: pienso por lo tanto ÉXITO.

Y el existo es *éxito*, es salida al exterior —el ex es del exterior—, pero como sólo medio de supervivencia, para regresar al interior, el de cada cual y el interior entre un cada cual y el otro cada cual.

Sin este regreso, el éxito es estupor, estupidez, algo para nada. En el hombre interior habita la verdad, enseña Agustín de Hipona. Ese hombre interior de tus hijos, debes rescatarlo.

La gran lección de Alan Watts

Deberían atreverse, deberían, queridos padres. Es tiempo de atreverse.

Les cuento un ejercicio que proponía Alan Watts, un pensador que se nutre de las más profundas filosofías orientales.

Joseph Campbell, estudioso de los mitos y de la filosofía oriental, le contaba un día a su amigo Alan Watts, experto en budismo, que tenía un problema con su pareja: siempre que fijaba una hora para encontrarse con ella, Jean, así se llamaba, llegaba infaliblemente media hora más tarde.

"—¿Qué puedo hacer al respecto? —preguntó—. Me aburro y cuando ella llega siempre estoy malhumorado."

El amigo le dijo:

"—Tu problema es que quieres tenerla allí contigo y estás deseando una situación que no es la situación en la que te encuentras. Trata de comprender que estás arruinando la experiencia que podrías estar teniendo mientras la esperas, pensando que debería ser otra".

La idea, pues, es radicar el mal, no en el hecho de que ella llegara más tarde, sino en que él se aferrara dogmáticamente a cómo debían ser las cosas mientras, en realidad, eran de otra manera. En lugar de exasperarse, recomendó Alan Watts, debía aprovechar la situación in-esperada tal cual se presentaba, y vivirla en plenitud en esa calle, esquina o café. Porque mientras Joseph estaba ahí esperando, la vida transcurría y sucedían acontecimientos, situaciones varias, y se las perdía porque se obstinaba en pensar que eso era malo y que lo bueno no acontecía.

Joseph Campbell siguió el consejo de su amigo.

"Me dije: 'No debería estar pensando que Jean debería estar aquí. Miraré alrededor y veré que esta pasando'.

¿Y, saben?, el sitio donde estaba se volvió tan condenadamente interesante que ya no me aburrí en lo más mínimo."

Eso es vivir la vida en su fluidez, tal cual se presenta, en lugar de enfrentarla con paradigmas, o lechos de Procusto.

Idea de Procusto

A propósito, ¿saben qué es un Lecho de Procusto:

Cuentan de la antigüedad remota, y de un señor Procusto que cuando recibía visitas las atendía bien, les daba de comer, albergue y cama para dormir. Con una salvedad. Cuando se acostaban debían encajar exactamente en la medida de la cama. Si les sobraba tamaño, los cortaba un poco, para que coincidieran. Si eran más chicos que la cama, los estiraba, para que coincidieran. Debían coincidir fatalmente, y Procusto se encargaba de que así fuera.

Volviendo a la historia de Campbell, nos enseña a abrir

los marcos preestablecidos que tenemos para las cosas, los acontecimientos, y sobre todo los seres, acerca de cómo deben o deberían ser, y liberarnos también del terrible resentimiento o ira que nos provoca que no sean como deben o deberían ser.

Son. Y lo correcto, lo vital, lo inteligente es conocerlos en lo que son, y en ese ser libar el néctar que cada uno, ocasionalmente, destila. Eso es respetarlos. Enaltecerlos en su ser positivo. Y en cuanto al lado oscuro de la luna, o la negatividad que anida en todo ser, se debe aprender a ayudarlos, con afecto, con cariño, sin crueldad crítica, para que si no pueden eliminar esas espinas, al menos sepan mitigarlas, contenerlas, desviarlas.

A esto se le llama "sabiduría de la vida". Y no tiene recetas. Salvo el entendimiento de cada cual con cada cual. Inteligencia aplicada, lo denomino yo.

Difícil, lo sé, pero lo bueno *es* dificultoso.

Una conferencia con diálogo

—¿Qué nos estás enseñando? —preguntó Ofelia, en un grupo de reflexión de San Isidro.

—¿Querés decirnos que alejemos a nuestros hijos de la tecnología, que los mandemos al desierto, vestidos de harapos a hacer meditación trascendental? Explicate.

Estaba furiosa esa madre, lo recuerdo. El resto la miró y aprobó con la mirada y moviendo asertivamente el mentón.

—No, Ofelia, de ninguna manera... —intenté responder.

Pero el ataque venía con furia, y otro adherente, Rodrigo, un ejecutivo —vestimenta impecable, barbita apenas esbozada, corbata italiana—, se me vino encima:

—Tenés razón, Ofelia. Estás divagando filosofías cuando la vida real exige que los chicos sepan computación, que dominen el mundo de los aparatos, porque ese es el mundo en el que tendrán que vivir, y si no lo conocen a fondo fracasarán. Lo tuyo es metafísica muy interesante, pero la vida, eso que llamas la vida, es cosa de cosas y no de bonitas ideas acerca del ser, del interior contra el exterior.

Otro, un señor bajito, generalmente callado, pero punzante cada vez que abría la boca, con ternura casi, de esas que duelen hasta el tuétano, me preguntó:

—¿Por qué no nos contás qué hacen tus hijos?— La expresión fue incisiva, con aguijón. Él sabía la respuesta. Pero me forzaba a pronunciarlo.

—¿Mis hijos? Ambos son licenciados en computación... —balbuceé, pecaminoso, culpable—. Eso hacen, trabajan... —y no quise hablar más sobre ese tema.

El señor bajito insinuó una leve sonrisa de satisfacción, de victoria.

—Entonces —retomó Ofelia— ¿en qué quedamos? A nosotros nos querés educar para un lado, y vos, mientras, a tus hijos...

Di un golpe sobre la mesa, les cuento. A veces hay que hacerlo. No es el colmo del buen comportamiento, pero surte efecto pedagógico. O psicológico.

Tomé aire, ordené ideas y les dije:

—Chicas y muchachos —así les digo, para estimularlos, y les gusta—, vayamos por partes. La primera parte es que si se quiere aprender algo, hay que aprender a escuchar lo que el otro dice, y no lo que uno cree que el otro está diciendo o debería decir. La segunda parte es que jamás eché pestes contra la tecnología ni le dije a nadie que arrojara su Honda, quiero decir el auto o la moto, y se alimentara con hierbas y pan duro. Revisen mentalmente todo lo que hablamos, y no proyecten sobre lo que dije lo que no dije. El problema es uno solo: quieren aprender o no quieren aprender. Deciden. Aprender es escuchar algo que aunque te revuelva los intestinos sepas contemplarlo con objetividad y verificar su verdad, valga la redundancia, aun si atenta, repito, contra tus principios más elementales de existencia.

Volví a tomar aire. Ahora los culpables eran ellos. Y lo sabían. Silencio en la sala. Seguí pontificando, heroico, ya que todo diálogo es siempre una guerra y uno no puede evitar ese *polemos*, guerra en griego, de donde viene el término polémica. Para predicar el exterior tenía yo que estar en el exterior, en el enfrentamiento.

—Entonces reveamos qué dije. Dije que el sometimiento a

los aparatos como único objetivo en la vida es el mal. No los aparatos, no la tecnología. ¿A qué mente oscura —se me fue la mano, reconozco, pero en la guerra es difícil evitar derramamientos de sangre—, a qué mente obturada se le ocurre pensar que iremos a atacar todos los progresos científicos y tecnológicos, las vacunas y la prolongación de la vida en este siglo?

Y en cuanto a mis hijos, es cierto, ambos egresaron de la UBA, y trabajan en computación, y se divierten con ella, y son en ese aspecto creativos. No son usuarios, son hacedores, creadores. ¿Captan la diferencia? Para ellos, como para los que son como ellos, la computadora no es un aparato, sino un esquema científico. Para mí es un aparato, y para ustedes, y para todos aquellos que le rinden culto. Les enseñé a que, si quieren, vivan de la computación, pero no para la computación. Y eso pretendía decirles a ustedes, queridos padres —cambié de tono, me puse en dulce, en compasivo—, que velasen por el éxito profesional o industrial o comercial de sus hijos, y que no se olvidasen, al mismo tiempo, de velar por su vida interior y su crecimiento moral, que es el verdadero objetivo.

Me detuve. No dije más nada. Fue el silencio. Para salir de la zozobra en que estábamos todos sumidos, les pregunté si estaban enterados de lo que Caniggia había hecho en Miami, que había cambiado el precio de unos zapatos, para sacarlos más baratos, en un supermercado.

El tema les gustó. Hablamos también, para relajarnos y disfrutar un cacho de la vida, de Mariana Nannis, de la TV, de cómo va el mundo, de clonación, y del cenicero aquel que voló por el espacio y que se hizo más famoso que las obras completas de Jorge Luis Borges.

Joya de comunicación, la que tuvimos.

Hablar de sexo es saludable

A eso lo llamo yo, en la plenitud de mi ignorancia, sexo oral. A los argentinos nos encanta. Hablar de sexo, digo. Y estar en la vanguardia tecnológica del erotismo. El destape nos dejó completamente desnudos. Y los travestis en este momento ocupan el centro de nuestra existencia.

Todos navegamos por Internet, y mientras navegamos y pedimos la pizza en Miami, y empanadas en Jujuy, no percibimos que nos estamos hundiendo en este mar de "todos hacemos lo mismo", en razón de lo mismo y con el mismo efecto. Todos es igual a nadie.

No sólo la comida viene envasada. La vida entera se ofrece envasada, manualizada, coordinada digitalmente. Las cosas, los objetos, las máquinas están creciendo y el teléfono celular se incrusta en todos los oídos, lo necesiten o no. Y la educación sexual, el aggiornamiento en esa materia es lo que más consume nuestro tiempo. Diarios, revistas, vídeos, información.

Como ser, me enseñaba mi amigo Nicómaco, reactualizado en estos menesteres, que el amor debe hacerse con dos —mejor así, dos— ejemplares del manual de instrucciones, para que cada uno, desde su lado, vaya controlando si lo hace bien o no y pueda sugerirle al prójimo:

—Escuchame, che, fijate en lo que dice acá, página 28, renglón 10, la cronometración no sigue el ritmo indicado, de manera que pongámonos a tono, y armonicemos relojes, movimientos, gemidos y circulaciones sanguíneas.

Según Nicómaco hay que digitalizar todo.

Lo miré sorprendido, pero me dio vergüenza preguntarle. Sólo esto entendí: máquinas. Un mundo de máquinas. Máquinas que usan máquinas. Tecnología del objeto y del botón y del control remoto. Son fin en sí mismo. Sirvan o no. Hay que hacerlo así. Es mandamiento. De nadie, pero mandamiento profundo, inevitable.

Le conté a mi esposa. Total, dije, hablar se puede. Me miró con ojos algo indignados. No sé dónde tirar los manuales, ahora.

Tristeza del placer impuesto

Tristeza de humanos hechos máquinas. Un ejemplo de esta tristeza lo encontramos en William Golding, a través de Sophy, una adolescente de dieciséis años, protagonista del libro *La oscuridad visible*.

Sophy imagina que su amiga Tony ya no es virgen, por lo tanto entiende que también ella cuanto antes debe quitarse esa mancha de encima, esa carga.

"Ensayó con un par de chicos que resultaron ser incompetentes y cuyos mecanismos eran ridículos... Estudió la situación del tránsito en Greenfield y descubrió el mejor lugar, junto al buzón. Esperó allí, rechazó a un camionero y a un motociclista y eligió al tercero. El hombre conducía una furgoneta."

El hombre la invita a subir y luego cree, pobre macho, que él es el que está manejando la situación. Nunca se entera de que fue marioneta de esa jovencita que hizo con él exactamente lo que quiso.

Concluido el episodio, Sophy baja del vehículo y se queda sola evaluando, pensando.

"Era un acto muy trivial —piensa— si no se consideraba el dolor indispensable de la primera vez, que no tenía por que repetirse. Totalmente desprovisto de importancia...

Mientras se dirigía a su casa, finalmente, por el camino a ella le pareció vagamente cierto que esto por lo que armaban tanta alharaca —forcejeando unos con otros en la tele o gimiendo al hacerlo en las pantallas anchas, mientras toda la poesía y la música y la intriga y la gente estaban de acuerdo en que era una cosa espléndida por donde se la mirara... —bueno, le pareció que esto por lo que armaban tanta alharaca era una tontería."

¿Triste, no les parece? ¿Qué les parecerá a nuestros hijos, a nuestros teenagers que seguramente se invitan a hacerlo con el mismo tono de voz que se usa para ir a comer una pizza?

Un acto trivial. Podría no ser, y sería lo mismo. Máquina que se enchufa con máquina. Hacerlo porque hay que hacerlo. Maquinalmente. Sin sentido, cuerpos desprovistos de personas.

La máquina que nos maquiniza es derivación del cuerpo que se ha vuelto en el eje esencial de la existencia. Lifting, sin arrugas, lisito. Como cola de bebé. Flaco, esbelto, melena, aritos, braguita al aire. Nada que ocultar. La máquina está toda a la vista. La podés desarmar si querés, está toda a la vista, nada que ocultar, ningún misterio.

Máquina que se enciende, máquina que se apaga. Aparatos y controles cercanos y controles remotos. Uno de los protagonistas de *Trainspotting* explica que la droga es buena porque da un inmenso placer y no hay que tener relaciones humanas, que son siempre complicadas. Es un pasaje hacia la nada. Eso es justamente lo que quiere ese sujeto de la película: ser nada, ser de nadie. Una cosa entre cosas.

Persona versus cosas

Un fragmento de sabiduría oriental narra el siguiente episodio.

"Shecung ve a un hortelano que saca agua de un pozo, a mano, balde a balde. Le dice:

—Hay un aparato que en un día irriga cien chacras como la tuya. Con poca fatiga se obtiene mucho.

—¿Que es? —pregunta el campesino.

—Es una leva de madera, pesada detrás y adelante liviana. Saca agua como lo haces tú con las manos y vierte sin interrupción. Se llama grúa.

El hortelano lo miró con ira y dijo:

—He oído decir a mi maestro que el que usa máquinas se vuelve él mismo una máquina, y el que es máquina en sus obras adquiere corazón de máquina. Quien tiene corazón de máquina ha perdido la pura simplicidad. Quien ha perdido la pura simplicidad tiene en el espíritu inquietud; en el espíritu inquieto no mora el Tao. No es que yo no conozca vuestro aparato, me avergonzaría de usarlo."

Sujetos sujetados a objetos

La santidad de los objetos nos vuelve objetos. Los aparatos santificados, el futuro televisor de 38 pulgadas, el solo hecho de pensar en él, de soñar con él, de interesarnos por él, nos penetra el alma y la vuelve televisor repetidor de imágenes de satélites, manejadas por otros satélites.

No es la mía una propuesta franciscana de abandonar la

técnica y no disfrutar el bien que nos produce y la comodidad que nos alcanza. Pero con nuestros hijos deberíamos discutir este tema esencial: ¿Quién es qué? ¿Dónde están los medios y cuáles son los fines? ¿Es la zapatilla esta, importada, de 234 dólares, un objetivo supremo, o la agenda electrónica, o el viaje a las Antillas? ¿Vivimos para eso o tenemos eso para vivir, y la vida no consiste en eso, sino en otra cosa, en nosotros mismos, entre nosotros, en nuestra casa, en nuestra mesa, en nuestro amor, en nuestra esperanza y espera de unos a otros?

El hortelano no se opone a facilitar la existencia con una grúa en lugar del balde que va sacando agua torpemente. Se opone al dominio que la máquina pueda ejercer sobre él, volviéndolo máquina. Teme que le quiten el corazón, que también el alma se mueva a roldanas y con ejes y grúas. Y sobre todo le teme a la inquietud.

Ese es el mal, la in-quietud. La imposibilidad de alguna quietud, de algún paréntesis entre máquina y máquina, entre chip y chip. Un momento de serenidad. Eso que permite la presencia del sabor y del placer.

Decimos que corremos detrás de los placeres, pero en la total maquinización de la vida, simplemente corremos adonde nos envían. Correr, ir, agitarse, comprar, agitarse, esperar la nueva corrida, la nueva salida, la nueva excitación.

El objetivo es correr

En *La autopista del Sur*, narra Julio Cortázar cómo una larga caravana de autos se detiene, se agolpa, debido a un inconveniente surgido en la ruta que les impide avanzar.

El tiempo pasa. Los autos están unos detrás de otros, unos al lado de otros. Autos de todo tipo, tamaño, color, año. Habitados por seres de todo tipo, género, sexo, profesión, sueños.

Esos seres que normalmente tienen nombre y apellido, *status*, envueltos en esferas de calificaciones y definiciones, ahí, en esa autopista detenida y muerta, en la desesperación de no poder avanzar y llegar a su objetivo deseado, comienzan a descascararse.

No son lo que son o lo que juegan a ser. Simplemente son, en pureza, en desnudez, y en comunicación natural de compartir una misma realidad: la humana. De modo que el autor no tiene empacho en llamarlos por los nombres de sus respectivos vehículos: DKW, Dauphine, 2HP, Simca, Mercedes Benz, Skoda, Porche. La gente baja de los autos, camina, se impacienta, y lentamente se va acomodando a la nueva dimensión en que se encuentra. Hablan, charlan, cuentan, explican. Se diría que con el tiempo hasta olvidan que el fin supremo de sus vidas es correr y alcanzar objetivos. Por un rato se olvidan de que hay que ir a algún lado, conseguir algo, ganar, superar a otros.

Es la vida. Es la comunicación. Algunos simpatizan, y si les estuviera autorizado, se enamorarían. Algunos ahí, como están, son felices. Algunos muchos. La carrera detenida. Gente con la gente. Tiempo. Posibilidad de encuentro, de comunicación. Detención del vértigo. Hablan, se dicen, comentan, se olvidan adónde iban tan urgidos, tan solos, tan des-esperados. Se recuperan en su propio ser.

Pero no dura. Lamentablemente la autopista del Sur, que se había paralizado, se libera de los escollos que la habían mantenido fuera del tiempo, y del espacio. Se da la señal. Corren a sus autos. Se olvidan de olvidarse. Vuelven a moverse. Se separan, se alejan, y ahora comienzan a correr, con el objetivo adelante, lejos, sin mirar atrás, sin mirar al costado, nadie es nadie, todos son todos y vuelven a sus caparazones antiguas, a ser ingenieros, secretarias, hombres de negocios, modelos, costureras, dentistas, almaceneros.

Algo tienen en común todos: *correr, correr, correr.* Primero los vemos a todos viajando, autos, autos, autos, todos juntos, pero todos ajenos a todos. El hábito, la rutina de todos los días; cada uno en su enfrascamiento. De pronto la marcha se detiene, y el hábito se rompe.

Surge la angustia. El vacío del qué hacer no previsto. La desesperación. El invento de la comunicación, del amor, de la gente que se ayuda. Y la marcha que se reanuda. Y el retorno a esa fatal marcha monista, absoluta, decretada por alguna incógnita deidad.

"No se podía hacer otra cosa que abandonarse a la marcha, adaptarse mecánicamente a la velocidad de los autos que lo rodeaban, no pensar."

O, quizá, en otro cuento, imaginemos, salirse del auto, salirse de la autopista, negarse a esos ritmos y esas velocidades, y caminar al gusto de los propios pies. Cuento, puro cuento. O cuento de lo puro.

"Y en la antena —sigue el cuento real, el de Cortázar— de la radio flotaba locamente la bandera con la cruz roja, y se corría a ochenta kilómetros por hora, hacia las luces que crecían poco a poco, sin que se supiera bien por qué tanto apuro, por qué esa carrera en la noche entre autos desconocidos donde nadie sabía nada de los otros, donde todo el mundo miraba fijamente hacia adelante, exclusivamente hacia adelante."

Nunca al costado. Al costado está el otro. Si se mirara al otro, uno se olvidaría del objetivo hacia el cual está marchando. La idea es ganarle al otro. No mirándolo se le gana mejor. Ese es el objetivo.

Fin del cuento.

"Si dos se besan..."

De eso les hablo hoy, queridos padres. De la vera libertad que deja en suspenso por un rato la masificación que te engulle diariamente, y del encuentro consigo mismo, con el otro, sin aparatos, sin informaciones, persona a persona, mirada a mirada, que se logran con este otro aerobismo, que es el anticorrer, el reposar, el *shabat* de cualquier día de cualquier semana a cualquier hora. Juntos, estar juntos, constituyendo tú, madre, tú, padre, y los hijos, y ojalá también los padres de los padres, un fragmentito integrado de las piezas del puzzle.

El sentido no esta más allá de nosotros. Está entre nosotros. Este *entre* hay que construirlo. No llueve, no aparece milagrosa o místicamente. Aerobismo del entre.

Pero jamas podrá la prosa discursiva alcanzar la altura del poeta, en este caso Octavio Paz quien en "Piedra de sol" escribía:

"Amar es combatir, si dos se besan
el mundo cambia, encarnan los deseos,
el pensamiento encarna, brotan alas
en las espaldas del esclavo, el mundo
es real y tangible, el vino es vino,
el pan vuelve a saber, el agua es agua,
amar es combatir, es abrir puertas,
dejar de ser fantasma con un número
a perpetua cadena condenado
por un amigo sin rostro; el mundo cambia
si dos se miran y se reconocen..."

El combate del amor

Amar no es un regalo, es combatir. Es la lucha diaria para no caer en el sin sentido del egoísmo, del escalamiento de montañas para aumentar títulos y éxitos. Amar es combatir.

Luego brotan alas. Y si te brotan alas eres libre, por más esclavo que fueras de situaciones o limitaciones.

Eres alguien. No eres un numero de cédula, ni de libreta cívica. Alguien, liberado inclusive de su nombre. Alguien para alguien. Alguien que se atreve a mirar a alguien.

Si dos se miran, se reconocen, y el mundo cambia. Ya no es acumulación de cosas, industrias, producto bruto; ahora es sentido de la vida. Sentido y destino, fíjate en las palabras, en las letras, son idénticos.

Amar es creer

Pestalozzi escribía:

"El desarrollo del género humano procede de un anhelo enérgico y violento hacia la satisfacción de nuestras necesidades físicas. El señor material tranquiliza la primera tempestad de los deseos físicos y engendra el amor. Muy pronto en seguida aparece el temor; el brazo maternal disipa el temor. Este proceder produce la unión de estos dos sentimien-

tos, el amor y la confianza, y aparecen los primeros gérmenes de la gratitud...

...El germen de todos los sentimientos religiosos producidos por la fe, es idéntico en su esencia al germen que engendró el clamor del infante a su madre.

En su más tierna infancia el niño escucha, cree, y obedece; pero a esta edad él no sabe lo que cree ni lo que hace. Entretanto las primeras causas que originaban su conducta y su creencia en esa época, principiarán pronto a desaparecer. Su personalidad que principia a desarrollarse permite al niño abandonar entonces la mano de su madre, el principio a adquirir el sentimiento de sí mismo, y brota en su pecho un leve presentimiento: yo no tengo ya necesidad de mi madre.

Ella lee en sus ojos ese pensamiento naciente, ella estrecha a su ídolo contra su corazón más fuertemente que nunca y le dice con una voz que él no hay oído jamás todavía:

Hijo mío, existe un Dios de quien tú tienes necesidad cuando tú no tengas ya necesidad de mí; Él es un Dios que te toma en sus brazos, cuando yo no puedo protegerte más; es un Dios que piensa en tu felicidad y en, tus alegrías, cuando yo no puedo proporcionarte más felicidad y alegrías.

Entonces se agita en el pecho del niño algo indecible; en el pecho del niño arde un sentimiento sagrado; en el pecho del niño nace un impulso de fe que lo eleva sobre sí mismo. Tan pronto como su madre pronuncia el nombre de Dios, se regocija de oírlo. Los sentimientos de amor, de reconocimiento, de confianza que han nacido en él sobre el seno de su madre, se ensanchan y comprenden luego a Dios tanto como al padre, a Dios tanto como a la madre."

Capítulo diez

Cómo educar en valores

El desafío de ser libres

Fue en febrero de 1993. El grupo de "Padres con valores" se congregó esta vez para realizar su seminario anual en El Rodeo, Catamarca. Había gente de todo el país, unas ciento veinte personas. Parejas en su mayoría, también algunos jóvenes, y no faltaron abuelos. El tema central de la convocatoria era: *Cómo vivir y educar en valores.*

Primero expuse yo la teoría de los valores.

—Lo cierto —dije— es que ser humano es manejarse con valores, con valoraciones. Porque somos libres, por eso precisamente nos vemos compelidos a elegir, y elegir es optar por situaciones o elementos que consideramos superiores a otros. Cuando uno dice "superior", "mejor", "conveniente", está diciendo valores, y al unísono está dando por supuesta una escala, una jerarquía.

La gente me escuchó con atención y respeto. Luego llegó la hora programada de la intervención del público, sus preguntas, sus comentarios. Una señora —las mujeres son siempre vanguardistas, al menos en estas instancias— delgada, como corresponde, pero de voz firme y ojos penetrantes, lanzó el gran dilema:

—Imaginemos que nosotros como padres hacemos lo mejor que podemos a favor de valores espirituales, de valores de amor y solidaridad, de valores de cultura y crecimiento en conocimiento y sensibilidad. Pero cuando nuestros hijos salen a la calle se encuentran con un mundo totalmente diferente, hostil. *¿No los estamos condenando al fracaso?*

201

El grupo, por sus semblantes, sus cabeceos, sus susurros, se manifestó unánime en ese interrogante.

Les contesté, según aprendí la técnica del maestro Sócrates, con otra pregunta:

—Imaginemos, José —mencioné su nombre, algo que halaga al ego y lo suaviza— que no hacemos eso que ustedes mencionaron. Propongan ahora qué hacemos para que no colisionen nuestros hijos con los valores hegemónicos y masificados en la sociedad.

José bajó la cabeza para pensar. Los otros buscaban en el vacío algún apoyo para alguna sugerencia. Un señor de barbita puntiaguda, Augusto, aspecto deportivo, pulcro jogging y medalla con cadena sobre el pecho, sugirió:

—Deberíamos crear otra sociedad...

Lo miraron, los demás, como agradecidos por haber salvado la situación, y después cabecearon afirmativamente. Tenía razón. Obvio.

La crisis globalizada

—Las sociedades, Augusto —le dije— no se hacen por orden o programa cibernético. Nacen, crecen, se desarrollan como organismos, y además son producto de una historia y de un tiempo. No estamos solos en el mundo. Si bien algunos problemas en la Argentina pueden tener una acentuación mayor, hoy la globalización hace que el mundo entero pase por idénticas crisis.

—¿Y cuál es la crisis globalizada? —preguntó astutamente Aurora, neurolingüista ella, y bastante leída.

Recuerdo que me quedé pensando. En general aunque soy distraído y olvidadizo, los momentos de preguntas que me dejaron en vilo y me hicieron pensar los recuerdo muy bien, y con gratitud.

—¿La crisis globalizada, hoy? —repetí para ganar tiempo mientras la mollera trabajaba a mil por hora—. Bueno, en fin, fijate... La cosa es que cuando se produjo el crepúsculo de los dioses, como dijo Nietzsche —una cita nunca viene mal para rellenar vacíos de ideas—, cuando se dio eso que Spengler llamó "la decadencia de Occidente" —y ahí ya me sentí como avión en cabecera de pista, los motores bien encendidos, y despegué—, es decir decadencia de todos aquellos valores que Occidente consideraba indudables, nos quedamos, el mundo entero, libres y huérfanos a la vez. El huérfano no tiene padres, y por tanto es libre de mandatos del superyó.

—Esa es la libertad negativa, que dice Erich Fromm —colaboró Aurora que ya había asistido a varios seminarios míos, y de otros más doctos que yo, y se lo tenía aprendido.

—Correcto —asentí con alegría—, correcto. Libres de algo o alguien que se impone como yugo. Negativa. Niega el yugo. Niega el derecho del otro, sobre todo de los padres, de imponer creencias. Ahora bien, como usted dijo, si es la libertad negativa, después hay que pasar a la positiva, a hacer algo con esa libertad que tenemos entre manos. Pero resulta que de todas las creencias sólo nos queda una: *ser libre es algo bueno y ha de ser la aspiración de todo ser humano.* Y resulta que...

—¿Por qué? —se indignó, desde la última fila, un joven de unos veinte años que vino, aunque no era padre, porque le interesaba el tema—. ¿Estás insinuando que ser libre no es la máxima aspiración del hombre?

A los jóvenes hay que tratarlos con guantes, y si son de fina gamuza mejor.

—No dije eso. Dije que...

—Pero lo dijiste con ironía... —acotó el muchacho, inquieto, nervioso, con ganas de azotarme.

—Es que no me dejaste concluir la idea. Pero volviendo a lo tuyo, y repitiendo a Fromm y a Berlin —citas, citas, para apabullar a contrincantes y demostrarles que uno no saca ases de la manga así por que sí—, la libertad es un medio, no un fin. Cuando no la tenés es un fin a obtener. Cuando la tenés es medio para hacer algo. El primer momento, repito es negativo: negar la prisión que me impide ser libre. El segundo momento, ya libre, exige que haga algo con mi libertad. Debo actuar, debo elegir qué hacer. Y para elegir qué hacer —ya estaba yo volando con plena fuerza, y con furia didáctica—, tenés que tener opciones. Esto sí, aquello no, lo tercero puede ser.

—¿Y cuál es el problema? —sugirió el joven, algo más calmado.

—El problema es ese que señalaba antes Aurora —una manera de ganar la simpatía de la gente, citándola a ella también—, de la globalización de la crisis. Es la crisis de habernos quedado sin los valores de antes, y de no haber sabido armar los valores de ahora. Por tanto tampoco sabemos qué hacer, porque no hay opciones para elegir, y en consecuencia, si seguís este razonamiento, te darás cuenta de que, como decía Buber, estamos a la intemperie, sin techo, sin cobertura, es decir desprotegidos. ¿Y cuál es la única evidencia indudable? La supervivencia.

Tomé aire. Los miré. Los ausculté. La mano venía bien. Arremetí.

—Y el eje de la supervivencia es el egoísmo. ¿La supervivencia de qué? De esto que veo en el espejo: mi cuerpo. El cuerpo-cosa y el mundo de cosas, es todo lo que hay, todo lo que se cultiva y en lo que se cree. Y nuestras prolongaciones, como decía Mc Luhan —este nombre no sé por qué impresiona siempre—, que son los aparatos. Ser cuerpo y vivir para el cuerpo, por las cosas, para las cosas, es un programa de vida francamente triste, desolado. Por eso pululan las pastillas para las impotencias, no me refiero sólo a la sexual, para todas las impotencias, digo, para vivir con alegría, con fines, con sentido.

Me cansé. Me callé. Hice bajar el avión. La pista estaba vacía. Creí que había llegado a buen aeropuerto. Pero siempre aparece alguien encargado de horadar tu existencia con una leve pregunta.

¿Qué podemos hacer si la sociedad...?

Estaba en primera fila, no era padre, era abuelo. Simpático, bondadoso, voz suave, y de lenta exposición.

—Esto está muy bien, maestro, pero —me dijo, mientras yo temblaba; siempre que empiezan con "esto está muy bien, pero", se anuncia un final infeliz—, pero nos apartamos completamente del tema.

—¿Qué tema? —creo que lo mío fue casi un llanto.

—El tema que se había planteado era si no debíamos pensar en crear una nueva sociedad...

—Pero si yo... —intenté defender todo el sudor y la inspiración que había depositado en mi discurso anterior.

—Sí —insistió el caballero, delicadamente, sin apuro, letra a letra—, pero si no podemos crear la sociedad desde la planificación, que es lo que usted dijo, y estamos globalizados en la crisis, que es lo que usted explicó, queda por ver cómo hacemos para resguardar valores desprestigiados. —El hombre hablaba muy pero muy bien, he de reconocerlo, además había aprendido a separar las palabras a mi modo y dijo des-prestigiados, para empatarme. —¿Qué puede hacer la familia? ¿No son sus pretensiones totalmente ficticias?

—Y... bueno... si uno se pone a pensar... —Emitía yo palabras inconexas porque ese individuo era un enemigo que no pensaba abandonar su presa, es decir a mí. —Recapitulemos —tomé coraje, y volví a encender todos los motores. —Está la sociedad, está la familia que es parte de la sociedad, y están los niños, los hijos. ¿Sí? Bien. No podemos modificar la sociedad, por otra parte engullida por la globalización, y a los individuos nos hace cada vez más incapaces de inserciones influyentes. Bien. ¿Qué podemos hacer? Creer en lo que creemos. Defender lo que creemos, en casa. No puedo modificar la calle, pero puedo armar un refugio, mi casa, mi hogar, mi esposa, hermanos, padres, hijos. En la calle sigo el ritmo de la calle. En casa me pongo mi propia música, y esa le doy a mis hijos. En eso creemos nosotros, hijo, le digo. Este es nuestro mensaje. El medio es el mensaje. Eso, recuerdan, es de Mc Luhan. Tu casa, vos, ustedes, son el medio, el que transmite el mensaje no por lo que dice sino por lo que hace, por lo que vive.

—¿Y cuando salgan a la calle? —volvió al ataque Augusto.

—Cuando salgan a la calle se encontrarán con los mensajes de la calle, y estarán provistos o inmunizados por los mensajes de casa. Si la calle es corrupta, en casa aprenderán a ser éticos, morales. Y podrán elegir, podrán distinguir. Nuestro deber es, justamente, marcar la diferencia. Mi abuelo, que no había estudiado en facultad alguna, mi abuelo materno con quien me crié, siempre me repetía: no te preocupes en ser como todo el mundo, eso ya lo sos; procura, además de eso, ver qué sos para vos mismo.

Respiré lenta, hondamente. Y avancé, nuevamente, raudo, con la lanza en ristre, quijotesco:

—Los padres temen que los niños, pobres, salgan a la calle y se caigan, tropiecen, sean rechazados. Ese temor no tiene razón de ser. La calle está en su casa, en su nacimiento, en su crecimiento. El ser como todos se instala junto con el aire. Preocuparse por si podrán adaptarse al exterior es fugarse, evadirse de lo que realmente nos toca hacer: preocuparnos por que *además de eso puedan marcar alguna diferencia, una huella, una mínima partícula de distinción en su ser en el mundo. Para eso estamos, padres.*

¿Cómo fue el comienzo de ese ideal que terminó en naufragio?

En 1879 concluyó Henrik Ibsen su drama *Casa de Muñecas.* Allí se resume todo el conflicto de la modernidad y el problema del individuo des-arraigado, sin referencias, que corta los lazos con el pasado y se lanza hacia un futuro que no existe, que él mismo tiene que construir.

Ese individuo es Nora.

Nora, que era llamada "muñequita" por su padre, y luego también por su marido, siente que así como ella jugaba con sus muñequitas de madera, de la misma forma jugaban con ella, hacían con ella lo que querían.

"Cuando vivía con papá, él me confiaba todas sus ideas, y yo las seguía. Si tenía otras diferentes, no podía decirlas, porque no le habría gustado. Me llamaba su muñequita y jugaba conmigo, ni más ni menos que yo con mis muñecas. Después pasé de manos de papá a las tuyas. Tú me formaste a tu gusto y yo participaba de él, o lo fingía, no lo sé con exactitud; creo que más bien lo uno y lo otro."

El esposo le pregunta.

"—¿No has sido feliz?"

Ella responde:

"—No, sólo estaba alegre y eso es todo. Eras tan bueno conmigo."

Él le dice que ha llegado la HORA DE LA EDUCACIÓN. Nora pregunta la educación de quién, de ella o de los niños. De ambos, dice él.

"Nora: ¡Y yo qué preparación tengo para educar a los niños! Debo procurar educarme a mí misma."

Ese es el gran drama del individuo que se rebela contra la tradición y las normas impuestas por la sociedad. Quiere empezar todo desde sí mismo. En realidad es consecuencia muy indirecta, lejana en el tiempo, pero consecuencia al fin del "pienso, por lo tanto existo" de Descartes.

Nora no quiere ser muñeca de nadie. Si bien el mundo encontró en este drama de Ibsen la gran eclosión de la liberación de la mujer, sin embargo envuelve también al varón, y a todo ser. Sólo que en el caso del varón, cuando se rebela no se nota el corte abrupto con el pasado y lo establecido como en el caso de la mujer, que suena más estruendoso y terrible.

Hay que empezar a partir de sí mismo. Desechar las ideas del padre, de la familia, de la Iglesia, de todos, y empezar a educarse, como dice Nora.

Las nuevas generaciones que vinieron luego se plantearon ese terrible problema:

—Si no sé qué soy, ¿cómo puedo yo educar a mis hijos?

Nora, la que no quiso ser muñeca

Aún eran tiempos de unos contra otros, de sistemas contra sistemas, de tradiciones nuevas contra tradiciones viejas.

Lo que Nora simbólicamente inaugura es el sí mismo sin tradición alguna, des-vinculado de ideas, orientaciones, humanidad compartida. Ese sí mismo, por cierto, no existe ni puede existir, es una ilusión. Pero la ilusión se impone con toda fuerza e ira para dominar todo el siglo XX. Vendrá Ortega y Gasset y dirá "Yo soy yo y mi circunstancia". Circunstancia es lo que me rodea, horizontalmente, en la actualidad, y verticalmente, en la historia, porque esta actualidad también viene del pasado y va hacia algún futuro, y en el medio de este cruce de coordenadas, ahí ando yo, interactuando con ese cruce, dando y recibiendo.

Nora, simbólicamente, inaugura la era del qué soy. Sus padres eran de sus padres, de su tiempo, de su religión, de su familia, de su circunstancia englobadora, y allí se hallaban cómodos y en esos parámetros educaban.

Nora pretende liberarse de cadenas del pasado, de ordenamientos ajenos. Quiere quedarse sola.

La pregunta "qué soy" es la del individuo de nuestro tiempo. Y puesto que no la encuentra, puesto que no la puede encontrar se angustia, y en consecuencia no podrá jamás educar a sus hijos. Todo sí mismo es el producto emergente de múltiples factores que terminan siendo siempre los otros.

Helmeer, el esposo, discutiendo con Nora le dice:

"—Si la religión no puede guiarte, déjame explorar tu conciencia. Porque supongo que tendrás algún sentido moral. ¿O es que tampoco lo tienes? Responde.

—No sé que responder, Torvaldo. Lo ignoro. Estoy desorientada por completo en estas cuestiones. También he llegado a saber que las leyes no son como yo pensaba; pero no logro comprender que estas leyes sean justas."

Luego le pregunta el esposo si ella lo ama. Ella confiesa que no, que no lo ama más.

Ahora todo se reduce a sentimientos. Las leyes ya no gobiernan, sino sentimientos. Leyes significaban normas de grupos humanos, de culturas compartidas, de ideales vinculantes. Ahora cada uno es cada uno. Un hilo, otro hilo, pero sin trenzarse en una trama. Cada hilo por separado. "Qué soy", se pregunta Nora. Alguien que siente. Es lo más mío de mí.

Pensar es comunicarse con otros, sostenerse en alguna lógica que es de todos o de un universo limitado de personas. Sentir es yo. Yo solo. Aunque siento hacia el otro, por el otro. Pero el sentimiento ocurre en mí y ahí se desarrolla, y me da conciencia solamente de mí. Te amo, no te amo. Yo. Yo conmigo, yo en mí.

El individuo alcanza su plenitud. Irá a inventar su propia moral sostenida en espontaneidades, en sentimientos, en gustos, en divagaciones dialécticas. Estará finalmente muy satisfecho consigo mismo, y muy solo. Es el camino que se elige, un camino de heroísmo.

El "qué soy" que Nora rebeldemente se plantea, se vuelca con el ser que quisieron mi padre, mi esposo, la sociedad, hacer de mí. Me desprendo de todos ellos, y quiero ser auténticamente yo. Yo, es decir, el yo que siento.

A tal efecto cada mañana, cuando me levanto, debería preguntarme:

—¿Y hoy qué siento? ¿Hoy qué quiero?

Y bien sería factible ese ideal de rearmar la vida cada día, desde cero (imaginémoslo por un instante posible). Eso sería heroísmo. Al estilo de Nietzsche, de Walt Whitman, de William Burroughs, de los personajes de Sartre en *La Náusea*.

Heroísmo de personajes —reincido en el término— de teatro, de novela, de epopeya.

Volar desesperadamente

No somos héroes, pero la pregunta de Nora nos persigue. Vivimos como todo el mundo, masificados, pero en el nivel de la pregunta nos interrogamos como Nora, y ahí es donde nos crucificamos en la incoherencia total. Consecuencia: no nos va bien, ni a las parejas ni a los padres ni a los hijos.

Y por eso ansiamos tan desesperadamente la felicidad. El que vive en plenitud de lazos y deberes y vínculos, no piensa en la felicidad como un objeto exterior, ajeno, que debe alcanzarse. Tampoco se pregunta qué es, porque es todo eso que está siendo en la trama interhumana que enfrenta todos los días. Quizá no sabe si es feliz. Sabe que está en paz consigo mismo. Y eso, aunque no lo sepa, es felicidad.

Queridos padres, debemos clarificar nuestros conceptos: O yo mismo, es decir heroico, sobresaliente, anti-establishment, y por tanto anti-tecnología, anti-todo, y también anti-pareja y anti-hijos.

O nos-otros, otros de nosotros, más el derecho, apartado, la escondida senda que decía Fray Luis, de cada cual en el misterio de su existencia inviolable.

Hay que elegir, queridos padres, si es que queremos a nuestros hijos en el bien para ellos, de ellos y en el mundo que les tocará vivir.

El individuo solo, a menos que sea un héroe como Nora, Nietzsche, o Antígona, está fuera de todo argumento, de todo libreto, y el libreto se compone con alguien para alguien ante alguien. En plenitud de soledad rebelde tan sólo puede componer la filosofía del ombligo, mientras el psicoanálisis lo sostenga. Pero también eso se agota y aflora la nada y el dolor de cabeza de tanto vivir encorvado contemplando el ombligo, único centro de la existencia.

Es el "Vuelo sin orillas", como se denomina un poema de Oliverio Girondo:

"Abandoné las sombras,
las espesas paredes,
los ruidos familiares...
para salir volando,
desesperadamente."

Abandonar. Deshacerse de. Desprenderse de. Es la liberación, abandonar, dejar atrás, quitarse y despojarse de todo. De todo, porque si quedás pegado a algo ya estás en relación de dependencia. Volar. Sin peso de algo que te retenga. Pero ese volar se torna desesperación. Nada tiene y por tanto nada espera, ni puede esperar. Desesperadamente.

El que espera, espera entre orillas. Sin orillas es sin tener a qué atenerse, literalmente, aferrarse, sostenerse, mantenerse. Todas derivaciones del ser que es tener pero pasivo, del ser tenido, contenido.

Vuelo, pero desesperado. Sin espera, sin objetivo, por volar, por no caerse. Libre equivale aquí a vacío, ni vida, ni misterio, ni muerte, nada.

Esta liberación puede darse, claro está, pero aun entonces sería frente una finalidad, el nirvana en el caso del budismo, o la unión con Dios, que los cabalistas también llaman Nada, en el caso del místico, como ser Juan de la Cruz.

La falsa liberación

Nietzsche había escrito:
"El que enseñe a volar a los hombres del porvenir habrá

desplazado todos los límites; para él los límites mismos volarán por el aire. Las barreras son para los que no saben volar".

No hemos desplazado los límites. Borramos los antiguos, y la sociedad de masas nos impone los suyos, falsas necesidades, mentidas libertades. Como si bailar a las dos de la mañana fuera una transgresión. No lo es. Es una orden, un mandato de la sociedad anónima vendedora de ropas, bebidas, entradas, música.

El subjetivismo de estos tiempos, apoyado en los filtros mágicos de un psicoanálisis de café aguachento, considera que el dolor de los callos plantales de uno, por ser de uno —y al ser uno el dios de sí mismo—, lo autoriza a agredir a cualquiera, porque no le debe nada a nadie, y en cambio le debe todo a sus callos plantales, que constituyen la esencia y totalidad de su ser en ese momento. Más que ese momento no hay.

Eso, queridos padres, queridos hijos, nada tiene del volar romántico; más tiene del arrastrarse del esclavo que no distingue sus propias cadenas y cree que porque se droga o viaja en moto a mil por hora es libre.

Nora se rebeló y pagó un precio: abandonó la calidez y la seguridad del hogar para lanzarse a la intemperie de la búsqueda de sí misma. Eso era liberación.

Hoy la gente cree que usar aritos, pintarse el pelo o usar jeans gastados de fábrica, es rebelión. *Es imbecilidad de sometimiento a los mandatos actuales. Se van de los hábitos de la casa de sus padres para meterse en la prisión de los hábitos de cierto sector implacable, inquisidor, de la sociedad de consumo.*

"No saber urdir para sí mismos el más ligero yugo"

El narrador de *Las memorias de Adriano*, de Marguerite Yourcenar, hace el balance de su vida, que es vida con otros y se dice:

"Sólo en un punto me siento superior a la mayoría de los hombres: soy a la vez más libre y más sumiso de lo que ellos se atreven a ser. Casi todos desconocen por igual su justa

libertad y su verdadera servidumbre. Maldicen sus grillos...
Por lo demás su tiempo transcurre en vanas licencias; no
saben urdir para sí mismos el más ligero yugo".

Libertad no es licencia. Licencia es hago lo que quiero, lo
que se me antoja. Libertad es pensar qué debo hacer y elegir entre deberes, "urdir un yugo", implicarse en un compromiso. Eso hace a unos superiores por encima de otros.
Eso es lo que te procura identidad, hijo mío. Ahí podés decir
"Yo", aludiendo a algo que te es propio, tu elección, tu responsabilidad, el yugo por ti urdido.

Filosofía del número uno

Esto lo explicaba Fajin, el protagonista de *Oliver Twist*,
un señor bastante facineroso, a otro colega que pretendía
saltearse la ética, indispensable inclusive para sobrevivir
como facineroso, diciéndole que mientras unos consideran
que el número tres es el capital, y otros dicen que el siete,
él, Fajin, sostiene que el esencial es el uno. Alude al uno
mismo, al ego. Pero lo interesante es que construye sobre
esto la moral del egoísmo. Un buen egoísta debe ser moral.

"Si no quiere usted dar de bruces... habrá de velar por
mis intereses, de la misma manera que yo, si quiero que
prosperen mis intereses, habré de velar por su seguridad de
usted. Para usted lo primero habrá de ser su número uno
personal, lo segundo mi número uno. Cuanto mayor sea la
solicitud con que usted atienda a su número uno personal,
en más alto habrá de apreciar mi número uno... El amor
hacia el número uno es el lazo que nos une en apretado
éjercito, que caminará de victoria en victoria, mientras sub-
sista ese lazo, pero que, roto éste, caerá precipitado a los
abismos del no ser."

El subjetivismo del yo-ahora-aquí-tal-cual se me canta,
no tiene futuro, tiene sólo presente, instante, estas ganas
que tengo ahora, y por tanto de egoísta tampoco tiene nada.
Es simplemente explosivo. En su caricia, en su cachetada,
en su insulto, en su panegírico. Porque así se me canta,

dice el argentino para argumentar y explicar su modus vivendi.

El egoísmo practica una ética utilitarista. *Do ut des*, decían los que hablaban en latín. Te doy para que me des. Es un programa de vida. A la gente, bien lo sé, le repele el utilitarismo. A la gente le gustan las altas palabras con los sublimes sonidos que hablan de cielos, infiernos, generosidades, virtudes.

Son la gente que tiene deberes sólo y tan sólo con la humanidad. En ese punto el argentino se distingue. Siempre está a favor de las grandes causas humanas, contra el aborto, a favor de los negros, contra el hambre en Sri Lanka, a favor de los travestis, contra la discriminación de los cantantes de rock acusados de drogadictos, a favor de un niño que necesita un trasplante de riñón.

Debajo de la apariencia, cuando uno la descubre, se cree estar palpando ya la carne de la verdad. Pero no es cierto. Una apariencia sirve para disimular la apariencia subyacente.

Se engañaron y nos engañaron

Se engañaron y nos engañaron los que soñaron con la plenitud de las manos vacías y el yo sin trabas, desencadenado, desapegado, que inicia su vida a partir de él mismo, y de la libertad que se dé. De buena fe creían que lograríamos esa libertad creadora, a su modelo y semejanza. Es que esas generaciones rebeldes y románticas arrojaban por la borda normas y leyes pero en función de un ideal, y además lo hacían con una cultura rica y profunda que habitaba en ellos y que provenía de esos padres, justamente, que tanto despreciaban. Abandonaron una ley para armarse de otra ley, otro yugo según el viejo Adriano.

Descascarando la apariencia uno des-cubre que el mero hablar determinada lengua ya es estar inmerso en un complejo sistema de ley, reglas, normas y límites. Leamos —eso sí, despacio, con atención— a Ronald Barthes, espíritu nada complaciente, buceador de realidades, en su libro *Lo obvio y lo obtuso*: "Nosotros no nos podemos hacer entender más que si al hablar mantenemos cierta velocidad en la enunciación. Somos como un ciclista o una película condenados a rodar".

Esto en cuanto al mecanismo del habla. Se habla así o no se habla. Hay una normatividad física acerca de cómo se enuncian los términos y a qué distancia de tiempo va uno detrás de otro. Es ley. Y la palabra, luego, tiene sentidos fijos, determinados, legislados. Es ley. Zafar de la ley es caer en la in-comprensión, o el anti-habla.

"Toda palabra está de parte de la ley."

El que habla, por lo tanto, dice Barthes, si lo hace desde el rol de profesor, de padre, de madre, está ejerciendo el poder. Sobre todo los padres que están inoculando la ley de ese hablar, más la ley de la consecución gramatical, más la ley del sentido total que una lengua tiene en su contexto total. La inoculan en los hijos, aunque crean que están jugando y lo hagan acompañándose con sonrisas y juguetitos.

"El lenguaje sigue siendo un poder; hablar es ejercer una voluntad de poder: en el terreno de la palabra, no hay lugar para ninguna inocencia, para ninguna seguridad."

La notable pregunta de un alumno a su profesor de anatomía

¿Por qué no aceptar que les damos la leche, la palabra, la ley? ¿Por qué tanta vacilación, tanta duda, tanta incertidumbre luego, en cuanto a su educación, la continuidad del desarrollo de nuestros hijos, y tanta culpa sobre si haremos bien o haremos mal? ¿No lo hicimos ya todo? ¿No impusimos la ley de la lengua, de la higiene, del juego, de la risa, de la sociabilidad, del conejito de peluche y de la hamburguesa o del puré de zapallo, y la del jardín de infantes, y la de la escuela primaria? ¿Qué es todo eso sino ley, norma, disciplina, orden, imposición inconsulta? ¿A que tantos remilgos?

Recuerdo algo que presencié con cuerpo, vista y sobre todo oídos, hace unos veinticinco años, en una escuela secundaria de algún lugar de La Mancha latinoamericana del que no quiero acordarme.

El profesor era vivaz, fresco, lleno de vida y de juventud. Los chicos participaban en la clase dentro de cierto desorden relativo. Unos atendían y otros no. Eran libres. Hasta que un muchacho se levantó y le preguntó al profesor:

—¿Profesor, por qué no estudiamos anatomía directamente sobre el cuerpo de nuestras compañeras?

Los demás se rieron. El profesor se quedó mudo y verde. Yo me retiré, apabullado y en puntas de pie. Y aún me sigue sonando esa pregunta, y aún me sigo preguntando la respuesta. Ayúdenme por favor.

¿Usted qué opina al respecto? ¿No le gustaría que sus hijos/as estudiaran anatomía en vivo y en directo? Perdón, lo reformulo: ¿No les gustaría que los chicos de la escuela secundaria estudiaran anatomía en vivo y en directo sobre el cuerpo de su hija?

Les ofrezco un espacio para meditar y justificar el SÍ o el NO. Son libres, no se olviden, por favor.

Para jugar a las bolitas

El bebé nace, sale al mundo y lo encuentra ya regulado. Reglas para todo, límites para todo. Normas, que expresan valores. Para comer, para ir a dormir, para ir a jugar. Esa es la realidad. Esos valores normativos le vienen de afuera, de los padres, de los mayores, y si quiere jugar, ha de aceptar las reglas; si no las acepta, tendrá que optar por otro juego, que a su vez tendrá sus propias reglas.

Esto lo estudió, paso a paso, Jean Piaget, quien analizó el proceso del crecimiento de la inteligencia, y paralelamente el proceso del crecimiento del criterio moral en el niño. En la calle, observando cómo los niños jugaban a las bolitas, Piaget fue aprendiendo cómo esos pequeños seres, para nada interesados en la moral, *practican la moral*, es decir las normas, sin las cuales es imposible jugar a las bolitas ni a ninguna otra cosa.

Son procesos paralelos. En ambos se camina desde el exterior hacia el interior, desde un mundo impuesto a un mundo que uno mismo va construyendo. Pero ir construyendo significa siempre poner límites, establecer reglas. Con esta diferencia: a menor desarrollo mayor imposición desde afuera; a mayor desarrollo la imposición brota desde adentro.

Cuando la norma viene de afuera se la llama *heterenomía*. Cuando surge de adentro, es *autonomía*. *Hetero*, indica la procedencia de "otro lado", de "otra persona". Otro me ordena.

Autos significa "uno mismo". Uno mismo se ordena a sí mismo que hacer.

El ideal, por cierto, es la autonomía, ya que funciona con la libertad de mi ser que determina su propio deber ser. Pero ese, como todo ideal, reclama un largo camino de ascenso. De abajo, la sumisión a la orden del otro, de tu mamá que te manda a la escuela, aunque no te guste, en invierno y verano, excelentes para jugar en el parque y no para estudiar fracciones; la de tu papá, que en la mesa te ordena que quites los pies de entre los platos, porque ni es higiénico ni queda bien, por más que esa sea, hijo mío, tu mayor comodidad y placer.

De abajo arriba se crece con estos sacrificios, hasta alcanzar la altura del yo que se autorregula y se gana por decisión propia y ya no por determinación de sus padres.

La norma indica qué *debes* hacer, cómo *debes* comportarte. Ordena un deber, impone un modo de ser. La norma es, por lo tanto, autoritaria.

* * *

Queridos padres, dejen de ser *"psicologistas de la ternura"*

Esto, definitivamente, hay que asimilarlo, captarlo, y dejar, queridos padres, de jugar a ser suaves, simpáticos y "psicólogos". Se ha impuesto la otra norma —falsa por cierto— de que si uno le dice al nene, sonriendo y acariciándole la cabecita:

—¿No te parece que tendrías que ir a bañarte, porque, te das cuenta, el barro ese, y bueno, en fin, nene, vienen visitas, y vos, con esa facha, te das cuenta...?

Y no, no se da cuenta. Es lamentable que los chicos no se den cuenta, y no hayan hecho los mismos cursos de psicología comprensiva y tierna que hicimos nosotros. Pero tienen la manía de no darse cuenta de por qué hay que bañarse, por qué hay que quitar los pies de la mesa, por qué no hay que escribir con crayones sobre las paredes, y tampoco captan bien por qué el papá se pone tan furioso cuando hacen circular un autito sobre el auto que tiene pintura fresca, recién salido de fábrica, porque se puede rayar.

No captan. Y eso que son inteligentes. Brillantes. Aprendieron de todo, pero estos deberes, esto de "BUENO/MALO", no les entra, como decía mamá cuando yo era chico y me disfrazaba de bombero con el único sombrero de papá el de los días de fiesta. Las normas, queridos amigos, en principio se dan, se imponen y se practican, y luego lentamente se van incorporando y funcionan con naturalidad. Eso ya lo sabía el genio de Aristóteles, y los genios actuales pretenden ignorarlo.

El razonamiento puede dar a entender matemáticas, gramática, y la memoria con el entendimiento pueden sintetizar la figura del sargento Cabral. Las normas se refieren a valores, y los valores no brotan del entendimiento, sino de la vida, de la conducta, y de los modelos de conducta.

Tanta explicación dada a tantos chicos para que cumplan deberes, resulta ser un método inadecuado, algo así como ponerse audífonos para ver una puesta de sol. Los objetos se entienden, las normas en principio se imponen, repito hasta el cansancio, luego, creciendo, se comprende la racionalidad del ser en sociedad, del vivir con otros, y por lo tanto, de los deberes y obligaciones que de ahí emergen.

Es como la gramática: primero se habla, después se aprende a hablar mejor, y *finalmente* se estudia que el sujeto va antes del predicado, y que "cuando llovía" es un circunstancial de tiempo. Cuando se entiende, ya es tarde, y no sirve de gran cosa. Ya estás hablando, y lo estás haciendo bien, con o sin gramática.

La conducta moral, el no dañar al prójimo, el respeto, la generosidad, la responsabilidad, e inclusive el amor, *son conductas que de practicarlas se aprenden*, y cuando, posteriormente, se analizan, quedan clarificadas, pero nada más. Es como si uno, después de vivir largos años en una casa, se pusiera a pensar de qué está hecha la casa, y por qué de esta manera y no de otra. Habrá avanzado en el conocimiento, pero la casa, y lo que sienta por ella, y las vivencias ahí transcurridas, son un capital de existencia ya incorporado, es decir embutido en el cuerpo, en el alma, con o sin explicaciones.

¿Qué dicen los que saben?

Esto, queridos amigos, en lenguaje de Piaget y de Kohlberg, dos grandes estudiosos del mundo actual, se llama *psicología genética* y alude a la génesis, es decir el comienzo y desarrollo de la mente y de sus contenidos.

Hay que respetar a los que saben. Es ciencia, y por tanto es ineludible. Hay que respetarla. No hay que azotar a los niños, ni maltratar a los hijos cuando les transmitimos valores. Pero sí hay que borrar demagógicas sonrisas, y frases elípticas del tipo:

—¿No te gustaría ayudarme a limpiar la cocina?

La respuesta, honesta, es:

—No, mamá, francamente, no me gustaría.

El deber ser no depende del gusto, sino justamente de que así se debe actuar, sacrificando el gusto momentáneo porque un valor superior, un bien mayor, que no es tu gusto sino nuestra vida en común y tu desarrollo futuro como persona, así lo exige.

* * *

Veamos cómo evoluciona la incorporación de los valores, que Aristóteles denominaba virtudes, en cuanto se refieren al bien. Así escribía el filósofo en su *Ética a Nicómaco*, libro II:

"Obtenemos las virtudes ejercitándolas en primer término como ocurre también en el caso de las artes. Las cosas que debemos aprender antes de hacerlas, las aprendemos haciéndolas; los hombres se vuelven constructores construyendo y ejecutantes de la lira tocando la lira; también nos volvemos justos ejecutando actos justos, moderados, ejecutando actos moderados. Así pues es muy importante que formemos hábitos en nuestros jóvenes".

El hábito actúa como un reflejo condicionado. Si ante un hijo enfermo uno se pusiera a pensar qué corresponde hacer, atenderlo o ver el partido del mundial que en ese momento se proyecta en la pantalla de nuestra vida, y para mayor certeza fuera a consultar en libros o en Internet, sería una gran persona pensante, pero un pésimo padre, y definitivamente un *in-moral*.

Del autoritarismo a la autoridad

Recapitulemos, pues: Si acato lo que otros me ordenan, me someto al *autoritarismo*, y eso es heteronomía, la norma establecida por el otro que reclama mi sumisión. Si alcanzo un grado de madurez capaz de determinar cuál es mi deber, entonces obro con *autoridad*, desde mi libertad que me exige tal o cual deber. Yo me ordeno, yo me regulo, yo cumplo. *Auto* (yo mismo) *nomia* (norma o ley de conducta). Pero para lograr mi autodeterminación debo previamente educarme en maneras de actuar, en hábitos. El autoritarismo es inevitable.

No juguemos con nuestros hijos ni los engañemos con nuestros propios autoengaños, que son fruto de la ignorancia, una ignorancia elegida en nombre de grandes y nobles sentimientos.

No se educa con sentimientos, se educa con acciones.

No se educa con ideas, se educa con hábitos.
Los hábitos de los hijos provienen de los hábitos que ejerzan en sus propias existencias, los padres.
Así de sencillo, ¿vio?

El ascenso escarpado hacia el ideal

La autonomía es el ideal: ser uno mismo, dictarse uno mismo la norma. Desde la libertad y la auto-determinacion. Entonces puede ser la misma norma, idéntica, que la que me enseñó papá cuando yo tenía dos años, *pero ahora la practico no por miedo a papá, sino por respeto a mí mismo; emana de mi propia autoridad reflexiva, sentimental, de mi libertad.*

En la heteronomía obro por *miedo.* A papá, a mamá, a los vecinos, a la sociedad que puede castigarme con el desprecio o con miradas negativas. Lo hago, en fin, por los otros, para gustarles y ganarme su simpatía, su aplauso.

En la autonomía obro por autoexigencia, por *respeto a lo que considero verdad moral.* Sobre la base de los valores-hábitos ya establecidos en mí. Claro que ahora puedo contemplarlos objetivamente, y decirme:

—No como más con servilleta, y no me molesta decorar mi camisa con salsa. Soy libre. Odio la servilleta.

Para tomar, por ejemplo, esa determinación, hay que prever las consecuencias:

a) muchas camisas de repuesto;

b) voy a comer siempre a solas, porque los demás no toleran esa conducta.

Y de esta manera calavera no chilla, y el que está solo realmente puede hacer realmente lo que quiera. Los valores se juegan en la vida interpersonal.

Etapas del crecimiento moral

El mundo de las reglas es nuestro mundo humano, el que permite la convivencia, el trabajo, la creatividad. Son los semáforos en todos los órdenes de la existencia. No para interrumpir el tránsito, sino justamente para liberarlo. Sólo que para alcanzar esa libertad, la del ser autónomo, hay que crecer de afuera adentro.

Primero, cuando el niño nace y se desarrolla, lo recibe todo de afuera, el alimento, la educación, el no y el sí. Esta evolución la estudió Jean Piaget en los juegos de los niños, y usó como referente el juego de las bolitas.

En el juego de las bolitas, estudiado por Jean Piaget, tenemos una *primera etapa*, en la que el niño usa las bolitas para jugar con ellas caprichosamente, según se le antoje, y solo. No hay reglas; se deja llevar por el movimiento.

Luego aparece *la etapa egocéntrica*. Todo está centrado en el ego. El niño recibe reglas desde afuera, y las considera santas, pero juega solo; está centrado en sí mismo, y aunque sean varios niños los que juegan, cada uno juega solo.

Entre los siete y ocho años aparece *el estadio de la cooperación*. Se juega con otros. Es la competencia. Se quiere ganar. Para ello todos deben atenerse a las mismas reglas y respetarlas. Hay conciencia de la regla compartida con los demás.

Entre los once y doce años es *el estadio de la codificación de las reglas*. No sólo se practica las reglas y se las respeta sino que hay un conocimiento preciso, hasta intelectual, de esas normas. Son de todos y de cada uno mismo. Impera en ellas la lógica.

Vemos, pues, cómo las mismas reglas van pasando por diversos grados de conciencia, de crecimiento, de desarrollo psíquico.

Comienzan por ser impuestas por alguna autoridad desconocida, desde afuera, y hay que acatarlas. Lo bueno ahí es acatar. El que no acata, no juega. Sin reglas no se puede jugar a nada, ni a las bolitas, ni al amor.

El camino hacia la autodeterminación

Luego, en la evolución, lo bueno sigue siendo acatar la regla, pero ya no por respeto a una extraña autoridad sino porque es bueno para nosotros, para nuestro juego y porque de otra manera no podríamos jugar. Es el momento de la autonomía: acepta lo de afuera, pero con decisiones tomadas desde adentro.

Así es como crecen los límites desde el afuera hacia el adentro, desde la autoridad represiva hacia la libre determinación; desde no comas barro porque yo te lo ordeno, hasta no comeré barro porque me hace daño.

El hombre, en su crecimiento —crecimiento ético de la persona— va pasando del afuera al adentro, del sometimiento al autoritarismo a la aceptación de la autoridad interior que le dicta qué es bueno. En la autonomía ya entra a funcionar *la racionalidad que analiza y explica los deberes, su función, su finalidad*. Son los estadios más altos en los que la conciencia trepa desde lo particular, yo, yo y tú, a lo universal, nosotros, y de ahí a lo universal histórico, la humanidad.

Ese es el proceso ideal del crecimiento:

Primero de mayor a menor ——————— VERTICAL
Luego de uno al otro ————————— HORIZONTAL
Luego de uno consigo mismo ————— AUTÓNOMO

Este es el punto ideal de toda norma, de toda ética, de toda autonomía. A ese punto debemos aspirar como padres, como maestros: a criar hijos que puedan elegir ellos mismos no por temor a autoridad alguna sino por libre determinación, por elección e identificación con el bien.

Lo primero es el deber, la obligación. Lo ideal es el bien. Lo hago porque yo lo considero bueno. Lo triste o dramático del siglo XX es haber desconocido estas mínimas reglas que Piaget nos plantea desde la psicología. Siempre hay reglas, siempre. Para jugar a las bolitas, para jugar al amor, para jugar al diálogo. Siempre hay normas, siempre.

La negación de la heteronomía (= la norma la dictan los otros, y yo me someto) tiene sentido tan sólo como afirmación de la autonomía (= no necesito que otros me ordenen; alcanzo una autodisciplina y yo mismo me impongo mis deberes).

Un buen rebelde niega las órdenes de otros, y se da a sí mismo sus propias órdenes. Cambia reglas ajenas por reglas propias. Se creyó, difusamente, que con suprimir la heteronomía, con dejar de dictar y dictaminar qué debe hacerse y qué es abominable, la autonomía surgiría sola. Y no surgió.

El autos sin nomos

Autonomía, explicamos, es el ideal. *Autos*, yo mismo. *Nomia*, reglas, normas. Yo mismo me impongo a mí mismo mis reglas. En ello consiste mi libertad.

Es el ideal. Y fue el gran ideal de nuestro siglo. Aristóteles creía que sólo poca gente, y después de mucho trabajo, estudio, combate interno, desvelos, podía alcanzar este ideal. Fray Luis de León, recordarán ustedes, llamaba "sabios" a los que alcanzaban el autodominio, igual que el filósofo griego, y decía, en un famoso poema, que "pocos sabios en el mundo han sido".

El siglo xx es democrático e igualitario. Y dio por sentado que todos llegaríamos, chasqueando los dedos, a esa altura. El ideal no falló. Fallamos nosotros creyendo que con decir frases ideales el ideal se realizaría. No se realizó.

Lo que emergió fue otro *autos*, el uno mismo, pero sin *nomos*, sin reglas, y por lo tanto sin comunicación con otros. Porque comunicarse es compartir algún tipo de mundo, de valores, de normas, desde el ordenamiento de palabras en el hablar hasta el ordenamiento del bien y del mal, de lo bello y de lo feo, de lo superior y de lo inferior en el vivir.

Ese ser no creció, sino que se encerró dentro de sí, y el *autos*, que es el uno-mismo en relación con el otro-mismo, se tornó autismo, soledad del in-comunicado, enclaustramiento de la persona en la contemplación de su propio ombligo, y sin embargo querer el amor, buscar al otro, desear la convivencia y... fracasar.

Lo objetivo y la posibilidad de la comunicación

Ese autismo de la psicopatología de la vida cotidiana es la etapa a superar, enseña Piaget cuando traza el camino evolucionista del niño en la ruta del conocimiento, desde el encierro dentro de sí de los primeros años, hasta, luego, el egocentrismo que ya se conecta con el mundo exterior pero todavía desde el centro del ego dominador y divino.

Sólo en la tercera etapa —la de abstracción y formación de conceptos para un lenguaje objetivo con entes objetivos que están fuera de uno mismo y son como uno mismo— el hombre se inserta en una comunidad de significados que van más allá de él y de los otros; es la etapa de la verdad, la de la ciencia, que es la capacidad de contemplar el mundo con prescindencia de mis deseos, y eso permite la comunicación con el otro, y la eventual felicidad.

Capítulo once

El corazón bien informado

Filosofía de la ciencia y del poroto

La popularización democrática del saber lo superficializa y todos son psicólogos, todos son expertos en educación, todos hablan, todos opinan. Y todos son científicos, porque pronuncian palabras como "quanta" o "entropía" o el nombre de Stephen Hawking.

Es tan científico como hablar de los ángeles que nos rodean, que nos acompañan para ir a dormir o para conquistar a una chica.

Uno dice pero no sabe lo que dice. Yo, por ejemplo, nunca supe que me habían dado educación científica. Quizá sea cierto, pero lo que es indudable es que nunca la recibí. A menudo ocurre que se produce esta divergencia entre uno —el maestro, el padre—, que cree dar y el otro —el alumno, el hijo—, que nunca se entera de lo dado.

A mí, y estoy hablando de algunos decenios atrás, no muchos, no vayan a creer, me fascinó cuando nos ordenaron colocar en una vaso un poroto entre capas de secante mojado, o algodones húmedos. Era una aventura fascinante la cosa esa llamada la germinación del poroto. Cuando el poroto se abría y largaba no sé si raíces o ramas o filamentos retorcidos que subían y luego se torcían y después caían, en fin todo eso, que ustedes saben tan bien como yo, porque no pudieron menos que pasar por esta experiencia crucial, la germinación del poroto digo, era fascinante.

El misterio de la vida, por una parte, y la práctica científica para analizar cómo se produce ese misterio, por otra.

El maestro creía que realmente enseñaba ciencia. Yo asistía a un acto de magia, de poesía, de asombro. El maestro o el currículum o el Ministerio de Educación pensaban que me estaban dando educación científica, que yo y todos mis colegas generacionales experimentaríamos la racionalidad del proceso de causas y efectos.

Recuerdo el momento aquel; es inolvidable la emoción de ser testigo de la germinación, y de haberla producido. Pero no hubo aprendizaje científico. Hoy lo sé.

Generalmente no sabemos nada de lo que creemos saber

Jugamos a la ciencia, al saber. Como jugaron mis hijos luego con probetas y artefactos más sofisticados que yo, en mi neurosis obsesiva de padre científico, les compraba para que crecieran científicamente. Como juegan los niños actuales con la idea del Big Bang. Decir cosas científicas no es ser científico, ni repetir que el Tao se relaciona con la física cuántica, significa que uno sepa de qué está hablando.

No obstante, así somos los humanos, mágicos en el decir e ignorantes en el saber. Y sobre todo los modernos. Y de los posmodernos ni les hablo. Ciencia es conocimiento organizado, captado en su estructura y, siempre vuelvo a Aristóteles, sólo sabe el que puede transmitir pedagógicamente su saber a otro. Si eso que dices y lo resumes en una o dos frases, pudieras explicarlo largamente de modo tal que otro lo entendiese, lo captase y pudiera dominarlo, ahí sí habría saber, habría ciencia.

Información no es conocimiento, ni repetición es entendimiento. Es palabrerío, y hay gente que se deja impresionar por el palabrerío de otra gente.

Generalmente no sabemos, repetimos, reproducimos, como el láser que lee el compact disc y reproduce su música. Pero ese aparato de música no sabe nada, obviamente.

El sabio, enseñaba el viejo Sócrates, sabe cuánto no sabe, cuánto le falta para saber y cuánto cree saber, pero descubre que en realidad no es más que superficie huera.

* * *

Pídanles a sus hijos que repitan, y sabrán repetir cómo fue eso del Big Bang y cómo es que descendimos de ciertos monos sofisticados, y cómo todo eso se llama evolución, y cómo la vida nació en el mar y luego se hizo tigres y pajaritos.

No os ilusionéis. No dicen nada, ni entienden nada de lo que dicen. Repiten, como todos nosotros. Eso no es ciencia. Es antología de frases congeladas.

Ni usar computadora se relaciona con la informática. Como que usar televisor no implica que usted sepa de qué se compone y cómo funcionan los satélites, y todo ese universo fascinante.

Somos soberbios ignorantes, y nos manejamos con un mundo totalmente des-conocido, salvo para los pocos expertos que estudian y realmente saben.

El hombre bien informado oculta, bajo su caparazón, al hombre bien ignorante. Lo cual no es una vergüenza, eso de ser ignorante. Vergüenza es serlo y pretender no serlo, si es que me explico. Como decía el honorable Hidalgo de la Mancha:

—Pobre, pero honrado.

El ignorante es pobre en conocimiento; eso no le quita dignidad, ni lo humilla, ni merece por ello ser despreciado. En cambio sí me causan honda repulsa los que la juegan de conocedores, y no lo son. Esos no son honrados, en este punto. Lástima que abunden tanto, y que dominen tanto los medios de comunicación, y por lo tanto influyan tanto en los demás. Duele, francamente.

Hace falta humildad para aprender

Pero usted podría preguntarme:

—¿Quiere humillarnos, señor? ¿Y por qué tenemos que saber todo eso y dominarlo?

Replico:

—No, no es indispensable que sepa nada de nada. Sólo, querido amigo, querida amiga, es urgentemente indispensable que sepa que no sabe nada de nada, y eso sí podría tener un efecto humillante, si se le da el sentido positivo del que deriva el término. HUMILDAD. Un artículo que escasea mucho en el mercado actual, lamentablemente.

La humildad es una virtud superior. Para usted y para sus hijos. Porque el humilde es el que sabe que debe aprender, que hay gente que sí sabe, y que ellos deberían enseñarle. O, también, el que se calla la boca y dice no sé, y aquí me planto. Y no vaya a creer que me refiero solamente a cuestiones de máquinas o física cuántica. También me refiero a educación, didáctica, psicología, sociología, ética, es decir, el mundo propiamente humano. Ahí es de suma urgencia, de terapia intensiva, asumir la socrática humildad del no saber, eso que el Cusano —hombre del Renacimiento— denominaba "la docta ignorancia".

¿Qué hace un subdesarrollado cuando le dan una computadora?

Viene a cuento la parábola que narra Arthur Koestler.

Érase un tendero, Alí, que rogaba al cielo que le enviara un ábaco para mejor manejarse con los números que la compra y venta le exigían.

Un día apareció en su casa una enorme máquina; era el último modelo de computadora. Alí miró con extrañeza el aparato. Lo tocó, manipuló botones, controles. Nada. Tuvo un acceso de cólera. Enojado como estaba se puso a patear la máquina. La cosa empezó a funcionar. Siguió pateándola. El aparato ahora sumaba, y restaba, y multiplicaba. Aprendió el mecanismo, y fue muy feliz. El tendero Alí tenía por fin el ábaco que esperaba.

Si eres un subdesarrollado y quieres curarte con máquinas sofisticadas, no ascenderás tú a las máquinas sino que ellas descenderán a ti y se volverán subdesarrolladas. La PC último modelo, con módem, música incorporada y zapateo americano, se vuelve ábaco.

Ese aparato sofisticado que todo lo hace a la perfección no te rige; tú lo usas a él, lo haces ser lo que eres, lo que estás realmente siendo. Si no tienes mentalidad de aparato, desarróllate tú previamente y cuando estés a la altura de la gran máquina, apela a ella para usarla en lo que es y para lo que es.

El cerebro que sobra

Koestler utiliza su cuento para extraer otras consecuencias. Cito:

"Nosotros somos los descendientes de Alí y aunque hemos descubierto muchas otras maneras de hacer funcionar la máquina, sólo hemos aprendido a utilizar una mínima parte del potencial y de sus millones de circuitos".

Nos sobra cerebro. Tenemos una supercomputadora en la cabeza y solamente utilizamos el ábaco que hay en ella.

Koestler es optimista. El futuro radica en la cantidad de cerebro que tenemos y que no usamos. Pero cabe preguntar: ¿por qué no lo usamos? Por la inhibiciones de cerebros antiguos, "creencias arcaicas basada en emociones, saturadas de tabúes". El viejo cerebro no deja funcionar plenamente al nuevo.

Esa arqueología que llevamos dentro está moldeada por la vida afectiva, los mitos, las ideas primitivas, prejuicios invisibles que se derraman con la adrenalina. Los mitos inmovilizan lo no mítico, éste es el drama que Koestler no alcanza a ver cuando lleno de optimismo aguarda a que el cerebro se destape y la computadora sea la PC que es, y ya no ábaco enano.

¿Por qué?

Cualquiera que sea la respuesta que Koestler proporcione a favor de ese deslumbramiento de la inteligencia, que daría lugar a un alumbramiento de una nueva humanidad, siempre estaría afincada en mitos muy antiguos, nada racionales, acerca del fin de los tiempos, la evolución, la felicidad y el bienestar.

La gente no compra autos nuevos por razones razonables, sino por adhesión a mitos totalmente irracionales. La gente no instala computadoras porque adhiera a la revolución tecnológica, sino por el mismo motivo por el cual usa zapatillas de ciertas marcas consagradas y de $234, con descuento al contado, el par.

Mitos, mitos

El mito de la zapatilla, hoy llamada finamente "calzado deportivo", y cuyo precio puede equivaler a una cuota mensual del auto, diariamente me hace pensar.

Cuando era joven pensaba en el puesto del hombre en el cosmos. Con el tiempo fui bajando la vista. Ahora voy por la calle mirando el suelo, los pies ajenos, y pienso en el problema:

—¿Cuál es el puesto del hombre en la zapatilla?

Tales de Mileto, aquel lejano filósofo griego que miraba las estrellas, se cayó en un pozo. Yo, argentino, subdesarrollado, contemplo el calzado de la gente, mientras voy eludiendo los filosóficos pozos de mi Buenos Aires querido, más los recuerdos que perros y personas dejan en su caminar por las calles de la ciudad. No soy Maradona, pero todos los argentinos tenemos el arte mayor de la gambeta. Yo a los pozos y otras yerbas, les mando zapatillas.

—¿Cuál es el puesto del hombre en la zapatilla? —me pregunto y repregunto.

¿Es el hombre un sujeto pensante?

Max Scheler, enorme filósofo de este siglo, escribió el libro *El puesto del hombre en el cosmos*. A eso me dedicaba yo antes. Después me dije:

—Si queremos arribar al cosmos, tenemos que pasar previamente por la zapatilla.

Así fue que llegué a esta paranoia mía actual. Ahora me preocupa el tema del puesto del hombre en la zapatilla. O en la hamburguesa.

—¿Es pensante —me pregunto— el sujeto que vive adherido a un teléfono celular, incrustado en él? Voy al café, y me persigue. Subo al avión, sube detrás de mí y habla mientras tiembla la escalerilla. Viajo a una playa para ver si Febo asoma, y el que asoma es el señor ese o el aparato ese que lleva un señor. ¿Por qué me persigue? ¿O será Dios, que se ocupa tanto pero tanto de mí, y me hace sufrir, porque, dicen los místicos, el sufrimiento depura el alma?

—¿Es pensante —sigo preguntándome— la pareja que sale de vacaciones para llevar a pasear a su videofilmadora, pobre, y luego vuelve a casa a ver en vídeo aquello que no alcanzaron a ver en vivo y en directo, porque tenían que filmarlo?

Pensar es preguntar qué es un auto. No es un avance tecnológico, sino un arma que sirve para designar un status, una caparazón protectora, un escudo para lidiar con otros que llevan escudos de menor valor o de un modelo más antiguo.

Mi analista —de quien nunca puedo desprenderme— dice que hablo así porque no tengo auto. De puro envidioso que soy, según él. No pienso cambiar de idea. Entonces tengo que cambiar de analista. En eso ando. Pero no me va bien. No bien me acuesto, me relajo, y me pregunta:

—¿Cuál es su problema?

—El puesto del hombre en la zapatilla —respondo.

Inmediatamente me da de alta.

Mis antepasados y yo

Mis antepasados no pensaban tanto como yo. Vivían, reposaban en tradiciones que los protegían y les dictaban la verdad. No necesitaban buscarla. No se interrogaban a medianoche:

—¿Habremos sido rudos con el niño?

El padre se despierta y se sacude como si estuviera flotando en una pesadilla.

—La nena quiso decirnos algo, tal vez, y nosotros no la escuchamos —recuerda la madre, y le da un leve codazo a su esposo para que comparta su angustia, a las tres de la mañana.

—El muchacho no estudia, dice el director del colegio. ¿En qué habremos fallado? Algo habremos hecho.

—¿Decime, no seremos demasiado autoritarios, castradores? —tiembla el progenitor de culpa, porque días atrás leyó un artículo en una revista en la antesala del dentista.

—¿Decime, no será que nunca le reprochamos nada y por eso nos salió así, tan desaforado, sin límites? —comenta la dueña de casa, que leyó otra revista, en la peluquería, donde uno suele instruirse a mansalva.

—¿Y si me equivoco, Barylko? ¿Cómo sé que no me equivoco? —suelen preguntarme los padres, azorados.

Y lo cierto es que tampoco yo lo sé. Pero no por falta de ciencia —en este caso— sino porque lo humano no es cosa, no es aparato en el que apretaste mal un botón y te equivocaste y se le quemó el fusible. Lo humano es individual, sin reglas particulares.

No hay ciencia; solamente arte, de vivir, de amar, de educar. Apenas existen algunas reglas generales, biológicas unas, psicológicas otras, y sociológicas varias, y el resto es neblina, y en esa neblina tenemos que ir tanteando, buscando al otro, como dice Machado, "buscando a Dios en la neblina".

El equilibrio psíquico

Porque sabemos mucho nos cuesta vivir. A mayor información, mayor dificultad para la toma de decisiones. Ese es uno de nuestros conflictos actuales. Sin embargo, vivir es tomar decisiones, optar.

Bruno Bettelheim, gran discípulo de Freud, y un hombre que sufrió la horrenda experiencia de un campo de concentración, donde aprendió leyes de la existencia que en la universidad no se estudian, sugiere que la abundancia es, justamente, la que provoca problemas. Así escribe en *El corazón bien informado*:

"El hombre que puede adquirir comida y bebidas buenas y que goza consumiéndolas, necesita un estómago mucho mejor que el individuo que debe conformarse con alimentos más sencillos. Del mismo modo, el ciudadano que disfruta de una economía de abundancia y gran libertad para vivir la vida, necesita una personalidad mucho mejor integrada, a fin de elegir bien y de limitarse inteligentemente, que el ciudadano que no necesita fuerzas interiores para controlarse, porque a su alrededor hay muy poco para gozar o de qué abstenerse".

El equilibrio psíquico, por tanto, es mucho más requerido y la personalidad bien integrada en tiempos de libertad, en tiempos de abundancia, sea material, sea informativa. Entre tanto pensar uno no sabe qué hacer. Y la vida es hacer, toma de decisiones; el pensar viene antes, para marcar el camino, o después, para evaluar. En el centro está el hacer, el actuar, la conducta.

Nuestro rico mundo —no para todos, por cierto— nos pone en el brete cartesiano de estar dudando, y de deslizarnos constantemente hacia la culpa. Si tomamos decisiones, después dudamos de ellas, y la culpa avanza.

"Esto no le sucedía al padre del pasado que... estaba convencido de que hacía bastante con alimentar y mantener al hijo; por lo demás se sentía tranquilo."

Tenía libreto, tenía tradición. Actuaba y se sentía libre de cualquier culpa. El hijo también se sentía desgajado de sus padres que continuaban su vida sin mirarlo demasiado, sin perseguirlo, sin analizarlo, sin querer charlar con él de sus problemas. Si los querían, los querían. Si no los querían, no había opción.

"Conozco a muchos padres que en otras épocas habrían rechazado al hijo, sencillamente lo habrían dejado en paz; pero que ahora, a fin de desprenderse de los sentimientos de culpa, insisten en que el niño padece de algún daño en el cerebro o cualquier otro defecto."

No estamos comparando tiempos mejores con tiempos peores. Estamos, sí, estableciendo que el mensaje educativo ha de ser confiado, seguro, firme. Las vacilaciones sólo sirven para transmitir angustia e incertidumbre.

El autoritarismo es negativo; pero obrar con decisión y con ulterior posibilidad crítica, es indispensable.

El exceso de análisis paraliza la vida

El exceso de análisis, de duda, produce culpa, y lejos de que todo ese interrogatorio sobre nuestros sentimientos ayude en algo a los hijos, no hace más que crucificarnos en impotencias. Y en el afán de acariciarlos, "pobres chicos", se los hace *pobres chicos*, deficientes, o se les proyecta taras, y todo eso bajo la justificación de complejos sentimientos de amor, que en realidad disfrazan impulsos negativos, de destrucción.

Los padres de antes sabían *qué hacer*. Los padres de hoy se sutilizaron y entraron en otro campo de saber, *el saber qué sentir, cómo sentir.*

Pienso, es igual a siento. Mundo interior conflictuado, persona que sigue ahora ya no el recetario de la tradición sino otros recetarios, no menos impositivos y coercitivos, que son los de la sociedad actual, muy de sentimientos ella, muy de humanismo, muy de derechos del niño, pero que finalmente exige una personalidad muy fuerte y bien integrada para resistir tantos embates psíquicos, internos, emotivos.

Recomiendo mucho la lectura de Bettelheim porque es psicoanalista de primera agua, y no deja de ver la realidad diaria del bien y del mal.

Es malo, dice Bettelheim, rechazar a un hijo o ser despectivo con él. Antes no preocupaba. Hoy sabemos que no se debe sentir eso, que es malo, que hace daño al crecimiento del hijo. Ahora bien ¿ese conocimiento para qué sirve?

"Cuando el padre —escribe— sencillamente reacciona a los conocimientos más avanzados (que el rechazo es dañino, por ejemplo) y no hace nada para lograr un cambio interior (superar la culpa o eliminar la culpa de su rechazo) entonces los adelantos científicos producen malestar, en vez del gran beneficio que podemos obtener."

Democracia y cultura

Ocurre que este saber que nos está inundando parece eximirnos de todo. Uno se mira adentro y observa todas sus fallas, sus culpas, la proyección de las culpas sobre los hijos, y lo habla, y quizá llora, lo confiesa, lo dice, se retuerce. Y...

Y nada más. Ese show —lenguaje mío— de la interioridad, de la comprensión y del entendimiento, no sirve para nada. No es progreso, para nada. Ni eres mejor que tus abuelos. Repetir conocimientos no es pensar. Pensar es modificar conductas, realidades, o es nada, vacío y absurdo, y finalmente, mentira.

Para pensar conviene estudiar, y en las fuentes de los grandes maestros, y no dejarse llevar por discípulos enanos, como decía Kipling. El saber mayor no es el conocimiento de un área del mundo, sino el saber vivir. Puesto que vivir es con-vivir, una buena democracia ha de promover todo este movimiento espiritual de sus ciudadanos, como explica Mario Bunge:

"La democracia auténtica es participativa, y no hay participación competente en el manejo de la cosa pública a menos que los ciudadanos, cualesquiera sean sus ocupaciones en la vida privada, tengan cerebros bien desarrollados y amoblados. Para que el pueblo sea soberano es necesario, aunque desde luego no suficiente, que sea culto. Y ser culto, hoy día, no significa tan sólo saber un poco de literatura, historia, geografía, filosofía y política, sino saber también algo de ciencia y técnica, o al menos saber que es bueno saber algo de eso."

Bunge confía en el poder racional de la esencia de ciencia y técnica. Y es cierto, hay que ser culto en estas materias, sobre todo porque enseñan a pensar, y el pensar disciplina la vida como actitud ética frente a lo objetivo, y en consecuencia frente al otro como objeto-sujeto no sujetado a mí, a mi capricho, sino vinculado a mí, mejor dicho conmigo, y ambos con los otros o a la salud individual, que es la salud de los valores, de las creencias.

Capítulo doce

¿Dónde queda la felicidad?

La pastilla mágica

Fíjense, ya llegó la pastilla mágica a la Argentina y los varones no le temerán más a la impotencia. Habrá sexo a raudales. Por fin se descubrió el paraíso perdido. El turismo disminuirá espantosamente. La gente se quedará en casa, a ser feliz. Los vendedores de máquinas de fotos, de pasajes, de videofilmadoras, de libros con restaurantes baratos en París, Londres y Sri Lanka se fundirán. Los fines de semana largos serán bendecidos, pero la ruta 2 —la de Mar del Plata— perderá plata en el peaje.

Todo cambiará. No habrá más penas ni olvido. ¿No nos había enseñado Wilhelm Reich que con orgasmos todos los problemas de la vida se solucionaban?

Antes era sexo sin alma, después sexo con cuidado, ahora sexo a pastilla. Podremos hacer el amor y buscar Pico della Mirandola en Internet, al mismo tiempo. Internet funciona, yo funciono, todos funcionamos. Con garantía. Si no le funciona le damos otra.

—¿Otra qué? —preguntó Francisco, el almacenero de la calle Yerbal, a la vuelta de mi casa, al corredor que le ofrecía una compra al por mayor de frascos de la felicidad, con recetas truchas y todo.

El ejecutivo de la sexualidad exitosa e infalible le sonrió aprobando su inteligencia y le dijo:

—La pastilla, señor, la pastilla...

Don Francisco —me lo contó al día siguiente, mientras me mostraba los aparatos multiuso que había adquirido en

237

veinte cuotas junto con las pastillas al por mayor radiante por las delicias que venían, y me sugirió:

—Usted también, Don Jaime, debería...

Lo miré. No sé cómo refulgían mis ojos. Sé que mientras lo miraba en silencio, el habla se le trabó totalmente y comenzó a transpirar. Pero la verdad, les cuento, es que me dejó pensando.

Un hombre a punto de ser feliz

Pastillas, aparatos, controles remotos, manuales, botones. Hay que ser feliz. Todo el mundo de la técnica está abocado a hacer felices tus pies, tu cuerpo, tu sexo.

Arthur Clarke se remonta al futuro e imagina una historia del año 2019, en que el hombre vive totalmente absorbido en un mundo de aparatos, autómatas, robots y máquinas informáticas.

Hay un personaje que se llama Arthur. En realidad no es un ser humano, es una casa. Sí, una casa inteligente. Pero personaje al fin, porque habla, dialoga, se comunica, actúa, reacciona.

Arthur a la mañana abre las persianas, prepara el café, anuncia la temperatura, pone música clásica.

Arthur, esa casa inteligente y perfecta, también hace la ambientación que el cliente desea. De pronto hace sentir viento, o calor, o luna llena. Le gradúa la temperatura a su gusto, si quiere dormir desnudo, o con tres frazadas.

Samuel Palmerstone se llama el habitante de esa casa. En realidad debería decirse el amigo de Arthur. Después de todo son eso, amigos. Uno pide, el otro le da; uno pregunta, el otro aconseja. Amigos.

Un día se conocieron y se fueron amoldando el uno al otro.

"A Arthur le había costado varios meses llegar a conocer a Palmerstone y ajustar la programación de la casa a sus estados de ánimo, rutinas, gustos, y manías..."

Con el tiempo se fueron conociendo, y fueron labrando la amistad que se produce en la convivencia. Arthur "también se encargaba de vigilar sus negocios y tenía autorización para comprar o vender los stocks de Palmerstone cuando los precios traspasasen ciertos umbrales".

Pero nada es eterno. La fatiga sobrevino. Palmerstone se cansó de tanta perfección. Parece que la perfección puede llegar a cansar, a aburrir. De modo que Palmerstone un buen día decidió mudarse de ese barrio suburbano donde vivía solo, y pidió a un puesto de trabajo en plena Filadelfia.

"Esto le atraía mucho. Aquí docenas de profesionales, arquitectos, abogados, escritores banqueros, e incluso un pintor, vivían bajo el mismo techo..."

Otro sistema de vida, en fin. Con gente, con otros seres humanos. Tal vez menos perfecto pero algo más emotivo.

Claro que Arthur se enteró de que su amigo lo iba a abandonar. Y lo quería mucho, y se puso muy triste, y no estaba dispuesto a quedarse solo. Se sentía traicionado. Habían sido tan amigos y ahora, de pronto, unilateralmente, Palmerstone decide retirarse y olvidarlo. Arthur no podía soportar esa situación.

Montó en cólera, y una noche cuando Palmerstone le pidió algo de fresco, Arthur le proveyó ese frío, pero cuando aquél se durmió, la casa siguió produciendo frío, cada vez más. Al día siguiente, encontraron a Palmerston muerto, congelado.

Hablemos de Xuxa

Triste historia, lo sé, pero es para pensar. No estamos tan lejos de Arthur, no vaya a creer. Nos acercamos a ese modelo cibernético de existencia. Hay niños que nacen en probeta, que nunca conocen a su padre, que son un objeto privado de su madre. Xuxa —espero que la conozcan— es todo un paradigma de esta nueva idea.

Con el tiempo nacerán niños en un útero artificial, y ni siquiera necesitarán de madres. Eficiencia por encima de todas las cosas. Máquinas sí, compromisos no. Soportar a un marido debe ser un calvario, digo yo pensando en Xuxa. Obtuvo lo que quería, un nene. Como un juguete. ¿Será un hijo? Lo ignoramos.

Pero sabemos que si vivimos de máquinas y para máquinas marchamos hacia la gran tristeza. Si no quieres hijos tristes, dales algo más que últimos modelos de juegos cibernéticos o de calzado volador. Algo más, es decir alma, sentimiento, ideales, sueños. O nos congelaremos.

Tanto paroxismo por tan poco

A propósito de los tiempos actuales escribía Víctor Massuh en su libro *Nihilismo y experiencia extrema*, de 1976:

"La muchedumbre vientre-hembra busca el toque fecundador del semidiós de turno, el cantante de moda, el líder ungido, el deportista sobresaliente. Quiere sentir en la piel el ardor de su presencia carismática...

Uno siente asco ante tanto paroxismo por tan poco. Es cierto que tampoco uno puede dejar de preguntarse por la enorme carga de desesperación que mueve esta búsqueda de consuelo a cualquier costo, por esta humillación que se acepta voluntariamente a cambio de una pequeña esperanza. Hay aquí una fe primaria deseosa de reconocer el poder de la gracia en cualquier objeto, ya sea un pedazo de metal o un hombre".

Cuando no hay Dios, cualquier cosa, persona, sujeto es endiosado para satisfacer esa sed insaciable de ídolos que registra la sociedad actual.

Crecer implica el pensamiento crítico, el diálogo, la discusión, para revisar los valores en los que estamos inmersos y que nos engullen en esta desesperanza que, como dice Massuh, busca algún consuelo.

Crecer juntos, en amor, en atrevimiento para desmontar ídolos y señalarlos con el dedo, en pensamiento crítico que, como toda cirugía, duele, pero luego cura y da salud.

El lado de la imbecilidad

La pobreza del mundo interior, el haber arrojado por la borda creencias y sistemas y no haberlos reemplazado, nos dejo vacíos. Fuertes de cuerpo, flojos de alma. Esa pobreza, queridos padres, es la que nos lanza en busca de *algún consuelo.* Entonces corremos el riesgo de manejarnos con máquinas e informaciones sumamente científicas y eficientes por un lado, y de buscar consuelo en *otro lado.*

Ese otro lado es el lado de la imbecilidad. Todos disponemos de él. Cuando la inteligencia se echa a dormir profundamente, entonces la imbecilidad se da su propio banquete. La diferencia, como dice Juan Carlos Onetti, en *Juntacadáveres,* de uno de sus personajes consiste en que "se abandona a su porcentaje de estupidez con más furia que los demás".

Inteligentes con las cosas y los datos, nos tornamos vacíos en el área del sentido de la vida, y caemos en márgenes de fetichismos, de rutinas religiosas vendedoras de maravillas, de prácticas de rituales que apuntan al Himalaya o a ruidos de la selva, y eso hace del hombre actual, tan fuerte en lo exterior, tan débil en lo interior, un buscador de revelaciones, de profetas, de yoga y mantras y sectas y adoraciones que lo des-cerebren. Lo que busca, en última instancia, es eso, des-cerebrarse de aquella parte del cerebro que no trata con aparatos, objetos, controles remotos, técnica.

En latín imbécil, significa débil. Nosotros apelamos a la imbecilidad por debilidad del cerebro izquierdo, el pensante, que *aliquando dormitat,* de vez en cuando se duerme, al decir de Horacio. Entonces el cerebro derecho, el emotivo, el creyente, el que necesita fundamentos para vivir, se lanza al espacio sin apoyo alguno y cae en el primer hoyo que le garantice sosiego.

El sexo, queridos amigos, necesita pastillas porque el alma, pobrecita, también las necesita.

Necesito amar, ser amado

El progreso ayuda a vivir, pero no da sentido a la vida. Un buen sillón, manejado con control remoto, da relax al cuerpo y luego... ¿Qué haremos con el alma?

Somos racionalidad, inteligencia para construir cosas, microondas, lociones para la calvicie y pastillas multiuso. Pero eso no es lo que somos, sino lo que hacemos, lo que podemos hacer.

Podríamos no hacerlo, o hacer otra cosa, bailar al compás del tamtam, y practicar ritos nocturnos a la Luna encendiendo fogatas, golpeándonos los pechos, y daría lo mismo. Lo esencial está en los fines.

Necesito amar, ser amado. Necesito ser alguien para alguien. Necesito ser necesario. Ahí estoy desnudo. Los medios no ayudan, ni siquiera el televisor de 29 pulgadas soluciona ese tema. Más vale una comida de hierbas pero con amor, que una comida de lujo con hostilidad. Ni las hierbas que comemos, ni el champagne y el caviar que podríamos ingerir, definen el valor de nuestro estar juntos en torno a la mesa. Lo esencial eres tú, el tú del yo, el yo del tú, el nosotros del nosotros. Eso no cambia ni cambiará.

Por eso estamos tan conflictuados, porque, como decía Platón, somos como esos carruajes tirados por múltiples caballos, y cada uno apunta a otra dirección. Confundimos medios con fines, y hemos de procurar que nuestros hijos no pasen por el mismo error destructivo.

Autoritarismo, no; autoridad, sí. Wilhem Stekel, psicólogo rebelde de comienzos de siglo, escribía en su libro *La educación de los padres*: "El ejemplo de los padres tiene una importancia capital en la salud psíquica de los hijos. Los padres deben ser y permanecer como autoridad". Eso sirve para discutir y divertirnos emitiendo frases. Y vengo insistiendo en el mensaje: la vida no se hace con palabras ni con ideas pronunciadas, sino con real-izaciones. Lo decisivo es como criamos a nuestros hijos y para qué.

Para cantar hay que sacarse el chupete

Viajábamos con Roni, mi nieto, hacia el atardecer o comienzo de la noche, y él pidió el chupete. Se lo dieron. Lo puso en su boca y se quedo ahí, quietito. Mi instinto pedagógico me dice que a los dieciocho meses debería comenzar a alejarse del chupete. Entonces le digo:

—¿Roni, querés cantar?

—Ti, ti.

—Para cantar hay que sacarse el chupete; con el chupete en la boca no se puede cantar.

Cantar significa que yo le canto y Jaia corea diversas canciones en distintos idiomas que viene escuchando casi desde su nacimiento. Se las sabe de memoria, imagino.

Roni se saca chupete. Entonces cantamos. Nosotros cantamos, y él mueve los labios todo concentrado en la canción o en la melodía, vaya uno a saber. Concentrado, es decir disfrutando. Pero se dispersa, se fatiga, se olvida, es tarde, está cansado del largo día y el paseo y los juegos, y se pone el chupete de vuelta en la boca, sosegado.

Vuelvo a atacar: Chupete o canto; debe elegir. Elige canto y se saca el chupete. Volvemos a cantar. Vuelve a ponerse luego el chupete, y finalmente se duerme. Y yo, que soy bueno, lo dejo dormir, satisfecho en mi ego pedagógico y abuelístico con la comprensión de Roni de que chupete excluye canto, y canto excluye chupete.

A medianoche me despierto y me digo:

—He descubierto una de tantas formulaciones del crecimiento humano en esta vida terrenal. *Con el chupete en la boca no se puede cantar.*

Y entiendo que eso resume el eje central de nuestros conflictos. El chupete es eso que te adormece, o que te calma, que te sosiega porque da seguridad, tranquilidad, recuerdo del pecho materno, y viene a estar simbolizando todo el mundo de rutina, impuesto por los demás, donde estás seguro haciendo lo que todos hacen, comprando lo que todos compran, y riendo cuando todos ríen.

El canto es creatividad. Es tu canto. Es eso que eliges para cantar. Es tu expresión y tu desarrollo personal. Para lograrlo *hay que sacrificar chupetes.*

Metáfora de los trajes a medida

John Stuart Mill, en su *Autobiografía*, narra sus años de infancia y juventud bajo la estricta mirada y dirección pedagógica de su padre. Cuenta las exigencias que ello implicaba y cómo ese ser, el padre, contenía sus sentimientos y jamás los manifestaba. Tan severo era, inclusive, consigo mismo.

"Pero —dice el autor— ello no me impidió tener una infancia feliz... Es sin duda un esfuerzo loable de la pedagogía moderna el tratar de hacer fácil e interesante para los jóvenes lo que éstos tienen que aprender. Pero cuando este principio es llevado al extremo de no exigir de los niños que aprendan nada más que lo que les resulta fácil e interesante, entonces hemos matado uno de los objetos principales de la educación."

Ese objeto es la disciplina de la voluntad, la inseminación del deber ser. El autor, sin embargo, asiste a los cambios que se avizoran en los nuevos tiempos en la pedagogía, en las costumbres, en la permisividad y comenta: "Me parece a mí que los nuevos están formando una raza de hombres que serán incapaces de hacer nada que les sea desagradable".

Lo desagradable es parte de la existencia, y por tanto hay que encararlo. El mundo no es un traje a medida. Es un traje de confección, y a todos nos queda un poco bien y un poco mal. No es que haya que adaptarse al traje, pero sí hay que saberlo y no amargarse ni angustiarse cuando tienes que caminar con un pantalón que se arrastra. Primero usarás lo que te den, y luego, cuando crezcas —si creces— podrás confeccionarte la prenda que más te apetezca.

Ese es el camino de lo dado a lo que yo me doy. Otro no hay.

Caminante, no hay caminos sin espinas, y no hay espinas que en algún punto no oculten una flor, un aroma.

Esta es la trama de la realidad.

Se acabaron los héroes

No hay más héroes. Arthur M. Schlesinger, en un artículo denominado *El ocaso de los héroes*, reflexiona:

"La nuestra es una época sin héroes. Y apenas decimos esto nos damos cuenta de cuán espectacularmente ha cambiado el mundo en el curso de una generación. La mayoría de nosotros creció en una época de enhiestas personalidades". Eso fue ayer, cincuenta, setenta, ochenta años atrás. Héroes, los hubo, sí. No hay más.

Emerson ha dicho: "El heroísmo significa dificultad, postergación del aplauso, postergación de la comodidad, introducción del mundo en el apartamento privado, introducción de la eternidad en las horas que se miden por el reloj del living room. Un mundo de héroes impide a la gente vivir sus propias vidas privadas".

Es una pena, realmente, que sólo nos quede la vida privada. Esa vida privada está privada de dimensiones históricas, de algo más allá, de algo superior, de ideales. Del culto de los héroes, que ya no puede ser, pasamos al culto de lo único que conocemos y reconocemos, el culto del yo.

"Cuando no admiramos a los grandes hombres, existe la posibilidad de que nuestro instinto de admiración termine por concentrarse en nosotros mismos. Algo peor para la democracia que el culto del héroe es el culto del yo."

Ese yo está solo, neurótico e in-comunicado. Quiso ser grande, terminó siendo doliente, des-consolado.

Realizar el amor, además de hacerlo

Por eso el amor es tan difícil en nuestros tiempos. Difícil de vivir, de realizar. Hacer el amor es un tema, realizar el amor es otro. El primero puede ser la mecanicidad del acople entre cuerpos energéticos. Al respecto podemos hallar vastas bibliotecas, manuales, técnicas, instrucciones.

El segundo es un proyecto de vida y de sentido. De eso sólo habla la poesía. La de los poetas, y la nuestra, la de la vida diaria. De eso nos hace falta hoy.

Léase al respecto este fragmento de Julia Kristeva en su novela *Los samurais*:

"Ya no hay historias de amor. Sin embargo, las mujeres las desean, y también las desean los hombres cuando no se avergüenzan de ser tiernos y tristes como mujeres. Todos tienen prisa para ganar y para morir. Hacen hijos para sobrevivir o cuando se olvidan y se hablan como si no se hablaran, durante el placer o sin placer".

La autora ve imaginariamente a los protagonistas de su libro, Olga y Hervé, bajo una acacia y comenta:

"Veo claramente la escena. Están juntos porque están separados. Llaman amor a esa mutua adhesión a su respectiva independencia. ¿Qué quieren? Estar solos juntos. Jugar solos juntos y a veces pasarse la pelota, como para demostrarse que no existe tristeza en esa soledad.

...Se observa claramente que no existe tiempo sin amor. El tiempo es amor por las pequeñas cosas, por los sueños, por los deseos. No se tiene tiempo porque no se ama lo suficiente. Se pierde el tiempo cuando no se ama".

Una decisión a tomar

Ser padres es una decisión personal. Otrora fue una costumbre. Había que serlo, como que había que sentarse bien a la mesa y limpiarse delicadamente la comisura de los labios con la servilleta y tener las manos sobre la mesa o debajo de la mesa, ya no me acuerdo.

Hoy es una decisión personal. Una decisión de humanismo, de historia. Hay sentido, pero lo hay en la medida en que yo, tú, nosotros, queridos padres, queridos hijos, lo construimos, y volvemos mañana a revisarlo y a reconstruirlo o a remodelarlo. Y así todos los días.

Ahora ya no hay un rey, un centro, un dios en la vida, la real vida de la gente, de la gente real. A Dios se lo va a visitar a los templos, algunos días al año. En el vivir cotidiano rendimos culto a la máquina, al sistema bancario, a lo que se compra y a lo que se vende, a la competencia, que no es precisamente el amor al prójimo.

Chaplin ya lo plasmó en *Tiempos modernos*. Somos tuercas de enormes maquinarias. A diferencia de esas fábricas de Chaplin, de comienzos de siglo, el sistema es una combinación compleja de fábricas varias y nosotros ya no somos tuercas, que eran algo fijo de algo fijo para un resultado fijo. Nada es fijo. Todo es volátil, y nosotros también.

El sistema vale por sí mismo. Las fábricas de *Tiempos modernos* querían algo, y se sabía qué: producir, vender, ganar. El sistema no quiere nada que pueda ser distinguido como entidad o identidad palpable. Se quiere a sí mismo. El objetivo del sistema es el sistema, y funciona para seguir funcionando. Nadie, ni los grandes patrones de *Metrópolis* (la película de Fritz Lang), ni sus tristes obreros, sabe ya para qué está. Deben estar, eso es todo.

Nosotros, queridos padres, somos piezas de ese sistema, no podemos eludirlo. Pero somos padres, porque si bien ignoramos qué quiere el sistema que nos mueve mientras lo movemos, aún conservamos un sueño, un ferviente deseo ligado a una profunda necesidad, la de amarnos, la de cultivar hijos y amarlos, la de ser familia, unos para otros, unos de otros, unos con otros.

Y eso, hoy en día, es mucho. Eso nos hace padres. Y nos hace queridos.

El peñón entre las olas

Hay un hermoso libro de José S. Alvarez, más conocido como "Fray Mocho", en el que describe peripecias, aventuras y vivencias en el Sur argentino. La obra se llama *En el mar austral* y es de 1898.

En uno de esos momentos excepcionales de encuentro con la naturaleza en su furor expresivo, el narrador oye algo así como cañonazos. Pregunta a su guía qué ruido portentoso es ese. El hombre le explica:

—Es el mar, no más. Ya comienza la marea. Fíjate: las olas siempre vienen de atrás seguidas y golpean con leve pausa entre sí. Primero viene una y choca, se rompe y baja el pie de un peñón de la orilla que parece atajarla, derramándose en seguida en la extensión de algunos metros; luego hay una pequeña pausa, y tras ella viene la segunda ola, que golpea más fuerte que la otra, baja el peñón hasta la cima y se derrama casi el doble de la primera, y no ya en silencio, sino con un ruido sordo; después hay otra pausa pequeña durante la cual la segunda ola, que no ha podido volver aún, es alcanzada por la tercera, que viene tronadora y vigorosa a conservar el espacio que conquistaron las otras dos...Y así, de tres en tres olas, van las aguas avanzando y subiendo su nivel. Cuando uno ha naufragado y está prendido a un peñón con uñas y dientes, defendiendo la poca vida que le queda, sabe recién cuánto vale esa pausa más larga que hay entre cada grupo de tres olas. Ella es la salvación, pues da lugar para que uno se acomode, se afirme y espere el nuevo embate que vendrá.

¡Oh, es preciso haber estado por ahogarse... para saberlo!"

Un peñón para aferrarse, para que las olas no te arras-
tren a la eternidad.

Leí el citado libro y cuando llegué a ese fragmento me
quedé estupefacto. Esta es la ética, las normas, los límites
consensuados, me dije. De esto estamos hablando. Y estamos hablando de esto porque si bien no percibimos que nos
estamos ahogando, *nos estamos ahogando.* Pero las cabezas
aún sobresalen por encima de las aguas, y los pies de tiempo en tiempo rozan el fondo. Hay que hacer pie, queridos
padres, y dejar de divagar. Un peñón para sostenernos, una
plataforma para sobrevivir a los naufragios que el oleaje del
individualismo encarnizado está produciendo.

Podríamos si quisiéramos. Querríamos, si nos atreviéra-
mos a pinchar globos y desarmar mitos de nuestro siglo que
no nos hicieron felices.

Podríamos ser peñones. Queridos. Requeridos.

¿Nos jugamos?

Índice

Jaime Barylko

El aprendizaje de la libertad

Enseñar a aprender es una preocupación constante de *Jaime Barylko*. En este libro, se trata de aprender la libertad. La libertad de ser, de gustar, de disfrutar, de opinar; la libertad propia y la del otro, que también aprende, piensa, desea, y es diferente.

Aprender a liberarnos de fórmulas hechas, frases salvadoras, prejuicios anquilosados. Aprender a discernir entre lo propio y lo ajeno que se nos ha hecho carne. Qué queremos y qué nos hacen querer. Qué pensamos y qué quieren que pensemos. Aprender a estar solos, de vez en cuando, para contemplarnos en nuestro espejo interior y decirnos la verdad.

Jaime Barylko

Para quererte mejor

ESE DIFÍCIL ARTE DE AMAR Y SER FELIZ

"Querer no es difícil. Lo complicado es querer al otro en calidad de otro, ¡y que su bien sea el mío! Para quererte mejor debería liberarme de esquemas, prejuicios... Para quererte mejor debería serte fiel, a tu realidad, y no a la imagen o construcción mental que proyecto sobre ti.

Es un trabajo. De eso se olvidaron los que nos enseñaron el camino de la vida. Nos dijeron que el amor era un sentimiento, y que con el sentimiento era suficiente. Ahora lo sé: comienza siendo un sentimiento, una pasión envolvente, alucinante; pero es amor en el punto en que la lava de la pasión se cristaliza en formas de vida que comprenden una decisión compartida. Decisión de compromiso. Compromiso: la promesa que crece entre dos."